表哥马努和我。

我们的卢汉酒吧一队。

1996 年前往布鲁内特锦标赛的阿尔巴塞特队。

12 岁，与祖父母在拉玛西亚门外合影。最初的日子哭了很多次。

普约尔和我从拉玛西亚青训营就在一起。
2006 年在巴黎击败阿森纳后，我们与欧冠奖杯合影。

2008 年欧洲杯对阵德国队，我与好友费尔南多在进球后庆祝。

2009 年欧冠半决赛，我在斯坦福桥打入一粒永生难忘的球。我们如同进入天堂一般。

“放松，安德烈斯，一切都会好起来的！”
普约尔、普鲁纳和巴萨医疗团队帮助我挺过伤病。对我来说，这是一段非常艰难的岁月。

完美的进球。我所能记得的只有沉默。
足球之城约翰内斯堡，2010 年世界杯决赛。

“达尼·哈尔克，永远和我们在一起。”

与你在一起的特殊时刻，铭记一生。

我的教练、最好的朋友和最棒的粉丝：佩普·瓜迪奥拉。

妈妈，如果没有你，我现在享受的一切都不可能实现。

2012 年 7 月 8 日，我结婚的日子。安娜，与你在一起，我知道一定会好运连连。

瓦莱丽娅，我的小公主。

我的小冠军保罗・安德里亚。

维克多和我从拉玛西亚一路走来，从那时起他就一直照顾我，直到巴塞罗那一队。

路易斯·恩里克，从队友到教练。

“三叉戟”：有了这些“杀手”，我的提供弹药工作变得更加容易。

他们说我们不可能搭档，但我们在一起就是球场赢家。2015 年，我的“双胞胎兄弟”哈维和我与西班牙足球甲级联赛奖杯合影。

我的朋友塞西、乔尔、卡利托斯、乔迪、胡安米。

妈妈、爸爸和妹妹玛丽贝尔。没有你们，我将一事无成。

我的家庭。我的生活。我们的伊涅斯塔葡萄园酒窖。

2018 年 5 月 21 日，在诺坎普完成效力巴萨的最后一场比赛。

告别仪式结束后，一个人回到球场，与巴萨岁月做最后的告别。

对我来说，
今天是人生中最艰难的一天。

过往的 22 年时光如梦如幻，
我成为巴萨的一员，
全力捍卫巴萨队徽的荣誉。
对我而言，
这就是世界上最美好的事情。

感谢陪伴过我的每一名队友，
我会非常想念你们。

感谢我的球迷，
我来到巴萨时还是个孩子，
从那时起你们就一路支持我，
如今我已成长为一个 34 岁的男人。
感谢你们对我的所有深情，
感谢你们在这个月一直请我留下。

我的心会一直留在巴萨，
我会把这里的每个人永远放在心上……

巴萨万岁，
加泰罗尼亚万岁，
丰特阿尔维利亚万岁！

——安德烈斯·伊涅斯塔
2018 年 5 月 21 日，
伊涅斯塔在诺坎普球场深情告别

THE ARTIST
ANDRÉS INIESTA

艺术大师
伊涅斯塔自传

[西] 安德烈斯·伊涅斯塔　[西] 马科斯·洛佩斯　[西] 拉蒙·本萨 — 著
葛云　贾永华 — 译

金城出版社
GOLD WALL PRESS
中国 · 北京

图书在版编目（CIP）数据

艺术大师：伊涅斯塔自传 / (西) 安德烈斯・伊涅斯塔, (西) 马科斯・洛佩斯, (西) 拉蒙・本萨著；葛云, 贾永华译. —北京：金城出版社有限公司, 2019.10

书名原文: THE ARTIST

ISBN 978-7-5155-1887-9

Ⅰ. ①艺… Ⅱ. ①安… ②马… ③拉… ④葛… ⑤贾… Ⅲ. ①安德雷斯・伊涅斯塔 - 自传 Ⅳ. ①K835.515.47

中国版本图书馆CIP数据核字(2019)第148915号

艺术大师：伊涅斯塔自传

作　　者	[西] 安德烈斯・伊涅斯塔　[西] 马科斯・洛佩斯　[西] 拉蒙・本萨
译　　者	葛　云　贾永华
责任编辑	李铁武
责任印制	李仕杰
开　　本	710毫米 × 1000毫米　1/16
印　　张	20
字　　数	300千字
版　　次	2019年10月第1版
印　　次	2019年10月第1次印刷
印　　刷	天津旭丰源印刷有限公司
书　　号	ISBN 978-7-5155-1887-9
定　　价	68.00元

出版发行	金城出版社有限公司　北京市朝阳区利泽东二路3号　邮编：100102
发 行 部	（010）84254364
编 辑 部	（010）64391966
总 编 室	（010）64228516
网　　址	http://www.jccb.com.cn
电子邮箱	jinchengchuban@163.com
法律顾问	北京市安理律师事务所　18911105819

安　娜

仅仅为了你，为了你对我的爱，为了你这样一个人。你给我的生活带来了新的快乐，给我的生命带来新的意义。遇见你，是我生活中最不可思议的事；命运让我们相遇，让我们彼此分享人生。你让我成为一个父亲，组成了一个无与伦比的美好家庭，与你和我们的孩子们在一起只有幸福。我们已经分享了很多难忘和独特的经历，但我知道，在你身边，最美好的还没有到来。

如果没有你，我的生活就没有意义了，“妈咪”。

妈　妈

我们都只有一个妈妈，在我的生命中，不可能有比你更好的妈妈了。你使我成为今天的我。你所教给我的东西，我也想教给我的孩子。你是我的榜样。我无法想象，在我12岁离开家去拉玛西亚之后，你都承受了什么。如果没有你，如今我所热爱的一切都不可能实现。你喜欢远离聚光灯的生活，但没有人比你更重要。我们曾经一起哭过，一起经历过很多，如今和你在一起的每一刻，都是我极其欢喜、极其珍惜的宝贵时刻。我永远感激你为我所做的一切，妈妈。

爸　爸

你一直是我的向导、我的教练。你就是那种每个孩子在他的成长过程中都想拥有和得到呵护的爸爸。如果没有你在身边，我很难明白自己现在的地位和走过的道路。你从未梦想过欧冠、欧洲杯或世界杯；你只是梦想你的儿子能成为一名职业足球运动员，我们做到了。我们一路上哭着、经历着，现在我们可以一起享受了。我永远感激你给予我的一切。最重要的是，这一路上你教给我许多许多，爸爸。

玛丽贝尔

你永远是我的宝贝丫头。离开你5年，可不是件容易的事；虽然小时候我们会吵架，我也喜欢时不时地捉弄你，但我不会有比你更好的妹妹了。你有着如此宽厚的胸怀。

我们流着相同的血液，这让我们更加亲密。我爱你之深，比你能想到的更多。

我知道你一直都在我身边。谢谢你的陪伴，“我的女孩”。

瓦莱丽娅和保罗·安德里亚

我的宝贝，我的小公主和我的小怪兽。生活赐予我们何等美好！何等幸福！我们家的小公主和小冠军。你们是怎样的一对啊！

有一天，你们会读到这本精彩的书，明白很多事情。你们是我的灵感来源。

小安德烈斯

我怎么能忘记你呢？别人不知道你，我知道。我认识你，也知道你很漂亮。虽然你的肉体不再与我们同在，但精神上你我始终同在，我们为之苦苦奋斗的天使，我们永远不会忘记的人。

目录

白序 ———— 01

导读 ———— 07

上半时：在场上

第一章　深渊 ———— 002

第二章　丰特阿尔维利亚 ———— 016

第三章　布鲁内特 ———— 033

第四章　拉玛西亚 ———— 045

第五章　爸爸 ———— 055

第六章　聪明的一个 ———— 066

第七章　一线队 ———— 080

第八章　弗兰克 ———— 093

第九章　兄弟 ———— 102

第十章　佩普 ———— 108

第十一章　伤痛 ———— 117

第十二章　世界之巅 ———— 140

第十三章　对手 ———— 162

第十四章　德尔·博斯克 173
第十五章　达尼 177
第十六章　8号 189
第十七章　12码 194
第十八章　路易斯·恩里克 201
第十九章　守护天使 206

下半时：从边线开始

第二十章　另一个伊涅斯塔 216
第二十一章　红蓝军团 225
第二十二章　神引之手 252
第二十三章　安娜 264
第二十四章　妈妈 276

自序

我们遇到的阻碍帮助我们从另一个角度看待生活，并使我们凭着更强大的力量不断进步。

马可·奥勒留，古罗马帝国皇帝

如果你在谷歌搜索上输入我的名字“安德烈斯·伊涅斯塔”，读完网页上的介绍，你可能觉得自己已经非常了解我了。

和数以千计的人一样，你自认为快速浏览了我的半生，但其实你们并没有。还有很多的事情没有出现在镁光灯下，有一些事，我想以另外的方式写在书里。我相信一句古老的格言：每个人都应该为人父母，应该亲手植一棵树，应该撰写一本书。很幸运，我有一个女儿和一个儿子；我的足球生涯总是和绿色联系在一起，小时候我在丰特阿尔维利亚踢球时，训练场外种满了树；现在就剩下写这本书了：《艺术大师》。

我对待事情一向很认真。如果我决心做一件事，是因为我真心觉得这么做是对的，而不仅仅出于某些理由，或者因为这件事对我有好处。所以我写下了这个故事，我写书的信念、渴望和决心与我踢足球或者照顾家人的时候是一样的。我想用“量身打造”这个词，我希望这本书能证明我的构想，我希望这是一个有架构、有细节、有血有肉的故事，而不只是记忆拼图和情感碎片的拼接。因此我需要在别人的帮助下完成，这个人要了解我，要能诠释我的感受；这个人要熟悉我的职业生涯，要能表达出我的心中所想，描绘我从2012年5月至今匆匆记下的一些想法。

这本书筹备了很长时间，因为我不想给自己设置一个期限，也不想固定在我效力巴塞罗那或西班牙国家队的某个节点出版这本书，我这么做都是出于个人原因，与商业和其他理由无关。

我想要分享的这段经历，需要在其他人的帮助下完成。我认识马科斯·洛佩斯和拉蒙·本萨，我相信他们可以和我一同完成这个故事，这两位记者很了解我在巴塞罗那和西班牙国家队的职业生涯，也很了解体育。他们不仅是听我讲故事的人，不仅是我身后的作者，他们更是我所信赖的专业人士。我知道我可以跟他们分享故事，不用害羞也不用害怕，他们会把故事材料用在合适的地方，我知道所有对这本书有所贡献的人都会接受这样的做法。

我不知道还有谁比马科斯·洛佩斯更适合接受这样一份艰巨的任务，他是一位工作认真的记者，也是一个很好的人。他和拉蒙·本萨一起完美地完成了工作。本萨一直努力了解事情原本的意义所在，一直努力寻找故事原有的基调，寻找故事主人公身上始终一贯的处事风格。我们三人组成了一个团队，朝着一个目标努力，我们希望不借助任何中间机构来完成这本书，在全部完成之前我们不会把它散播出去。佩雷·瓜迪奥拉和乔尔·博拉斯负责与出版商的沟通。直到工作结束，我们几乎都是这么做的。阿歇特出版公司和马尔帕索搞定版权。我们也很幸运，两位把西班牙语翻译成英语的译者西德·罗威和皮特·詹逊，都是我们的好朋友。还有马尔科姆和朱利安，他们是西班牙语和加泰罗尼亚语的编辑，对这本书的编辑和改进起了决定性的作用。

要把我的故事都写在一本书里，我难免会不知不觉遗漏某个人。可能会有读者抱怨这本书缺乏评点的内容，或者没有刻画出特定人物的性格。但我要说，这本书正是我想要的。这是我的书，它的最终创作人是我自己，而非我的合作者。的确，在某些特定的时刻，我会修改故事或把他们对事情的不同观察置于其中。我想向外界解释我是如何看待事物的，如果你愿意，也可以说是我对事情的感觉，以及那些十分了解我的人是如何看待我的。我将自己的生活解构成许多部分，分成许多章节，让读者更容易抓住故事线索。这绝对不是小说创作，而是我的生活和事业的纪实。

从目前来看，我觉得我每天的生活和我的喜好是众所周知的，已经被记录在不同的地方。对这些事我没什么可说的，尽管许多人可能很感兴趣。众所周知，我喜欢和家人在一起，和安娜、瓦莱丽娅、保罗·安德里亚、我的父母、我的妹妹玛丽贝尔在一起。我不能想什么时候回小镇就什么时候回去，但我喜欢与我的祖父母和叔叔安德烈斯一起度过宝贵的时光，季前训练之前我常与安德烈斯叔叔一起跑步。还有我其他的长辈和同辈亲戚们，尽管他们中有一些住在阿尔梅里亚和马洛卡岛，距离比较远。我喜欢接送瓦莱丽娅上下学，看到她那有感染力的笑容。我爱我的小坏蛋保罗·安德里亚。我喜欢和安娜在一起。如果可以，我们每周都会在一起做一件事：外出共进晚餐，尝试不同的餐厅，一起散步。有时候我们也会去电影院。至于音乐，Estopa仍然是我最喜欢的乐队，我喜欢他们的歌，也欣赏他们为人处世的方式，更重要的是，我是亚历克斯·德吉里尔的粉丝；他在音乐中添加了一些其他元素：雷鬼、浩室、西班牙流行乐，我听歌的时候可以兼容并蓄。当然，作为一个运动员，我会照顾自己，我喜欢睡上一会儿，让自己休息。

我从不打算写一本记录日常生活的书，但我想要告诉大家我对于比赛的激情，一种在我还是孩童时就有的激情。马科斯和拉蒙有时会说我是一个没有童年的小孩。为了帮助大家了解我的童年，我想通过写作来回顾当年，试着展现这个过程，我为当年的那个小男孩而自豪。当然，书中也有一些不太美好或者比较难熬的章节——关于我年轻的时候，以及年长一些之后的——比如那几个月我带领球队参加在南非举行的世界杯。我已经以一种尽量真诚的方式解释了自己的亲身经历，并没有过多考虑该如何记录这些事情。

从丰特阿尔维利亚一路走到拉玛西亚并不容易，我花了一年时间才安顿下来，让我的生活有个安定的居所。我最终来到了那里，在图书馆有了自己的位置，有了自己的房间、自己的衣柜、自己的各种东西，甚至自己的零食。我喜欢父母带给我的蛋糕，还有霍尔迪·梅塞莱斯祖母所做的海绵蛋糕，晚上睡觉之前，我会把它们泡在我的巧克力奶里。我拥有许多美好的回忆，尤其难忘的是我被拉玛西亚的主管琼·塞萨尔·法雷斯选中，让我代表俱乐部出席教皇约翰·保罗二世的招待会，以纪念巴塞罗那俱乐部的100周年。这也是我的家人最喜欢回忆的事情，当时母亲给我买了一件新衣服，因为这似乎是我参加的第一个宗教活动。

我也需要时不时回到丰特阿尔维利亚。这里是我的故乡、我的家。我的大部分家人都在那里，还有我的邻居、我的葡萄园、我们小镇的人，他们看着我长大，他们一辈子都生活在那里。我很高兴能回想起自己来自何处，就如同现在我也很乐意说我来自巴塞罗那。我愿意深入了解自己的感受，一个人应该知道怎么照顾自己和与他生命关系密切的人：安娜、我的孩子、我的父母、我的妹妹玛丽贝尔，这是最重要的。我们应该知道如何照顾自己身边的人，不感到孤独，虽然我们时常也想找个僻静处，一个人待着。

我不太清楚人们对我的看法。如果说我从不与人争吵或从不卷入是非，显然不是真的。了解我的人有时甚至会说我管得太宽，试图干涉他们的生活。不过，他们这么说的时候，我感觉很好。我知道怎么让我的家人在一起，我能让合适的人去做适合他们的事。我的头脑非常冷静，对那些告诉我不要什么都想得到的人，我本能地抗拒。

我也是一个心怀感激的人，希望在这本书中有所体现。我非常感谢在西班牙国家队曾与我共事过的每个人，以及我从阿尔巴塞特一路走来遇到的所有人。我也非常感激我的家人和巴塞罗那俱乐部。我不会专门说感谢俱乐部董事或主席，我更喜欢向整个俱乐部表示感谢，向所有为俱乐部工作的管事表达我的谢意，这种情感表达的最好方式就是为巴塞罗那获取荣誉。而要成为一个好的队友，就要在球场上奉献一切，成为忠诚和尊严的代言人。从第一天起，我就有这样的感觉，即便在我还是一个球童的时候，站在比我还高的广告牌背后，我的视线被挡住了，不能看到自己心目中的英雄在球场上奔驰，我也会把自己该做的做好。除了竭尽全力帮助我的俱乐部和祖国获得成功，再没有别的更能激励我不断前行。

我对自己的职业怀着深深的崇敬。我尊重我的队友和对手，尊重前来观看比赛的观众。我全心全意地奉献，从不试图蒙骗任何人。我喜欢人们为我鼓掌，但他们这样做不是出于礼貌，而是真的有所触动。这是一个球员所能拥有的最棒的感觉，你知道自己付出了一切，并且没有让人失望。

这本书也是一个更深层的证据，我需要自我表达，我想要重申我的决定，向自己确认那些写在我们主场入口的陈列柜里的话，那些固有的真理："我们遇到的阻碍帮助我们从另一个角度看待生活，并使我们凭着更强大的力量不断进步。"有时候我们也需要释放自我，但只是在初次意识到自己心里堵得慌的情况下。

我对足球的激情始终令我感动，我的感觉比以往任何时候都好。现在我有幸成为队长，可以像那些曾经帮助我享受生活的人——他们曾竭尽所能，让我为自己的所爱全身心地奉献——所见证的那样，在全世界最好的球队中成为我想要成为的人。这是一种特权。没有什么能比完成工作、得到认可，然后收到感谢更好的了。这是无价的。我们赢得了许多奖杯，甚至在6年内两度赢得三冠王，我们还想赢得更多。这听起来有些不可思议，但我们对于成功的渴望永不改变。

马科斯和拉蒙不时会问起写这本书的目的，以解释当六七个对手球员围着我的时候是一种怎样的感觉。他们也会问我踢球的方式是否近似于罗杰·费德勒，相似的移动速度和同步性。他们说仅仅从我的一个移动中，就能看出一个球员应当拥有的许多特质，譬如做出决策的速度，传球质量，制动、加速、暂停的能力，摆脱对手的第一次触球，改变方向的能力等，我不知道该怎么说，真不好意思，我宁可这些话是别人说的。

当然，我相信技术好是必要的，要有直觉，知道如何找到空当，在进攻的时候能率领球队发起攻击，一个显著的标志就是你让你的队友有信心，哪怕在你后撤的时候身边也有对手球员盯着。有一种说法是，我的秘诀就是在移动之前覆盖身前10米的区域。当我还是个孩子的时候，就有人说我为了尽可能覆盖更大的区域，牺牲了射门技术。我不知道，就像我说过的，我只做自然而然会做的事。假如我再活一次，我还会以同样的方式踢球。每当走上球场，我或多或少知道自己该如何适应比赛，对比赛的节奏我有一种即时的感觉，知道比赛会如何运转。有时候，我甚至在比赛的前一天，就能感觉到即将发生什么。我想象得到，然后事情真就这么发生了。或者我完全凭直觉做事，事先完全没有考虑，全靠大脑飞快地运转。我的母亲说，有时候头脑运转得太快就会爆炸，这是典型的卢安家族的特点。

伊涅斯塔-卢安是顽强而质朴的人。我们是工作者，体育最终就像生活：永远不会放弃，每一天都在为自己所拥有的一切战斗，同时坚持自己的原则。我想在这本书中提醒自己这些事。这本书的每一页记录着这些年我是如何成长为一个人和一个职业球员的；那些一路上帮助过我的人的音容笑貌；那些见证了我的每一天和对我的工作做出评判的人们，譬如马科斯和拉蒙。

在这4年里，许多人为了和我一起完成这本书，以不同的方式耗费了他们的时光，我要向他们每一位表示最真诚的感谢。我从不认同主帅恩里克称我为“世界遗产”的说法（但对于这个定义，我怎么感谢他都不为过）。我不需要任何没有得过的个人奖励，我也不觉得有任何必要自我标榜什么。现在我感觉很好，我为巴萨或西班牙国家队踢球，无论是在巴塞罗那，在丰特阿尔维利亚，在加泰罗尼亚或拉曼恰，在西班牙或者其他地方。

我觉得自己是一个幸运的世界公民，可以得到人们的喜爱。我想给他们讲这个故事，这个不会在谷歌搜索上出现的故事。我的生活，正如我所讲述的，是了解我的最好方式。我希望你能喜欢我的写作。如果人们在阅读这本书的过程中感到愉快，就像他们看我踢球一样，我会非常高兴。我可以说，在编纂过程中，我投入了同样的兴趣和奉献精神，就像我在球场外穿着巴塞罗那或西班牙国家队的漂亮球衣。至少，这就是我的意愿。

谢谢你们！

安德烈斯

导读

这不是一本正传，也不是一本传统意义上的作品。与其说这是一本伊涅斯塔的书，不如说是安德烈斯的书，仅此而已。或许在这个漫长的故事中，他很少在最中心的段落出现——一般在自传作家的传记中，他们都会成为自己生活故事中的英雄人物，为叙事增添趣味，淡化怀疑和恐惧。

安德烈斯采用了不同的写法，即使你意识不到他的存在，他依然矗立。从2012年我们一起开始写作以来，他参与了每一行的创作。他的出场远比书稿初创时多，如果你问他，他可能会说自己在书中出现得太频繁了。他最希望看到的是一个个细节，记录了他在漫长道路上的耐心攀登，抵达了一个从未企及的高度。

他做梦也想不到，自己竟然能拥有这样的职业生涯。没有人告诉他，他会在12岁的时候一个人来到拉玛西亚，离开他的父母，以及将会有多么艰难。事实证明，足球并不总能让他从生活困境中解脱出来。最初他在阿尔巴塞特的丰特阿尔维利亚带着球跑，他与这座西班牙小镇保持着天然的联系，最终让这座小镇扬名世界。职业生涯中，他成为巴塞罗那的队长，成为一种征服欧洲和全世界足球风格的代表。他穿着巴萨球衣，与里杰卡尔德、瓜迪奥拉和路易斯·恩里克一同获得荣誉；他还穿着西班牙球衣，与路易斯·阿拉贡内斯和德尔·博斯克共同捧起奖杯。他想让时钟停下，用脚停住皮球，回顾过去。

对任何想要阅读一本标准球员自传的读者，我们很抱歉让你失望了。不要责怪他，责任在我们。但安德烈斯，他踢球的时候常常会考虑别人。他想知道他是如何从拉曼恰学校的水泥操场上走出来的，那里从来没有足球传统，到诺坎普，到足球城，到温布利和斯坦福桥。他希望他的家人、朋友、教练、队友，以及对手们都能在这个故事中出现。

安德烈斯想在本书中扮演与他在球场上一样的角色。他捡起皮球，开始传球，奉献助攻，他惊喜地发现，某些生活细节告诉了他许多此前不知道的东西。无论比赛多么漫长，他从不会把自己的目光移开，他一步一步地走在这条道路上。我们与很多人有过交谈，他带我们回顾了所有的比赛，他们的欧冠、西甲、世界杯和欧洲杯，酒店休息和训练课。大门总向我们敞开，所有，即使是最困难的。“如果是为了安德烈斯，没问题，你只需要告诉我时间。”我们一次又一次听到这样的话。我们没有安排不了的日程，如果刚开始没有空，我们很快就能在旅途、电话、邮件、WhatsApp取得联系，并解决问题。采用的所有方法都是为了让我们最终达到目的，发现独家证据，还有我们有幸参与的连续几小时的聊天。安德烈斯既是我们的主演，也是我们的制作人、我们的全球定位系统，让我们走进了一片广阔的新天地。

我们花了4年时间，如果不是他，我们可能还没有完成。他总能找到（现在仍然能找到）一个新的人，让他给我们打电话，或有另一个故事与我们分享。本书以一种全新的方式来看待一位非常特别的球员，他仍然有那么多未被挖掘的层面——挖出来一个，另一个又出来了。但这本书所写的不仅仅是一位球员，尽管其中讲述了他与巴塞罗那和西班牙队错综复杂的奇妙旅程。这本书更是为了安德烈斯这个人——一个痴迷于追求完美、希望每个细节都尽善尽美的人。我们强调每一个细节，从文章的字体，到现在你手里这本书封面的颜色，还包括为英语版找一个他喜欢的标题。

很不容易，但最终我们提出了《艺术大师》（*The Artist*）这个合适的书名，这个故事讲述的是他对待生活的方式。他的生活充满创造力，生气勃勃，对空间和时间怀着近乎神奇的欣赏态度。

正因如此，我们说这是他的书，从各个角度来看都是。我们也许能有不同的做法。也许，但这不是我们的书，这是安德烈斯的书。他总是希望别人闪耀光芒。我们中断自己的工作，以确保成书，我们没有丢掉皮球，那是他的球，球在他脚上，从拉曼恰的孩提时期起，现在他为巴塞罗那和西班牙队而战，皮球仍在他的脚上。

拉蒙和马科斯

上半时：在场上

第一章　深渊

我觉得自己正在不断坠落，就像一切都陷入了黑暗中。我找到医生，告诉他："我受不了了。"

——伊涅斯塔

我们搜寻可以解释这种情况的东西，这或许可佐证了他的感觉。但没能找到一个简单的答案。

——巴塞罗那脑科专家里卡德·普鲁纳博士

并不是出于某种需要，我只是想讲述自己的故事。

这是个很棒的主意。讲述我的故事，看看生活中所经历的事情，把它们一起放在书里。这是一种很好的方式，可以向那些曾经在我生命中留下印记的人表示感谢，让他们永远留存下来。我是一个需要陪伴的人，我需要大家在我的周围，这样我才能展示自我，才能成为真正的我。

动笔写这本书有一千种方法，因为有许多时刻，事情发生的时候，我认为这就是我经历的最重要的事。我十分确信，当我开始回顾这些时刻，去记忆这些瞬间时，另一些事情就会出现在我的脑海。或许我的这种方式是不对的，但我已经选择了一个最近的时刻作为开头，或许因为它总在那里，永远不会被抹去。

我想从一个最糟糕的时刻开始。不是几天、几个月或一年，而是我生命中一段无法被定义的时期，也是一些我无法用比赛的胜利或失利来划分的事情；不，在这段时期里我看不到人生隧道中还有任何曙光，看不到任何前进的道路，因为我对自己，安德烈斯失去了信心。

就像正处在悬崖边上，这是我从未有过的经历，从未经受过的状况。在我的职业生涯中，自信心驱动着我前进，我一直对自己、对我的实力很有信心，向来如此。所以，当自信离我远去，我感到脆弱无助，如同一个受惊的病人，我无以应对。就像是某种宿命论，生活中没有什么感觉比这更难熬了，我感觉自己不再是自己，太可怕了。

最糟糕的时刻总是伴随着最美好的时刻。在岁月静好之时，悲观也会警告你，坏日子即将到来。2009年，安德烈斯迎来了一个辉煌的夏天，美梦成真，成就已在手中，然而之后呢？用他的话说：“困难，紧张，越来越高的要求。”一切结束得非常美妙，赛季以独特的、历史性的三冠王收场。2009年巴塞罗那赢得了联赛冠军、杯赛冠军和欧冠冠军。但之后呢？“突然，没有确切的原因，我开始感觉不妙。”他说，“有一天，我感觉不对，接下来，再接下来，还是不对。他们做了所有的检测，检查结果都很好。但不知为什么，我的身体和心灵不在一体，好像处在不同的方向上。我无法取得平衡，然后就开始感到焦虑。大脑得不到休息，而同时，身体却在发出警告，说它需要得到照护。最糟糕的是大腿肌肉问题，这个问题曾经影响到在罗马举行的欧冠决赛，而且情况变得越来越糟。我不断地对脑海中出现的各种事情做出反应，想知道为什么自己的感觉如此之糟，尝试说服自己好好享受假期，哪怕装得像一点也好。”

“问题就像滚雪球一样，每况愈下。”安德烈斯继续说道，“我感觉不好，感觉不对，但周围的人无法理解，因为他们所认识的安德烈斯不是这样的，他们不明白你怎么莫名其妙地觉得心里空落落的。非常艰难。”

夏天过去了，很糟糕。然后是季前训练，还是从体检开始。如果球员自己能照顾自己，感觉良好，体检只是一道例行程序，通常对安德烈斯来说也是如此。“但在第一次训练中，我有点弄伤了自己。这也很正常，经历了一个压力、紧张、压抑无处不在的夏天之后，要让肌肉恢复常态是不可能的。医疗扫描的结果没有问题，但肌肉不像从前那么结实了。赛季开始前我受伤了，在美国独自训练了两周，只有我和巴塞罗那的体能师埃米里·里卡特。”

没人知道安德烈斯如此痛苦，就像小时候在巴塞罗那的拉玛西亚青训营，远离家乡，没人知道他的痛苦一样，几年后他才告诉别人。“我把所有的事都藏在心里，不愿意让自己的问题成为别人的负担，我自己处理。但有一段时间实在没办法，一种奇怪的感觉使我无法完成训练。”

季前训练的最后几天，一切似乎正在好转，就快有解决办法了，改变即将到来。“自从欧冠决赛之后，我再没踢过一整场的比赛，3个月之前，我们赢得了俱乐部历史上首个三冠王。从美国回来之后，我还不能和一线队员一起训练，但有一天，医生终于发现了问题所在，他们开始着手解决。事情正在向好的方向发展，医学正在帮助我复出。”

“在那之后，我听到了最难以置信的可怕消息。”

“卡尔斯·普约尔来了，对我说伊万·德拉佩纳给他打了电话。”

“达尼去世了。”

“什么？！你确定？”

“我惊呆了，我反应不过来，我不知道该怎么做、该怎么思考。我不敢相信，达尼，我的朋友达尼去世了。怎么去世的？因为什么？这不可能……”

安德烈斯和西班牙人——巴塞罗那的同城对手——的中卫达尼·哈尔克一同经历过许多事。他们一起在西班牙国青队踢球，一起在旅行中分享各自俱乐部训练场上的见闻趣事，他们是朋友，是密友。他们还是小孩子的时候就在一起玩了，他们彼此分享了那么多故事。

而现在，达尼去世了，在西班牙人的意大利季前训练中，他因心脏病发作而离世。

“接下来的几天是不堪回首的。”安德烈斯说，“我觉得自己正在不断坠落，就像一切都陷入了黑暗中。我找到医生，告诉他：‘我受不了了。’”

安德烈斯不知道该如何描述：不是抑郁症，肯定不是，也不是什么疾病，不完全是，而是一种不安的感觉，反正哪里都不对。

“我不知道该怎么解释，”他说，“但之后我知道了，如果身心都感到脆弱，觉得有什么事情将在自己身上发生，就有可能做出一些极有破坏力的事。可能什么事都做得出来，真的。我不知道这听起来是不是太恐怖了，不知道这是不是正确的解释，但我就是这么感觉的，莫名其妙，我可以‘理解’人会被疯狂所驱动，做出一些不理智的行为，完全脱离了自我本体。”

伊涅斯塔从家庭得到了呵护和安慰。“我的父母、我的妻子安娜，所有人，如果没有他们，我永远也不会恢复过来，永远无法回归正轨。我欠他们太多。我很愿意为他们做同样的事，当然，除非你有亲身经历，否则永远不会明白当时发生了什么。”

家人支持，但仅有这些还不够。伊涅斯塔需要专业的帮助，需要倾诉。

“有时候只要能向一个人解释你的感受，解释你身上发生了什么，让他们倾听并且理解，这样就够了。巴塞罗那的医疗专家佩佩、布鲁格拉和伊玛就这样帮助了我。”

佩佩是第一个帮助他敞开心扉的人。“我再也受不了了，”安德烈斯对巴萨的医疗主管普鲁纳医生说，“你能让人来看看我吗？”那天下午，佩佩到了他家。几天之后伊玛也来了，正是她建议安德烈斯去找布鲁格拉医生的。

“我的生活就是这样，自己处理所有的事情，是我一贯解决问题的方式。一直以来就是这样，无论在美好的岁月还是糟糕的日子里，从小到大我都是这样。我想，这就是我。”

伊涅斯塔把事情都自己扛着，默默承担一切，把一切都藏在心里。直到某一天，一切都坍塌了。“就像我的身体在说：‘就这样吧，够了……你已经花了很多年聆听别人的倾诉，让他们高兴，现在是时候听听我的了，是时候给我一点时间，给你自己一点时间了。’我一直觉得自己可以承担一切，一辈子都这样，就像一个超人。我无法解释为什么自己的内心会感到空虚，丧失了希望、驱动力或者渴望。我无法解释为什么好像没有什么事情能让我开心了。你可能会想，‘他在说些什么？他什么都有了——他为巴塞罗那效力，为西班牙国家队踢球，他有钱，他赢得了所有荣誉，每个人都敬慕他、尊重他’。你可能会这样想，我也这样问自己，而且我知道有的人永远也无法理解。但我觉得空落落的。而如果你感到空虚，你就需要以某种方式找回动力，自我充电，找出一些能让你产生力量的东西。如果找不到，你就完了。”

这本该是伊涅斯塔一生中最快乐的夏天。他与巴塞罗那一起赢得了三冠王，达到了自己职业生涯的巅峰。恰恰相反，他坠入了地狱。没有任何东西可以安慰他，无处可逃。假期没有任何作用，那个历史性的2008/2009赛季的美好回忆也没有用：斯坦福桥球场的进球无济于事，赢得联赛或杯赛决赛也于事无补。他并没有沉浸其中，事实上，鼻骨骨折使他无法外出。也许那时发生了一些事，表面看不出来，但已经存在了。尽管巴塞罗那赢得了三冠王，尽管他一直在踢球，好像什么事也没发生过，但有一些人注意到了一些不对劲的地方。安德烈斯不再是安德烈斯了。

有一天，塞西正在拉玛西亚附近、诺坎普旁边的老球场观看一场训练课，他是伊涅斯塔最好的朋友之一。训练进行到一半的时候，他的电话响了，来电的是伊涅斯塔的父亲何塞·安东尼奥。

“他感觉不对，发生了什么。”

“放松点，何塞·安东尼奥，他还在外面训练。”

“我怎么放松？他是家里唯一一个不快乐的人。这样不对劲。”

虽然看起来很平静，其实塞西也很担心。那年夏天卡达克斯的一个家庭日过后，伊涅斯塔的妻子安娜就感觉到有哪里不对劲了。

“出什么事了？”她问安德烈斯。

整张餐桌陷入了沉默。

“没什么，没什么，我很好，很好。”

但桌子周围的人都知道他不太好。塞西、安娜、他的父母……所有人都能看出有些不对劲。

他需要专业辅助，而这正是俱乐部心理学家伊玛·普伊赫所擅长的。“跟伊玛在一起，我仿佛找到了一个空间，一个可以和我分享一切的人，”安德烈斯说，“有些人你可以与他们交谈，有些人则不能。和她在一起，我可以。我把所有的东西都释放出来了，从我出生那天起的所有东西。她帮了我很多。我记得，如果我们预约在6点，提前10分钟我就到了，准备好。这说明我从康复训练中得到了一些东西，对我来说，能和她一起分享是件好事，当然，我还有很多东西要分享。”

“她帮助我去理解、去改进，最重要的是，她帮助我学会了如何做出选择。有时候你不知道自己正在做什么。没有人知道。你会自动地做事情，因为你必须这样做。你只是日复一日地坚持下去……直到有一天你不能再继续了。她帮助我理解了这一点，成为我生活中重要的一部分。在我继续前进的道路上，她的作用至关重要。”

安德烈斯正在寻找一种方式破茧而出，他正在四处搜寻。寻找。

他没有说出具体的名字或地方，但他开始了解自己所处的黑暗隧道中的每一方寸，他被困在了这个地方，好像生活在地狱的边缘。大多数人都不知道他正在经历些什么。在巴塞罗那的更衣室里，只有很少几位朋友知道，他们试着给他最大的支持和空间，让他自己度过，不强迫他，不催促他，他们知道他面前的那座高峰有多么难以逾越。而在更衣室外，几乎没有人知道他正在经历些什么。

两个世界，两个安德烈斯。表面上的安德烈斯，是微笑的、刻意的、戴着面具的；内在的安德烈斯则满怀忧虑。他正在寻求赦免，却无法得到。他将如何从中脱身而出呢？他如何逃离了这个黑暗而未知的地方，最终他走向何处？

“很难，真的很难，”巴塞罗那的理疗师，同时也是安德烈斯的朋友埃米里·里卡特说，“那段时间已经过去了，但2009年夏天的痛苦依然无法消除。他告诉我：‘哈尔克死了，一切都爆发了。’这种时刻令人很焦虑，所有的事情都集中在了一起：伤病、压力、悲伤……最后，你的头脑不完全清醒了。虽然人们不相信，但人的大脑也会影响肌肉。你的身体逐渐崩溃，你的肌肉松懈了，或者撕裂了。安德烈斯开始有了这样的感觉，这对运动员会造成很大的伤害。他觉得自己很脆弱，他快要崩溃了，他无法治愈。‘我是玻璃做的。’有一天他这样对我说。就好像他认为自己永远无法恢复到正常的轨道上来，他再也不能完全恢复健康了。”

埃米里的话是经过仔细斟酌的。伊涅斯塔的外表和内心都被击垮了。“他比平时更瘦了，他不太对劲。他比以往任何时候都努力工作，但这是没有出路的。当然，这也折磨着他。他需要帮助，才能再次找到自己。最后他是怎么走出来的？怀着意志、能量、决心，每一天都在倒计时。我敢肯定，如果很多运动员面临安德烈斯的情况，都会很难走出来。”

尽管感到孤独，但安德烈斯很幸运，他得到了别人的支持，家人和朋友总是站在他的身边，成为他重塑自我的基石。“当然，我们担心他可能会崩溃，这可能是最坏的结果，”埃米里说，“我们都是这样想的，但没人说出来。他的家人和朋友关系很密切，他们帮助他度过了那段黑暗的岁月。有一天，在某个理疗室的康复过程中，我们正在治疗一种复杂的肌肉损伤，这种伤病难以治愈。他告诉我网球运动员纳达尔的事，纳达尔曾经历一段糟糕的时光，他受了伤并失去了信心。安德烈斯对我说：‘埃米里，我在听纳达尔的讲话，我明白他话里的意思：我也面临着一样的情况。’”

埃米里主要是理疗师，其次才是心理学家，他沉默了一会儿。他记得自己告诉安德烈斯，就像他从前所说的那样：永远尊重你的生物钟。“你不能催促自己的身体。当然，他尊重自己的生物钟，但他没有一个时间表，没有一个可以遵循的模型，他处在一个陌生的环境中。没有可以遵循的康复计划，没有明确的指导方针。他非常沮丧。”

伊涅斯塔很受伤，不仅仅是身体上的。痛苦让他走到了这一步，要把他拉出来并不容易。

“安德烈斯不忘本，他与自己的家、身边的人关系很密切。他们共同经历了所有的事，关系牢不可破。他与他们一同战斗，彼此的纽带从未断裂，也永远不会断开。他无能为力，他为所有人担心。”

他非常担心他们，以至于在某个时候，他忘记了担心自己。结果，在一场剧烈的风暴中，所有的事都一起爆发了。

“安德烈斯经历了一段非常艰难的时期。”他的前队友博扬·科尔基奇说，他很谨慎，小心翼翼地描述着那些内心的黑暗角落，除非亲身经历，没有人真正了解那是什么样的。如果有人能理解，或者几乎能理解，那个人就是博扬，这位前巴塞罗那前锋也经历过类似的事情。

“当时是我在诺坎普一线队的第一年，”他说，“就在我收到路易斯·阿拉贡内斯的征召入选2008年欧洲杯大名单的时候，我开始遭受焦虑的攻击。”和安德烈斯一样，博扬出身于巴塞罗那的拉玛西亚青训营，安德烈斯比他大6岁，对博扬来说，他就像一个巨星。博扬崇拜他，将他视为偶像，视为一个拥有他所渴望的一切的人。他们几乎没有说过话，两人都很害羞，但有一种东西默默地把他们联系在了一起。

“有一天训练结束后，安德烈斯对我说：‘博扬，我需要跟你谈谈。’这令我很惊讶。安德烈斯这么说的时候，你就知道发生了一些奇怪的事情。他简短地向我解释了他的遭遇，当他讲述的时候，我可以听出这些事和我曾经历的非常相似。我觉得我们正在彼此分享，这不是你和所有人都能谈论的。我立刻就明白了，就好像我在重温自己所经历过的一切，仍然伴随着我的东西，伤疤犹在。他想与我分享，我知道他告诉我的事情除了家人，通常不会向任何人提及。这种遭遇实在太糟了，太令人难过，太令人痛苦了，你只会把这种感觉留给自己，不希望别人知道，你不想给别人带来负担，也不想让他们受苦。但最终，你这样做会伤害到自己。”

更衣室的一角，安德烈斯和博扬独自坐着，聊天。“有那么一刻，我们意识到：原来我们的经历是一样的。我们有着同样的感觉。我们知道彼此正经受着同样的痛苦，我们觉得看不到出路。”安德烈斯说，博扬听。“我对自己说：‘我不会让安德烈斯也经历这样的事情。’我坐在那里与自己的偶像交谈，与一个赢得了欧洲杯和欧冠的人说话，他向我敞开了心扉。这让你更了解他，了解他的谦逊和敏感。他主动找到我，他说他想和我说话。我想尽我的所能帮助他。”

从那一刻起，安德烈斯和博扬之间的关系发生了变化。“我们的谈话越来越多了。与他谈话让我感到很自在，他也对我怀着同样的感觉。对我俩来说，这样的谈话几乎像是一种治疗。我们越来越亲密，越来越了解对方。我们互相帮助。安德烈斯正在度过艰难的一年，他几乎经历了所有的事：伤病、担心无法入选世界杯。他进入了欧冠决赛的阵容中，但没有处在最佳状态。他很脆弱。”

博扬回忆起他第一次见到安德烈斯的时候。“当时是在埃及的一场友谊赛。此前我从来没有和一线队一起训练过，那天就像是梦想向我敞开了大门。真的很奇怪：对一线队球员来说，去埃及踢友谊赛是件痛苦的事。而对我来说，则是一次美妙的经历。我们在比赛前3小时就抵达了球场，里面已经挤满了人。我记得当时我非常紧张，热身的时候，安德烈斯走到我面前说：‘放松点，别担心。’我不知道为什么，我无法解释清楚，但我记得那短短几个词给我带来了力量。我仍然可以在脑海中回忆起那一刻，就在我们穿训练服去热身的时候，训练服是红色的。”

当时是2007年4月，博扬只有16岁。他完成了首秀，取得了进球。“那对我是一个重要的时刻。”他说，“我踢了那场比赛，赛季剩余时间我回到了青年队，夏天我得到了征召，与一线队一起进行季前训练。”，现在的安德烈斯与博扬已经与第一次见面时不同。一个让人担心的安德烈斯，尤其是巴塞罗那队长普约尔。

是普约尔告诉安德烈斯，达尼·哈尔克去世了，他自己沉浸在痛苦中，同时也在担心安德烈斯，他很忧虑自己的朋友会有什么样的反应。也是普约尔请来了国家队理疗师劳尔·马丁内斯，让他和埃米里一起寻找希望和解决方案。

“安德烈斯承担了所有的一切，把压力都背负在自己身上，把一切都藏在心里。”普约尔说，“也许这就是他经常受伤的原因所在，有时你觉得自己可以处理所有的事情，但其实不能。他会对我说：‘这不公平，普约尔，我的小腿没有感觉了！为什么会这样？该死！正好在我状态最好的时候。为什么？’”

“我4个月没有踢球了，”安德烈斯说，“似乎还看不到头，感觉就像是永远。太难了。所有的问题都没有找到答案，感觉好像根本没有任何进展，还是要一直持续现状。药物、治疗、测试，日复一日。我试着和球队一起训练，但是我无法完成训练，因为我的感觉很糟，但我继续坚持下去。以某种方式，在心里的某个地方，我告诉自己走出了一步。最终我在9月对阵基辅迪纳摩的比赛中回归，距离罗马举行的欧冠决赛已经过去了4个月零2天。我只能踢上半场。为什么？因为我无法坚持下去了，我应付不来。我觉得自己的头就要爆炸了。我有一种很奇怪的感觉，真的不知道应该怎么解释，但一定有人曾经与我有过相同的感受，他们可以解释，他们可以明白我的意思。不过我知道，出场踢比赛是我向前迈出的一小步。不管这一步有多小，都很重要。一点一点，我渐渐地感觉好多了，这是第一次，我觉得自己可能会恢复正常。”

但什么都不正常。

“安德烈斯，你来决定，好吗？你感觉不舒服的时候就走吧，不用请求许可，只管走就行了，好吗？离开，不要担心训练。一旦哪里感觉不对劲，就停下来。没问题，你才是重要的，你，只有你。”

佩普·瓜迪奥拉传达的信息很明确，他不是以一个教练的身份，而是作为朋友。“如果你感觉不对，不要逼迫自己，不要担心，不要继续熬着，不要去想：去吧。拜托了！”

他确实是这样做的，无数次训练，他们甚至还没在训练场待上10分钟，安德烈斯已经在回更衣室的路上了。他甚至不需要看佩普的反应，而佩普也不需要看他。他们没有语言交流，也没有必要。他到了，然后他走了，好像他已被吞没。

“你总是希望身边的人都好，快乐、健康，你希望他们感觉舒适，没有任何问题，”安德烈斯说，“但你从来没有想过，可能你自己不对劲了。你总是觉得这种事不会发生在自己身上。但没有人能幸免，你总觉得这是其他人会遇到的事，直到一切真的发生在你身上。这件事就这样发生在我的身上。”

“安德烈斯非常非常敏感。”瓜迪奥拉说，“有几次出了问题，这就是人生。但他的妻子、孩子、家人，把他拉了出来。我们都尽力为他提供帮助，他也很坚强。我们想做的只是提供帮助，让他知道如果需要，我们就在他触手可及的地方。”

但安德烈斯并没有寻求帮助，相反，他开始自己努力。“他就像我。当他这样的时候，我们没有办法靠近他。”他的好朋友、前队友巴尔德斯说，“他的身体问题，首当其冲的是焦虑，这才是他真正所面临的。这些伤病日复一日地使他的日常生活变得更糟，让他觉得自己无法继续下去。一切都是错的，都很奇怪。他被摧垮了，我可以看得出来。”

巴尔德斯几乎参与了安德烈斯职业生涯的每个阶段，从他们在拉玛西亚相识至今。现在安德烈斯会问他的朋友，为什么这样的事会发生在他身上，到底怎么回事，怎么会这样：“我就是不明白。”

同样的问题一遍又一遍地重复着。问巴尔德斯、普约尔、博扬、埃米里、劳尔，但几乎没有人知道答案。他们不知道发生了什么。“就在我的脑子里，就在这里。”安德烈斯说……

他自己也不明白。

巴塞罗那医生里卡德·普鲁纳知道他的问题在医学上没有直接的解释。“在一些非常微妙的时候，我能看到安德烈斯曾经历的最糟糕的时刻，”普鲁纳说，“他开始意识到，当头脑感到不对劲的时候，我们有多么脆弱。如果你是一个球员，往往不会加以留意。如果达到了一个节点，这个时候你会放弃所有的一切，只希望让自己感觉良好，成为‘正常’的人，能够控制自我，能变得坚强、轻松自在。做回你自己。是的，正常，就是这个词。”

“安德烈斯正在挣扎，他遇到的是个人问题，他来找我寻求帮助，他想要得到一个医学解释。我们做了测试、分析，做了我们所能做的一切。我们搜寻可以解释这种情况的东西，这或许佐证了他的感觉。但没能找到一个简单的答案。逐渐地，人本身的、个人方面的解释浮现出来。意识到这会发生在人们身上。一旦发生，那会开始给安德烈斯一些力量。”

“这不是他所需要的测试，”普鲁纳继续说道，“他需要的是和谐、平衡。慢慢地，他发现了这一点，他渐渐地变成了现在的样子。不，我不是指那个球员伊涅斯塔，我的意思是他这个人。”

连续几个月他在沉默中度过，在外界认为他一定是世界上最幸福的人的几个月之后，伊涅斯塔终于找到了平衡，找到了些许和谐。如果没有像佩佩、伊玛、布鲁格拉这样的人的支持，他可能会永远迷失自我。

第二章　丰特阿尔维利亚

我们看他试训，5分钟后我们说：“让那个孩子下场吧，不用多看。”

——巴洛，阿尔巴塞特教练

他才8岁，这个骨瘦如柴的小男孩，又白又瘦，就像一根棉线。有人说他长着一张完美而无辜的孩子脸。而另一些人却在他身上看到了千万种可能：他有一种随时随地适应周遭环境的能力，他总能感受到球和比赛的指引，同时也能引导球和控制比赛；他总在他该在的地方，出现在球场的每一个角落。那天在粗糙的砾石“球场”，他将迎来一场考验。有数百个孩子来到这里。一些人通过观看和判断，决定着孩子们的未来。而他的表现并未受到影响，依旧那么引人注目，似乎他正在丰特阿尔维利亚学校的操场上专注地踢球，正如他每天所做的。

他一天到晚就是踢球，天天如此。伊涅斯塔说，我每天都花数小时踢球，特别是放学以后。很可惜，那时的球场里没有泛光灯，天一黑就没法玩了，我只好离开。有时，妈妈或奶奶也会过来找我。当时要是有现在这样的照明条件，我想我是不会离开的。

伊涅斯塔那时并不知道，一个故事正在徐徐展开。紧挨着学校不过百十米，他的妈妈玛丽经营着卢汉酒吧，他的爸爸何塞·安东尼奥正在组建一支当地砖瓦匠球队。他们都没有想到，他的家人，还有与他玩耍的朋友现在都觉着不可思议。

绰号“裁缝”的安倍拉多说，他总是看见那个小孩朝他的房子走过来。“我比他大4岁。安德烈斯6岁，我10岁，但他的球技比我好三四倍。”他说，“我和安德烈斯的友谊是建立在足球上的。足球，足球，全是足球，我们的生活中没有别的了。他每天胳膊下夹着足球来我家，这是我们唯一的足球。它比一般的球要笨重，但我们还是用它。”

“他过来找我，然后一起去踢球。如果他没来，我就去卢汉酒吧找他。我们一路踢着球去往学校操场。在那里我们能踢多久就踢多久，直到有人过来叫我们回家。通常是他奶奶过来接他，我年纪大一点，自己走回去。那时在丰特阿尔维利亚没有别的‘足球场’。”

学校操场的足球场现在变成了篮球场。操场的一个角落有棵大树。“不知为什么我一直记得那棵树，它一直就在我脑海里。”安倍拉多补充道，“听我父母说，那里原先是一个池塘，还有那棵树，后来才建了操场。朱利安（另一个童年玩伴）、安德烈斯和我把时间都花在了那里，整天踢球。我们练习罚点球，练习吊高球，那就是我们想要的一切。”

一切都是足球，足球就是一切。“真希望我能再找回那个足球啊！”他说，“很硬，橡胶的，表面磨损了，颜色也掉了。”

“我甚至不大确定那个球是不是白色的，”朱利安说，“已经记不清了，但我还能想起安德烈斯在边走路边踢球。即使是现在，每次看到他，我都能想起他当时的样子。他就像动画片《足球小将》里的奥利弗·阿托姆一样，球从不离身。”

朱利安昵称“佩托”，每天放学后重复着同样的场景。“他走到我家门口的时候，一手拿着三明治，一手托着足球。”

“我们去踢两脚吧。”

“‘好吧，安德烈斯。’我回答道。”

然后他们去找安倍拉多，这就是安德烈斯·伊涅斯塔足球生涯的第一个三叉戟。朱利安就住在卢汉酒吧后面，现在还住在那里。

他说：“我们自创了一些游戏，任意球对抗、点球大战……我们一踢就是几小时。如果需要门将，我们就会找个小孩加入，不愁没人加入。安德烈斯当然是最瘦小的一个，但在球技上他可不是‘小不点’，他是我们队的一员。他没法跟同龄的孩子踢球，会很无聊，他的球技明显高过他们。那些同龄孩子只能凑热闹守门或任意球时去充当人墙，安德烈斯可不是，安德烈斯不一样。”

“晚上我们有时也会去镇上踢球，”朱利安继续说，“但要把球踢出墙外，落到别人家的院子就有点麻烦。”

得有人去把球找回来，邻居对这可没什么好感。一般都是安倍拉多或者朱利安去找球，安德烈斯等着，毕竟他最小。“你应该看看邻居的脸……但最终他们会把球还给我们，即使他们很愤怒：‘给你该死的球。’”

该死的？应该是幸福的吧，尤其对安德烈斯来说更是这样。

“是真的。”朱利安承认，“球永远都是他的，他总是那个腋窝下夹着球的人……到最后，他甚至让球技一般的球员离开了我们，这些人不如他的一半好，但也不差。我们花了很多时间跟他磨合，我们都成了镇里最好的球员。”

安倍拉多补充说：“他跟比他大的孩子踢球。大部分时候他的个头还不到人家的腰，但他仍然可以带着球做任何想做的动作，可以跟镇上踢得最好、个头最高大的孩子对抗，然后把对方晃倒。”

太阳下山了，他们也还有自己的球场。“那是卢汉酒吧的一间暗房，我们会在那里组织最后的一场比赛。”安倍拉多说，“我们的父母在酒吧里吃饭，我们就在后面拿一团皱巴巴的纸当球踢。我们中的一个坐在地上当球门，其他两个争取穿过他进球。这很有竞争性，结束时我们都是满身大汗。”

有个周末，朱利安、安倍拉多和安德烈斯“签约”了另一名球员——马努，安德烈斯的表哥。马努的存在似乎就是为了提醒这个世界，在一座叫拉曼恰的小镇街道上发生了一些特别的事，而大多数人甚至都不愿意记住这个小镇的名字。

“安德烈斯的表哥马努·德曼努埃尔已经把他推荐给我们了，马努当时在为阿尔巴塞特踢球。”维克托·埃尔南德斯回忆说，他是伊涅斯塔在阿尔巴塞特的第一个教练，这个俱乐部是安德烈斯足球生涯的起点。

事情还得从西班牙队前教练何塞·安东尼奥·卡马乔的兄弟佩德罗·卡马乔说起。何塞是皇家马德里队的伟大球员，俱乐部的一个里程碑式的人物。佩德罗曾经是达尼在伊巴内斯竞技的教练。“达尼”就是何塞·安东尼奥·伊涅斯塔——安德烈斯的爸爸，据他自己介绍，他也是一个伊巴内斯竞技的球迷。他的昵称来自达尼·鲁伊兹·巴赞，一个出身于索普埃尔塔毕尔巴鄂竞技的前锋，20世纪七八十年代曾在圣马梅斯球场效力。“虽然不如儿子那样好，但他的球技还是过硬的，他是中场球员，过去是优选联赛和丙级联赛的明星。”他的前教练佩德罗说。

何塞·安东尼奥希望他的儿子能做到他做不到的事。刚开始的时候，他甚至无法为儿子找到试训的地方。何塞·安东尼奥在当地的报纸上读到一则通告，在阿尔巴塞特有一个试训。但当他和儿子到达那里，球队的人看了看就转身走了。“他太小了。”他们一语中的，确实也是。他只有7岁，年纪太小，身材也矮小。

于是他的父亲转而去找佩德罗，问佩德罗可否为安德烈斯打开一扇门？而这扇门最终把安德烈斯带向了联邦球场。那时他们训练的球场不是座标准球场，只是一座七人制、沥青地面、没有更衣室的球场。他们要换衣服需到不远处另一座球场的更衣室。

佩德罗答应了，何塞·安东尼奥和马努都很高兴。“你不会后悔的，他的天赋很高。”马努一遍又一遍地说。马努没看错。“我不断地告诉他们，直到他们亲眼看到，才意识到他有多优秀。”

那天他们见证了他的优秀。早上，何塞·安东尼奥开着他那辆老福特猎户座，载着安德烈斯驱车46公里来到阿尔巴塞特的球场。有很多孩子在那儿试训。吉恩斯·梅伦德斯在场边盯着，他是当时的青训负责人，教练是安德烈斯·埃尔南德斯，以及他的儿子维克托和巴洛。

“我们看他试训，5分钟后我们说：‘让那个孩子下场吧，不用多看。’”巴洛说。

巴洛认为即使他上场不到5分钟也没关系。“他不需要在场上踢多久，他的天赋就已经让我们信服。从我们之前听说的和我们亲眼所见的，已经足够了。看他在场上的表现简直不可思议，身材娇小，球在他的脚下看起来比他都大。为什么我们这么快就把他换下场？因为我们已经很确定了，我们需要花时间来看其他孩子，那些需要再观察的孩子们。安德烈斯的天赋毋庸置疑。”

“安德烈斯踢中路，一旦他得球，就很难断掉。真是不可思议，事实上就像现在所看到的一样。”在那个寒冷的早晨，巴洛难以相信自己的眼睛。

“没有必要再看了，我们已经看到了一切。”维克托说。

佩德罗说：“他与众不同。”

他还记得当时与何塞·安东尼奥的对话。“别担心，”我说，“‘我会照顾好这队孩子的。他会跟我在一起。’在最初的比赛中，经过15分钟的热身后，安德烈斯就会拿起球，晃过每一个防守队员然后破门得分。日复一日，直到有一天我过去对他说：‘你需要给队友传球，也传给他们好吗？’”

之后安德烈斯就那么做了。球不只是在他脚下了，他开始与其他孩子分享球权。但有一个问题，分队比赛时，孩子们都愿意选择跟安德烈斯一队，他们知道这样能赢。孩子们也喜欢跟他一起训练。至于安德烈斯，他很少开口说话，总是很沉默。

“我当时是我们当中踢得最差的一个。”马里奥第一天就认识了安德烈斯，他说，“我想我们差不多有12个人，我的实力排在第十。安德烈斯肯定是最棒的，他后来成了我们的队长。每个人都想跟他搭档训练，我们都簇拥在他身边。他很安静，总是站在那里不说话。最后他会说：‘我要和马里奥一起训练。’我认为他是在找实力相对弱的孩子，然后帮助他们提高。他本来可以选择更好的队员一起训练，我不知道他选我们有没有别的原因。”

马里奥和安德烈斯现在仍然是朋友。“他来自丰特阿尔维利亚，我来自阿尔巴塞特。以前我根本不认识他。第一天比赛他进了两个球，我也进了两个球。这是挺容易的事。我们只是等着别人传球过来，然后我们射门。我们都是8岁，守门员并不能把球踢多远，总是落在我们身边，安德烈斯将球接住，然后传给我，破门！”

最后比赛定格在4比1。现在每次马里奥见到安德烈斯，同样的情景总会浮现在脑海之中。“还记得穿着红色球裤的时候吗？”安德烈斯说。

还有另一幕时常浮现。阿尔巴塞特午间会开始前的最后一刻，总能看到一个穿着球鞋和球衣的小孩急匆匆赶来。“他要费点劲才能过来。”马里奥说，“他爸爸在建筑工地工作，不能每次送他过来。我们没这问题，因为我们住在阿尔巴塞特。我们可以从学校出发去训练，结束后再回学校。他不行，他得提早走，训练时常会迟到一会儿。”

在来的车上，他就换好了衣服。回家的路上，他会狼吞虎咽吃下母亲玛丽给他做的三明治再喝掉一盒果汁。正值午饭时间，他来也匆匆，去也匆匆。

“为什么我们会在中午训练？主要是中午以后就没有球场可用了，其他年龄组的队员需要用场地。”马里奥说，“此外也因为教练巴洛，他还在阿尔巴塞特的赌场工作。安德烈斯来到时要把球鞋准备好，一下车就能全副武装好。”

每个星期二和星期四，马里奥与安德烈斯的搭档都十分完美。但到了周末，他们就不能经常搭档踢球，因为马里奥并不是一个首发球员。他们也没有更多的机会交谈，一个住在阿尔巴塞特，另一个住在丰特阿尔维利亚。他们只能在训练时见到对方，更何况安德烈斯也不善言谈。

慢慢地，人们注意到了马努的表弟。不注意才怪呢！他很矮小，但在众人中很显眼。“这孩子真让人难以置信。”人们告诉维克托，“多么好的一个球员啊！”场场比赛都那么优秀。“他总能做出不平凡的事。他的双脚太不可思议了。是你教他的吗？我很乐意回答是，承认那是我教导的结果。”维克托说，“但是我不能，谁也教不了那些球技。他是无师自通的。看他踢球总是让人觉得惊奇。”

从接管他们的第一天起，他们就有一种奇怪的感觉。“不仅仅是我，是我们所有人都觉得，”佩德罗·卡马乔承认，“这个小孩太不可思议了，我们中没人能想到他会走得如此之远。以他的年龄来说，他就像是上帝的恩赐。但他显得有些不大适应，因为我们不知道他从哪来，也不知道如何对待他。他就像一个外星人。”

消息在阿尔巴塞特传播得很快。“没有人能战胜我们，我们可以赢得每一场比赛。”维克托自豪地回忆道。阿尔巴塞特的10岁以下儿童队，安德烈斯和他的朋友们：布鲁诺，左中锋；何塞·卡洛斯，守门员；马里奥；卡利托斯·佩雷兹，他后来被拉法·贝尼特斯签到了瓦伦西亚，但是没能在梅斯塔利亚球场得到上场机会，最终在斯洛伐克顶级联赛结束了职业生涯；查皮，他的真名叫何塞·戴维，绰号源自巴塞罗那边后卫查皮·费雷尔，他一直很努力、刻苦、上进，从始至终。查皮不仅是巴塞罗那的球迷（现在也是），而且他长得有点像费雷尔，一直都像，和费雷尔一样秃了顶。“如果我不是一个巴塞罗那球迷，我不会让他们叫我查皮。”他说。

他之所以留意安德烈斯，是因为“所有人都叫我查皮，除了他以外”。他说：“我不知道为什么？也许他觉得尴尬吧。他是唯一一个叫我何塞的。我一直都是踢边后卫。在丙级联赛一个叫吉内塔的球队效力之后，我结婚了，是的，你知道的……”

查皮记得，他们所有的人都记得。“那天试训的时候，我看着安德烈斯，心想他是哪来的？有上百个孩子在那里，他却显得一枝独秀。”

“我记得他没有说什么，但就是让人愉快。他那时就像现在一样皮肤苍白，他没有什么别的特质。每件球衣在他身上都显得特别大。”

“另外一件事就是，即使他没说什么，也能在场上展现出他的个性。这是不可思议的事。他习惯于肩负着球队的重任。他不会被任何事情吓倒。他负责罚点球。”

“安德烈斯从不对裁判抱怨，也从来不会被激怒，他非常清楚自己想要什么。我们去布鲁内特参加比赛时，我和他住一个房间。记得有一次，我把房间搞得一团糟，在床上蹦啊跳的，大吵大闹，在酒店里跑来跑去，跟其他队的孩子们一起玩耍，直到他过来对我说：‘何塞，请把门闩好，把灯关了！我们明天还有比赛。现在快睡觉吧！我们需要休息。’他的表现已经像个专业球员了。”

一个专业球员，但还是个孩子。他们都是生于1984年的孩子，都只是在享受球赛。从学校来到球场，然后再回到学校。

“回想那时，学校的时间被一分为二，他们得在中午时间离开学校。”维克托说，“从学校去阿尔巴塞特的路上，安德烈斯吃他妈妈为他准备的三明治。我们在12点30分——或者稍迟一点——开始训练，一直训练到下午2点。我们没有别的时间，也没有别的场地可用。”有时安德烈斯会在马努的家里逗留，换好训练的衣服。

“他被允许早一点离开教室。”巴洛回忆道，“他会在下午再把时间补回来。但是，我的上帝啊，他在为家人努力。”

他的家人会开车过来看他训练，然后再回去。100公里路程，3小时，一周2次。他爸爸和爷爷轮流开车。安德烈斯总是静静地坐着，吃他的三明治，喝他的果汁。

“安德烈斯是个安静的孩子。他甚至不会在到达时说声你好，或在离开时说个再见。我们每个星期六踢球，不是竞争性的比赛，只是娱乐。他个子很小但球技好，非常好，带球尤其棒，比其他任何人都好。他还不到40公斤。不过我没跟他怎么聊过。”安德烈斯在阿尔巴塞特塞尔西亚诺学校的教练胡安说。

巴洛记得有一天，是个星期五，教练们常在这天聚到一起讨论青训营孩子们的情况。“他们说：‘我的妈呀，巴洛！等着吧，明年你来指导安德烈斯。’除了他刚来时的那一次，我再没有看过他踢球，因为我执教的那个年龄组也在同一时间训练……我一直在期待。”

他们跟巴洛说了许多安德烈斯的情况，于是他做了个决定，想要自己亲眼去看看。他没有告诉任何人，不露身份地去看了安德烈斯的下一堂训练课。他的运气不错，“我到了那儿，站在一个角落的看台上”。巴洛不想妨碍他们，他也不想被任何人认出来。他避开看比赛的父母们，避开朋友和家人们，远远地独自站在一边看比赛。事实证明，他们是对的，他非常优秀。

“我的妈呀，”他对自己说，“明年会变得更棒！”

每次看到安德烈斯触球，他都会感到幸运：这就是下一季自己将要指导的孩子。最后，吉恩斯·梅伦德斯看见了巴洛，于是巴洛走向他的老板，说：“无论你要做什么，明年之前别开除我！”

巴洛非常享受那一年的时光。“我记得安德烈斯的头发是中分的，特别明显，就像有人丢了把斧子在他头上一样。”他回忆道，“他看起来并不像一个足球运动员，实际上一点也不像。”

“这是不可思议的一年，”巴洛继续说，“因为我曾为阿尔巴塞特踢球，很多人都知道我。在街上走着，他们就会问我：‘你什么时候踢球？星期六？星期日？什么时间？’球场每周都会很满。就像阿尔巴塞特主场卡洛斯贝尔蒙特球场一样。无所谓他们的对手是谁，甚至没人会问。他们只想看安德烈斯。他们都在说：‘巴洛得到了一个令人不可思议的球员，在他的队里踢球……’”

在阿尔巴塞特各个地方，这句话被重复了无数次。很快，安德烈斯“出名”了。

“裁判开始对巴洛说：‘把他换下去一会儿，好让比赛更平衡一些。’”阿尔巴塞特队的球员布鲁诺·莫接尔说，“我亲耳听到的。你要去看看他的比赛，他真的很棒。比赛对他来说游刃有余。

“我觉得这是他的问题。他做什么都那么轻而易举，在我们看来，并不需要费多大劲，我们感觉不到有多难，我们觉得自己也可以做到。但没门！这就像是玩PlayStation游戏。他那时候就有——现在依然有——一种独特的洞察能力，能在关键时刻帮他找到解决的办法。我不知道他是怎么做到的。或许你可以在看台上洞察一切，是的，但当你走下看台，走上球场……没门。只有他能找到一条出路。这就好比他有时在球场上走，你觉得他总是在做同样的事，但就是没有人能防住他。有时你在想：‘球离他稍微有点远、他又被绊了一下，他会失去对球的控制……’但那从来不会发生。他会改变节奏，然后把你甩在身后。他在耍你，每次都是。

“毕竟你只是个孩子，一场比赛中总会有那么几次不知道如何处理脚下的球，这时你就会感到压力，有一个很简单的办法：把球交给安德烈斯，问题就解决了。他从来不会丢球。不管什么时候，只要我们觉得不知道该怎么处理，我们都会把球传给他。他不会判断错误，每次都能成功地将球传给队友。他会让我们重新开始跑位，然后摧毁对手的防线。对方也会上来给他施压，两三个人围追他，但他会改变方向。你也不知道为什么，他就是能够带着球突出重围。这是多有压力的事啊！作为一个孩子他能有这样的表现，真了不起，而如今他在世界杯决赛和冠军杯决赛中依旧如此。

“每个人都在议论他在世界杯决赛的进球，以及那个进球的意义。但忘记那个进球吧，观察比赛，只留意比赛。他向后退了5米，之前他跟我们一起踢球时也常这么干。他向队友要球，然后与队友配合做二过一，然后开始享受比赛。从那时起，他就控制了比赛。他每次都可以戏耍你。他并不那么强壮，但脚下功夫扎实！他看起来速度不快，但都能找到突破防守的办法。看起来就像……忘了这些‘看起来就像’吧！不要相信表象。安德烈斯每次都会让你知道你所以为的是错的。安德烈斯不像是一个足球运动员，但看看他现在走到了哪一步。”

遗憾的是布鲁诺现在不能与他并肩作战了。布鲁诺最终放弃了足球。“16岁的时候，我入选了阿尔巴塞特一线队。”他说，“但我感觉自己已不再热衷于足球了。我从来没能完成首秀。俱乐部高层出现了一些变动，类似这些，球场外发生了一些事……我后来去了别的地方，甚至没拿到前三个月的工资。在场上我踢前锋身后的位置，像安德烈斯一样。过去常常是我传球给他，现在是他传给内马尔、梅西……哈哈哈！”

“我记得有一次在杯赛中对阵桑坦德竞技，他们队里有霍纳坦·巴列。对安德烈斯来说，每一次这样的行程都像是一次奇幻旅程。那次他病了，想念家人，开始呕吐。第一天的技巧挑战赛他不得不离开球场，他的身体感觉很糟，一直恶心呕吐。

“幸运的是他及时恢复，踢上了杯赛。这是一次七人制的比赛，我们事先不知道。主办方事先给我们发了一封信，说不能穿带钉的球鞋。所以我们只得穿上橡胶底的奥斯特罗特夫训练鞋。如果我没记错，安德烈斯买了一双蓝色的茵宝运动鞋，但是太大了。他不得不往鞋里面填棉花和羊毛以便能合脚。可是到了球场以后，我们发现球场是草皮的，对方的队员都穿着带钉的球鞋，显然他们早就知道球场的情况了。结果我们以4比5输了，4个球全是安德烈斯进的。接下来那年我们又参加了杯赛，拿了冠军，但那时他已经进入巴塞罗那俱乐部了。我们都很清楚，他自己明白：‘你必须离开我们，以变得更强！’”

何塞·卡洛斯是阿尔巴塞特的门将，他有一个特别的纪念品。“在安德烈斯加入巴塞罗那俱乐部以后，我一直都收到他从拉玛西亚寄来的信。”他说，“当时还没有短信，安德烈斯很喜欢写东西。那都不是简单的短札，而是有六七页长的正式的信。有时我也会打电话到拉玛西亚跟他聊天。我们在很多年间一直分享彼此的故事。现在每当我看到这些信件，你知道，我有时会变得多愁善感……”

“他都写了些什么？几乎什么都有，关于他在巴塞罗那的生活。‘今天我们以40比0赢了卡斯特尔德费尔斯。你知道这意味着什么吗，何塞？它让你在拉玛西亚过得更轻松了：当你去更衣室的时候，一切都已经安排好了。你不需要担心任何事。’尽管如此，也不是什么事情都是那么积极的。‘何塞，有点煎熬，我非常思念我的家人。真的，非常想，很难受。’毫无疑问很煎熬，我不知道我能否应付得来。’”

在拉玛西亚每小时都是一场战争，在这里度过的每小时，都反衬出丰特阿尔维利亚和阿尔巴塞特岁月的快乐。安德烈斯充满感情地回忆着，比以前更加情绪激荡。他怀念那些时光。那个球场，那个操场，那些日子。

“我回忆童年时总感觉很快乐，但也会泛起淡淡的乡愁。”安德烈斯说，“我花了很多时间在学校的操场上，比赛是无穷尽的。上午课结束的时候，如果不去阿尔巴塞特训练，我就会与朱利安和安倍拉多一起玩我们发明的游戏。我们总跟那些大我们三四岁的孩子玩。比赛很简单：5次罚球、5次任意球、5次有人守门的中场远射。

“我很喜欢玩，就像喜欢在漫长的夏日玩那种无休止的五人足球赛一样。你必须组成一支有竞争力的团队，因为如果对手进球了，你们就得下场，只有赢的人可以留在场上。我们都想留在场上，谁也不想站在一边晾着。我感到非常享受。

“总是那几个孩子一队，对手总是比我们大，那样很好。镇里每逢8月的宗教节日期间，都会举办足球杯赛。我们有一支很好的球队，很认真地对待杯赛，想赢下每一个对手，即使他们比我们都大。我们非常有激情。我们甚至在比赛前开会讨论！真疯狂！我的表哥和我会把开会讨论的内容记下来：比分、队名、谁进球、怎么进。我们做好季前准备，签约球员，找来一些孩子配合球队训练……就像一支小型的专业球队，其乐无穷！我总是带着怀念之情回忆这些，它们是我人生的一部分。”

还有“家庭”游戏，“不夸张地说，起居室也是我的体育馆”。马努回忆道：“我们用袜子做了一个球，这样噪音小，不会太影响到邻居。”

最主要的好处是不会砸坏东西。“当阿尔巴塞特一线队有比赛时，我们都希望能去看。不过有时候，我们正自娱自乐玩得不亦乐乎时，也会找借口不去，继续接着玩。‘哎哟，我的胃不舒服’……‘我头疼’……‘我们必须待在家里看家等’。”

这些借口每次都管用，应该说是差不多都管用。孩子们的日子就这么过着，丰特阿尔维利亚的孩子们整个童年都在一起。直到有一天，足球——真正意义上的足球——打断了这些。安德烈斯去了巴塞罗那。

当地有许多人认为安德烈斯的家人支持他远赴拉玛西亚，开始足球生涯的决定是愚蠢的。

“看起来是有些奇怪，有些人认为我们很蠢也很疯狂。不过确实，我们就是疯了。”安德烈斯说，“我的父亲疯狂地相信，有一天他的儿子会成为足球运动员。我母亲也这么认为。‘你们要怎么支持他？’那些人问她。”

“可是需要支持什么呢？如果最后没有成功，有什么关系吗？尝试失败又会怎么样？如果有一天我回到家，回到小镇，知道了我并没有那么幸运，有什么关系吗？如果你是在做你想要做的事，你觉得自己不得不做的事，那就没什么可顾虑的了。如果你有希望、有热情、有信念，全身心地做你热爱的事，还有什么比这更要紧的呢？”

那个小男孩相信自己，坚信他会取得成功。他不确定会在哪里成功，但他确信他的一生就是一场足球比赛，就像一直以来的那样。他不容许自己与那些听不得批评、一心向上爬的人为伍，在拉曼恰他周围就像有一个小型法庭，一群人一直跟着他。

安德烈斯确实做到了。他的每一步都能让他的教练觉得惊艳。“我是一个老派的中场，穿5号球衣，善于防守，善于化解对手的进攻。只要我拿到球，都会想把球回传回去，那是我的踢球方式。然后我就看到了安德烈斯……他总是知道怎么处理球，不需要再告诉他应该怎么做。”卡塔利说，他是安德烈斯在阿尔巴塞特的教练之一，“即使在他得球以前，他也能准确判断身边的情况。我告诉孩子们：‘在你们接球之前，抬起头，环顾四周，看看周围的情况……’我没有告诉安德烈斯这些，没有必要。现在看他的比赛，他还是能让我觉得不可思议。球还没有传到，他就已经预测到将要发生什么了。他知道谁在那儿，谁不在，之后该怎么做。”

“当他为巴塞罗那俱乐部或西班牙国家队踢球的时候，我近距离地观察他。‘该死，他是怎么做到的？！’你不知道他是如何看透的，更不用说是如何做到的了。”

卡塔利最终也没有弄懂，就像维克托、胡安和巴洛，以及阿尔巴塞特的其他教练一样，都不明白。他们后来一直密切留意着安德烈斯，现在也是，他始终能给他们带来惊喜。这个孩子让他们能打遍阿尔巴塞特省无敌手，就像有贝利在的巴西队。“我们赢了所有的比赛，本地的、省里的……所有的。其他球队跟我们有着巨大的差距。人们都说：‘卡塔利的球队真棒！’”教练回忆道，“并不是因为我，而是因为孩子们都很棒。当然，队里有安德烈斯，还有四五个也很出色的球员。有些人很幸运，有些人很成功，其他人则一生平凡。这就是生活。”

“我让安德烈斯当队长。在球场上，他就是领袖。现在我喜欢看他戴着队长袖标，甚至是他与裁判沟通理论。他从不这样与我们说话，让他和我们说点什么都挺难，他又是怎么和裁判对话的呢？！”

卡塔利的球队不断更新换代，他却总在那里，而且总在警示他的队员们：“别以为你是最棒的，你若自以为是，你将无所作为。”

安德烈斯一家都不是自大的人，他们谦虚、努力，竭尽所能地生活。

“我的父母时常没有足够的钱来付账单，但当他们手头宽裕些了，他们总能有余钱给我买阿迪达斯球鞋。为什么？对他们而言，如果他们的孩子能有最好的球鞋，能穿着新球鞋高兴地踢球，付不起下个月的房租又有什么要紧呢？”安德烈斯说。

现在安德烈斯不再穿阿迪达斯，他穿耐克好多年了。生活就是这么有趣。在这个美国品牌看上他的10年之前，佩德罗、维克托、胡安、巴洛和卡塔利就已经看上他了……

“过去发生的很多事都是我父母承担了下来。”安德烈斯说，“那时我不知道走职业球员道路会不会成功。当时我还年轻，会发生很多事。我在小镇上生活，如果你也来自这样的小镇，就知道一般是什么情况。我的父母不得不承受很多压力，远超过人们的想象。听着别人谈论你、看待你、评价你，这不是件容易的事。我知道这些，我感到很庆幸。谢谢。事实证明父母是对的。”

所以幸亏有何塞·安东尼奥和玛丽。还有马努，他早就说过，他早知道。

“我的表弟很会踢球，你知道的。他很棒，非常棒，你应该看看他。”

第三章　布鲁内特

“请跟我的父亲说，跟我的父亲谈谈。”

——安德烈斯告诉教练阿尔伯特·贝纳吉斯

阿尔伯特·贝纳吉斯用他的一只胳膊搂着小伊涅斯塔的肩膀。

1996年，马德里郊外一个叫布鲁内特的地方，伊涅斯塔作为阿尔巴塞特队的一员参加了一项七人制锦标赛。布鲁内特锦标赛迎来了第三个赛季，这是西班牙甲级联赛青年队的一个赛事，以发掘西班牙足球未来之星为特色。阿尔巴塞特队那年原本不在参赛之列，由于维戈塞尔塔队和塞维利亚队降级，他们才得以参赛。这样一来，来自拉曼恰的男孩们可以在洛斯阿克斯球场踢球了，参加这项改变了他们人生的赛事。

安德烈斯的首场比赛之后，世界闻名的巴塞罗那拉玛西亚青训营的资深球探、教练，也是后来的协调员阿尔伯特·贝纳吉斯近距离接触了安德烈斯。贝纳吉斯想去祝贺这个12岁的孩子，但伊涅斯塔因为害羞想逃避——就像是锦标赛中的隐形人——他几乎一言不发。

多亏了发起人卡梅罗·朱比奥和记者何塞·罗曼·德拉莫雷纳，那一年的锦标赛办得比以往历次都好。德拉莫雷纳为塞尔国家电台深夜广播节目《横梁》工作。此外，那个时期Canal+电视台掌门人阿尔弗雷德·雷拉诺，也对完善这次锦标赛功不可没。

“请跟我的父亲说，跟我的父亲谈谈。”每当有人问安德烈斯是否想为某支更大的球队踢球时，安德烈斯就会不断重复这样的回答，贝纳吉斯也代表巴萨问过同样的问题。德拉莫雷纳还记得每次比赛结束时，贝纳吉斯找安德烈斯的情景。

“不，我从来没有找他的父亲说话，”贝纳吉斯回忆道，“我穿着巴塞罗那的训练服去找他显然不合适，所有的人都会认为我要签下安德烈斯。”

一开始，他连这个新发掘到的孩子叫什么名字都不知道：“那个穿着5号球衣的男孩很抢眼，他的技术精湛，天赋惊人。”看完了伊涅斯塔的第一场比赛后，贝纳吉斯这么说。

“我让法布雷加斯先生去找安德烈斯的父亲，他是巴萨俱乐部在这项锦标赛中的工作人员。法布雷加斯穿着夹克戴着领带，没有人知道他代表哪里。‘瞧，那个男人就是他的父亲。过去告诉他，我们想签下他的儿子。’”

伊涅斯塔的阿尔巴塞特队，通常穿白色球衣，有时也穿红色。他们一路杀到了这项赛事的半决赛。但半决赛他们输给了霍纳坦·巴列领衔的桑坦德竞技，霍纳坦·巴列是那一届比赛最亮眼的几个球员之一。

“布鲁内特？啊，多么美好的回忆啊！”巴列说，“我们在四分之一决赛时以3比1击败了费尔南多·托雷斯领衔的马德里竞技，随后又在半决赛中以4比2击败了安德烈斯领衔的阿尔巴塞特队。我进了3个球。那可能是我最后一次帽子戏法了。”

“一切进展顺利。我们排出了3-2-1阵形，我踢中场，在前锋后面，就像那个时期巴克罗在巴萨队里的位置。我拥有美妙的回忆。之后，巴萨、皇马、阿贾克斯和阿森纳都向我提供了合同，但我留在了桑坦德竞技队。”

对巴列来说，事情进展得非常快。他才14岁，就跟着桑坦德竞技一队训练了。16岁时他在西班牙国王杯上演了处子秀，两年后成为球队一线队的成员，在顶级联赛中踢球。

但是拉多米尔·安蒂奇——皇家马德里和巴塞罗那俱乐部的前主教练，当时执教马德里竞技——对伊涅斯塔更感兴趣，觉得他拥有霍纳坦·巴列所有的过人之处。

安德烈斯很容易被人发现，他戴着队长袖标。此前他把头发剪短了，因为他和表哥马努打赌，他要让自己看起来像“小活佛”——伊万·德拉佩纳，点亮了诺坎普球场的人。不论是发型还是场上表现，并没有几位球员真能成功地吸引到别人的眼球。1996年，伊涅斯塔的发型没有招来多少目光，但每个人都注意到了他的足球天赋。

安德烈斯说：“我们相信我们能赢得冠军，我们都很兴奋，但结果是屈居第三。不过我得到了那次杯赛最佳球员的称号，对于我和阿尔巴塞特来说，那是一次非常重要的比赛。”

霍纳坦·巴列回忆道：“这是安德烈斯和我之间的事。如果我没记错，他仅以一票领先，从我这里夺走了最佳球员的称号，他也拿走了去冒险港主题公园游玩的奖励。你要是见到他，告诉他，他还欠我和我的孩子外出游乐一天的机会！”巴列的足球生涯并不辉煌，最终他和西班牙足球协会的业余球员们一起训练，未能延续早期的光华。他尝试过另一项运动事业——拳击手，但也没能实现。当初在布鲁内特，他与伊涅斯塔可都是被看好的职业足球未来之星。

“他去了巴塞罗那。本来我也能去，但我决定留在妈妈身边。”巴列说，“安德烈斯比我放松多了。他总是很杰出，只要看到他触球，你就能说出他与别人的不同之处。”

“像大多数球员一样，我也有过属于我的巅峰时刻，但他能持续保持好的状态。他是我见过的西班牙最好的中场球员，甚至可以说是有史以来最好的中场。在布鲁内特的时候，最让我惊讶的是他的急停，他现在还是那样，这是其他球员没有的能力。我还记得我们代表西班牙儿童队比赛时的情景。总有那么一个球员，你知道你可以把球传给他，他也知道球到了脚下该怎么处理。安德烈斯就是那个球员，他总能做出最好的决策。如果安德烈斯持球，你就能对自己说：‘放轻松，事情解决了。’

“他总是有那样的天赋，我想这归因于他的性格。其他人都显得神经紧绷、压力大、紧张。如果他需要快速地控制住皮球，他就能做到，而且总显得比其他人更游刃有余，好像他有更多时间。这就是一个优秀球员与一个天才的不同之处。

“他从来不惊慌，总能把球传好。能够在他的故事里占一点篇幅，我感到很荣幸。有时我会告诉我的孩子：‘我曾经和怪兽一起踢球。’”

何塞·卡洛斯，现在是一名警察，但那时他是阿尔巴塞特的守门员。他是在锦标赛开始前一周被征召进队的。他回忆说：“我妈妈连一套换洗衣服也没带就去了布鲁内特。每个人都觉得我们将止步于比赛的第一轮，我们没有带行李也没有订酒店。我每天和马里奥一起去学校，有一天他对我说：‘我们需要一个守门员，你想加入吗？’我们几乎没有时间在一起训练。我肯定是最后一个到达布鲁内特的。我永远不会忘记霍纳坦面对着我射入的那些球，但什么也比不上我们对阵皇家马德里的那场四分之一决赛。”

阿尔巴塞特本来都没有希望参加布鲁内特锦标赛，但是现在，他们面对着实力强大的皇家马德里队。“我喜欢那场比赛。”阿尔巴塞特那时的左边锋卡洛斯说，他的队友们也叫他“卡洛特斯”。“我们能取得那样的成绩有很多原因，但主要是因为他（安德烈斯）。他是一个能够盘活球队的队员，让全队从球场的一端到另一端都灵动起来。我是球队里唯一的左脚球员，我跟他一起踢球，度过了一段美好的时光。他在场上总能给我们创造好机会。即使在那个年纪，看他踢球都让人心情愉快。球场对于安德烈斯来说，就好像尺寸变小了似的，他令一切都变得简单。”

“在参赛球队里，我们的成绩排在第四或第五。对阵皇家马德里那天，大会组委会本来指定给我们的是一座没有看台的球场，后来由于皇家马德里的主席洛伦佐·桑斯和马德里竞技的主教练拉多米尔·安蒂奇都要来看比赛，就换成在一座有看台和其他设施的好球场。在与我们的对抗中，皇家马德里的确经历了一场苦战。没错，我记得我的父母去了布鲁内特，他们本想着就是一日游！后来不得不去买新内衣，因为我们在比赛中走了很远，只好多待一些时间。”

“小组赛我们表现良好，淘汰赛阶段遇上了皇家马德里队，我们的父母都不敢相信。”卡洛特斯充满热情地回忆道，“但其实我们配得上这个对手。我们表现得很出色，我们有个厉害得像怪兽的队员，连皇家马德里队都不能打败我们。比赛最终被拖入点球决赛。雷米，我们的另一个队长，踢第一个点球，然后是安德烈斯，之后第三个人上，最后是我。我在走近皮球的时候有点害怕，因为对方只罚丢了一个。”

“那个失球是皇家马德里队长踢的，他踢得太正，被我扑出了。”门将何塞·卡洛斯说，“我们是一支很好的球队，我们都搭着队长的羽翼飞翔，我们相互间亲如兄弟。我至今还和那时的每一个队友保持联系。我们因为那次锦标赛而聚集在一起，度过了一段难忘的时光——单纯的足球，纯粹的运动。”

16年之后，何塞·卡洛斯接到了一个非常特别的电话，是阿尔巴塞特主席打来的。“安德烈斯想让你在新训练基地落成开幕式上发表演讲。”他说。那个训练基地是以“安德烈斯·伊涅斯塔”的名字命名的。何塞·卡洛斯在仪式上只是分量不太重的一个配角，但他感动不已，不仅因为曾与他肩并肩作战的队友安德烈斯，更由于西班牙足球的传奇人物伊涅斯塔。

“安德烈斯比我们都出色。”他开始了演讲，“但我们变化都不大。有些人长胖了，有些人头发变少了，有些人把爷爷留下的福特猎户座换成了宝马，但我们还是像往常那样定期聚集到一起。有的人今天来了，有的没能来，但所有人都想给你拥抱，一个大大的拥抱。我们都来自联合会破旧球场的那支老球队。欢迎回家，安德烈斯。”

伊涅斯塔微微低下了头，这些话让他沉浸在童年的回忆里。之后，他们蹲在一起看完了照片，开玩笑道，“你的裤子快要裂开了”，“我的膝盖没知觉了”，安德烈斯这样结束了阿尔巴塞特岁月。“阿尔巴塞特是一个有根基的俱乐部，它的根基来源于它的青训营。我的足球生涯就是从这个青训营开始的。”安德烈斯说，他回忆起了对阵皇家马德里时的点球大战。

的确，那场比赛中何塞·卡洛斯化解了所有球门前的危机；的确，卡洛特斯也顺利地罚进了点球，他做到了。3次点球，3个进球，改变了安德烈斯的人生。

“有点奇怪的是，在那次锦标赛上没有人喊他的名字。”德拉莫雷纳说，“‘你看到阿尔巴塞特的5号了吧？看看他是怎么处理球的。’他不是安德烈斯，也不确定是不是伊涅斯塔。他只是阿尔巴塞特的5号。”这位电台主持人的家里现在仍完好保存着阿尔巴塞特队的5号球衣，这是安德烈斯送给他的礼物。

伊涅斯塔在阿尔巴塞特的教练维克托说：“四分之一决赛中我们打败了皇家马德里，半决赛上半场我们2比1领先桑坦德竞技，最后我们2比4输掉了比赛，但我们的球队有实力赢得那次锦标赛的冠军。”

安德烈斯说：“我从来没有想到那次比赛会成为日后我进入顶级联赛的敲门砖。我甚至没想过我们会踢进半决赛，我本来只是去布鲁内特享受足球的。”

据德拉莫雷纳说，那届锦标赛最出色的球员是霍纳坦·巴列。“他可以把球玩得出神入化，他让人想起了拉巴旦，那个在上届锦标赛上统治比赛的马德里男孩。安德烈斯也吸引眼球——但不如霍纳坦——人们对这个可以做出马拉多纳式进球的桑坦德竞技少年惊叹不已。”

“但我还记得马德里竞技队的教练安蒂奇——他善于考察比赛中的球员——这么说过：‘你们当中没人明白，一个也没有，那个来自阿尔巴塞特的5号球员是最棒的！那个5号！’我记得当时自己在想：‘好吧，可能他是对的。’从此以后我开始更注意这个阿尔巴塞特的5号。的确，安蒂奇知道他在说什么。那个阿尔巴塞特的5号后来进了西班牙国家队，而其他的孩子连顶级联赛都踢不上。安蒂奇非常自信：‘看看他，他从来不会犯错，从来不会丢球，每个决断都是正确的。’”

“下一场比赛，阿尔巴塞特击败了皇家马德里。从某些方面说，这场比赛很困难，因为每个人都希望皇家马德里进入决赛。‘看看他（安德烈斯），从来不会为做决断而纠结，’安蒂奇对我说，‘他只是专注于比赛。他一直都是最棒的。’

“随着桑坦德竞技赢得冠军，比赛结束了，之后要选出赛事最佳球员。听了安蒂奇的话，我也认为安德烈斯是最佳球员。我们开会讨论，所有的人都觉得最佳球员是伊涅斯塔。我去马德里阿尔卡拉酒店找他，比赛期间他住在那里。我发现他坐在长凳上，脚将将够到地面，他在那里哭泣。”

“出什么事了，安德烈斯？”我问他。

“阿尔巴塞特被降到了乙级联赛，我们降级了。”他说。

德拉莫雷纳让伊涅斯塔和霍纳坦·巴列上了他的车，把他俩带到塞尔电台的录音棚，他们在那里接受了《横梁》节目组的采访。

“你的父亲是做什么的，霍纳坦？”德拉·莫雷纳问道。

“我父亲是政府机构的负责人。”霍纳坦答道。

现在轮到安德烈斯了。“安德烈斯，你的父亲是做什么工作的？”

“我父亲是泥瓦工，”伊涅斯塔回答，“但如果我能成功，他会放弃那个工作，也许他会成为一个建筑业的大人物，我不知道，但我想让他从脚手架上下来。”

已经过午夜了，对话还没有结束。安德烈斯和霍纳坦还在节目上聊天。阿尔巴塞特的教练维克托也在那里，代替安德烈斯的父亲陪他。“别担心，我会一直陪着你。你只要回答你想回答的就可以了，其他的都不用担心。”他的话缓解了伊涅斯塔的紧张情绪，这是他第一次接受采访，面对着超过100万的听众。

“现在霍纳坦，你觉得你值多少钱？”德拉莫雷纳问这个刚离开赛场的少年。

“5亿比塞塔。”霍纳坦回答道。

“你呢，安德烈斯？”

他沉默了好一阵子。主持人等得不耐烦了。“他看上去吓坏了”，德拉莫雷纳还记得，维克托担心这个少年不说话，就凑到他耳边说：“你说你值10亿。告诉他，告诉他。”

这个来自丰特阿尔维利亚的少年没有马上反应过来，但最终给出了他的答案。他回答道，照着教练教的：“我，10亿。”

“你知道的，那天在布鲁内特，我正在听广播。”桑蒂·卡索拉说。他也参加了那次锦标赛，可是没有人知道他，但他从这个来自阿尔巴塞特的小中场身上感受到了鼓舞。于是他怯生生地开始了平生头一回的广播交谈。“那是我第一次知道安德烈斯。我从来没有和他说过话，但我在《横梁》节目中，听约瑟拉（德拉莫雷纳）提到过。”

“我那时在奥维多效力，他们没有给我多少出场时间，他们觉得我太矮小，不想要我了。在布鲁内特时，我们所有人都看到了安德烈斯的与众不同。那时我还不知道他的名字，但是他与霍纳坦·巴列、费尔南多·托雷斯、迭戈·莱昂一样出众。”

他是那么沉默寡言，但即便如此，在麦克风前，安德烈斯也显得那么重要，他也知道安蒂奇对他大加赞扬。在决赛前，贝纳吉斯又一次来到他身边，搂住他的肩膀，对他说：“如果想去拉玛西亚，你知道怎么找我们。”安德烈斯再次重复了之前一直说的话：“请跟我的父亲说，跟我的父亲谈谈。”

命运给了他另一个惊喜。伊涅斯塔回忆道：“参加锦标赛的球员都获得了与家人一道去冒险港公园一日游的机会。这个主题公园离巴塞罗那很近，我们所有人都去了拉玛西亚，去看他们是怎么工作的，同时也看他们都做了些什么。这次到访很重要，之后我就一步跳进了巴萨。”

安德烈斯并不知道，在布鲁内特杯赛之前，巴萨就已经开始观察他了。有人让奥里奥尔·托特留意他。这个拉玛西亚的领导人兼传奇球探被告知，在阿尔巴塞特有一个天赋异禀的年轻人。托特转告他的朋友马尼：“去看看那个传说中特别有天分的孩子。”于是马尼——著名的赫尔曼·瓦拉——这位经验丰富的前皇家贝蒂斯球探、现为在安达卢西亚的巴萨球探，出发前往观看普拉森西亚举办的西班牙七人制足球杯赛。

“我写了第一份关于伊涅斯塔球探报告。”马尼说，“有人说是我执意要让俱乐部签下他，但实际上是一个荷兰球探在阿尔巴塞特看过他以后，对托特说起他如何出色，而后托特才让我去普拉森西亚看看他。”

他观察安德烈斯没多久，就对托特说：“我会马上签下他。他身材矮小，可能还不到30公斤，但他阅读比赛的能力出众。”不过有一点被忽略了，据马尼回忆，安德烈斯并没有“在杯赛之初就表现出最好状态”，但是到了杯赛的最后，他获得了最佳球员的称号，就像几周前在布鲁内特那样。“这次他的表现一样出色。”马尼说。

相同的体格、相同的水平、相同的魅力足球——只不过此时，他是在卡斯蒂利亚—拉曼恰队。在普拉森西亚，他们输给了埃斯特雷马杜拉，豪尔赫·特罗伊特罗进了唯一的一个球，他后来成了安德烈斯在拉玛西亚最要好的朋友之一。决赛中加泰罗尼亚2比1击败卡斯蒂利亚-莱昂，夺得了冠军。教练、球探们聚集在一起，不断提起安德烈斯的名字：那个来自拉曼恰的男孩带着球跳舞，他的梦想是让他的父亲从脚手架上下来。

足球事业的成功取决于能够探测到潜能选手，知道谁天生就是踢足球的。多年以后，巴塞罗那俱乐部拥有了这样一个人，他能够满足那些教练——塞萨尔·路易斯·梅诺蒂、特里·维纳布尔斯、约翰·克鲁伊夫——的要求。这个人就是奥里奥尔·托特，人们称他“教授”。

教授的专业眼光在伊涅斯塔的身上应验了，至少他朋友马尼的专业眼光应验了。马尼给了他一份又一份球探报告，而托特干脆就没去阿尔巴塞特看过安德烈斯。托特就是那个一眼就能知道这个球员行不行的人。

巴萨青训营的负责人豪梅·奥利弗回忆道：“教授曾经说过，要相信第一印象，因为看得越多越会发现他的问题，你必须回到第一眼看到他时的状态。你要想，他有天赋，你喜欢他。”

奥里奥尔·托特会去观察年轻球员，而其他教练和球探则会观察他。你只要看他在观察一个有天赋的球员时，他有没有停止吸烟，就够了。要是香烟快燃完了，他的烟头明亮发红而且还挂着长长的烟灰，你就可以确定他是在观察一颗明日之星。奥利弗最了解他，他们是一个很好的团队，如果分享各自的想法，他们一定会用老式打字机都记录下来。

在拉玛西亚不怎么忙的时候，他们曾经问托特是否会继续留在俱乐部里？托特开玩笑说，只要你们看到那台老机器还在，就说明他会继续留队。

“教授，他们跟你续约吗？”他们会问。

“嗯，我的椅子和老式打字机还没被拿走呢。”他会回答。

这是一个信号，起码是口头的协定，他的未来是确定的。在巴萨的早些年，托特是药品推销员。他和奥利弗都属于那种一边工作，一边在巴塞罗那青训营干教练的人。也有一些是志愿者，像普霍尔、卡蒙纳或者乌尔西奇诺，他们得不到金钱报酬，但他们很享受发现新人的乐趣：找到那些能够达到一线队球员标准的新人，或者更幸运，找到某些特别有天赋的——某个瓜迪奥拉、某个哈维或某个伊涅斯塔。

“我的生活在布鲁内特被改变了。”伊涅斯塔说。他是对的，但要是没有托特叫马尼去看锦标赛，他就不会被带到拉玛西亚。

“我也仔细想过一些当时的事情，”安德烈斯回忆起他在布鲁内特的那个时段，是这么说的，“我知道德拉莫雷纳正在经历一段困难的时期，尽管他从没告诉过我。许多人在德拉莫雷纳面前只是扯扯闲话而已。无论你是否喜欢他的广播节目，他在专业领域里多年来一直名列前茅，我希望人们不要那么虚伪。”

“我曾听到人们说：‘你总是和德拉莫雷纳说话，不跟我们说话。’这话让我很受伤。我们所说的这个人，他从我12岁时就开始关注我，那时候没人知道我是谁。然后是14岁、15岁、16岁，这些时候都是很容易被人忘记的。德拉莫雷纳远在布鲁内特，但他从来没有忘记我。不管什么时候我被人指责，他都觉得那对我是不公平的，他坚定地支持我。

“就算我不踢球了，他还会认为我值得留在队里，他一定会这么说。支持你的人，他们会尊重你并被你所影响，会认可大多数人对你的评价而不会制造纷争。他没必要保护我，但他这么做了。他从来不以探问我的任何问题作为回报。我从来没有被他逼问过，我也没有追问过他什么。有些事情，你这么做只是因为你相信这么做是对的，他正是这样对待我的。

“我没说别人对我不好，我总是尽量尊重别人、以礼待人，尽量把我的时间留给更多的人。我说的是某些孤立的事件，只是一些让我感受强烈的事。有一些想法和事情会让人铭记在心，我永远不会忘记‘约瑟拉’。即使没有人支持我，他也会义无反顾地站在我这边。”

第四章　拉玛西亚

真的，我在拉玛西亚度过了我生命中最糟糕的一天。

——安德烈斯

听起来很矛盾，但却是事实。这就是我那天的感受，直到现在我还是有这种感觉，好像熬过的日子完全不存在似的。我有一种被遗弃和失去的感觉，如同内心深处有什么东西被撕成了碎片。这是我一生中最艰难的时刻之一，我想待在拉玛西亚，我知道这对我自己和我的未来都是最好的选择。但我不得不经历与家人分离的痛苦，不能每天都看到他们，也不能感觉到他们就在我身边。这很艰难。这是我自己做出的决定，可是太艰难了。

安德烈斯平和宁静的故事突然被打断了，他回忆起1996年9月在拉玛西亚的第一个夜晚。此前的一天，他毫无预兆地突然问父亲何塞·安东尼奥："爸爸，你还能联系到他们吗？"

安德烈斯说："那是在巴塞罗那给我们的最后期限的几天之后，我以为已经不可能了，但托特先生说，不管是今年还是明年，他们会等我们。我们正好赶上那一年的最后期限。我父亲和家人都没有对我说，我必须要去巴塞罗那。我记得我在拉玛西亚的第一天是9月16日，学校差不多要开学了，赛季也该开始了。这是一个很迟的决定，但是一个正确的决定。"

可能这是一个正确的决定，但对于安德烈斯或他的家人来说，这一切很不容易。

安东尼奥问他："为什么你现在决定离开？为什么是现在？"

安德烈斯回答："我改变了决定。我现在的心情很好，考虑了很多，我认为我们应该走了。"

何塞·安东尼奥说："当他说'爸爸，我们现在走吧'，我很疑惑为什么他现在会这么说。"

安德烈斯说："因为我确信这就是你想要的。你为我做了所有的事，我不能把这一切与你割裂开来。"

何塞·安东尼奥很高兴，但也很担心："在他身上，我是个想要更多的人，但我也是个经历了最多痛苦的人。"

无论是留在阿尔巴塞特的家里，还是前往巴塞罗那，安德烈斯做出的选择都不容易。安德烈斯说："我不想冒犯任何人，也不想曝光任何丑恶的东西，但我想描述一下我去巴塞罗那之前阿尔巴塞特的情况。我不对任何人怀恨在心，我对那些帮助过我的人和我待过的地方总是心存感激。但那里有一种我不喜欢的气氛。在俱乐部里我觉得他们想让我——尤其是我的家人——变成坏人。他们说了一些确实非常愚蠢的话来迷惑公众。由于文件手续还没有完成，我不得不等上两周时间才能为巴萨踢球。真的，我对他们没有丝毫责备的意思。在某种程度上，我甚至可以理解他们的失望之情，因为他们的一个年轻球员离开了。但在人生中，没有必要伤害任何人。我只是做了我认为对自己来说最好的事情，以我当时的处境，99%的人都会这么做。”

伊涅斯塔一家到达拉玛西亚时，他的父母去和负责安排住宿的法雷斯先生交谈相关事宜。安德烈斯则暂时游离出来，不考虑即将发生在他身上的改变。他走在古老的地标建筑的走廊上，这里一直是他儿时的梦想所在，但他不打算独自一人走在这段旅程上。

安德烈斯说：“我记得何塞，他当时是U17青年队的守门员，一双脚奇大，我的个头可能刚到他的腰。他非常仔细地给我介绍拉玛西亚，让我熟悉这里。‘这是你的宿舍，这是另一间宿舍，这是图书馆，安德烈斯。’他一边说，我一边哭。眼泪，眼泪，越来越多的眼泪。我身在那里，但我的心和灵魂仍和我的家人同在。”

他的父母还站在拉玛西亚的大门口，跟法雷斯先生谈话，而他在楼上楼下走来走去。“何塞带我在房子里四处转，好像这对我很重要似的。”他描述道，回想起他在陌生新家的最初几分钟。

“来吧，安德烈斯。”据这位了不起的门将何塞·贝穆德斯回忆，他像个巨人般地伫立在那个小男孩面前，“他的脸色苍白，又单薄又伤心。我有一种感觉，他正在想：父母要离开他吗？我仍然很清楚地记得那一刻。对，他忘了我姓什么，我一点也不惊讶。”

“他非常虚弱，非常瘦小。只到我的腰？可能是的，但豪尔赫（特罗伊特罗）甚至比安德烈斯更瘦小。他们到的时候，我们都在大厅里。我17岁，他们都是12岁。如果说这对我们也很艰难的话，就能想象安德烈斯是什么样子了，一个人经历了那么多的孤独时刻。安德烈斯很害羞，而豪尔赫外向、健谈，他总能主导对话。从一开始我就喜欢安德烈斯，他很有礼貌，说话也很得体，但很脆弱、很敏感。"

"我们把他留在了拉玛西亚，然后我们回酒店去睡觉。"安德烈斯的父亲何塞·安东尼奥回忆说。家人跟他离得很近，也许200米，最多300米。一条巴塞罗那的街道——莫特尼提街——把安德烈斯与他的父亲、母亲和外祖父分隔开来。最终，何塞把小男孩安德烈斯带上拉玛西亚的楼梯，来到已经铺好的床前，他和豪尔赫·特罗伊特罗一起睡。回到酒店后，伊涅斯塔-卢安一家也将经历一个痛苦的夜晚。

拉玛西亚的大门已经关上了。拉力酒店里，他们三人收拾好自己的房间，分别走了出去，彼此之间一句话也没说。没什么可说的。何塞·安东尼奥在房间里没待多久，他的心情沉重。他走进电梯，来到酒店的自助餐厅，发现安德烈斯的外祖父也没有去睡觉。

"我觉得我就要死了，房间里没有氧气似的，太可怕了，焦虑向我袭来，"安德烈斯的父亲回忆起那天晚上，情绪的火山堵积着，"我开始收拾行李，我们可以回小镇了，但没有了我的小儿子，我不能走。要不是他妈妈，我早就把他带回家了，他妈妈做出了最大的牺牲。玛丽总是对我说：'如果他离开，并成功了，我将在没有他的情况下度过六七年。'"玛丽正在失去他，何塞·安东尼奥正在失去他，他的妹妹玛丽贝尔正在失去他，而安德烈斯正在失去他们所有人。

"你知道吗？我要回拉玛西亚，要回我的小宝贝！我再也受不了了。”何塞·安东尼奥告诉他的岳父，他相信自己会找到一个坚定的支持者，一起说服玛丽，击溃她那坚不可摧的意志。安德烈斯的外祖父向何塞·安东尼奥伸出了援手。玛丽还没有意识到他们正在酝酿一个计划，但她很快就发现了。

“玛丽，我要带他回来，我现在就去拉玛西亚，我要把他带出来！我们要一起回家！”何塞·安东尼奥撕心裂肺的声音回荡在距离诺坎普球场只有50米的酒店四周。但玛丽，这位刚强而坚定的母亲做出了干预。她只用了寥寥数语——这是卢安家族的典型作风——就清楚阐明了自己的态度，任何人，甚至她的丈夫都不能改变她的想法。

“如果你带走了他，你就太自私了。”玛丽对心烦意乱的丈夫说，“你没有为他着想，何塞·安东尼奥！你也要为他想想！至少给他一个尝试的机会，到目前为止，我们都还没有尝试过。”

当时的玛丽正处在最脆弱的时候，但她让自己变得坚强，至少比安德烈斯的父亲坚强。他们启程回家了，他们至少要抵挡住第一次诱惑。他们四个人在巴塞罗那的一处小角落里，在那座伟大的足球圣殿的脚下，在诺坎普球场，别无选择地只能忍受痛苦。

安德烈斯说：“我在拉玛西亚的第一顿晚餐，就是坐在餐桌旁哭个没完。不用说，我什么也吃不下。”

一街之隔的安德烈斯的父亲也没有吃晚饭，他的外祖父和他的母亲也都一样。但玛丽至少做到了，即使哭，她也是在屋里悄悄抹泪。那天晚上，没人知道她孤独地流了那么多的眼泪。这个来自阿尔巴塞特不知名的球迷家庭，那天晚上，他们在巴塞罗那都没有吃晚餐，也没有睡觉。

“我不知道最糟糕的是头天晚上还是第二天夜晚，”安德烈斯说，

“我知道我的父母离我很近，他们住的酒店离我只有几米远。但我也知道，他们迟早要回到我们家的车上，开车回到小镇的家里。他们必须回去工作，他们不能和我待在一起。”

安德烈斯一点也不知道，这件事就要发生了。在巴塞罗那，何塞与玛丽夫妇即将与儿子分别。

安德烈斯说：“第二天早上，我得去上学。我的家人在拉玛西亚的门口等我，陪我的还有豪尔赫·特罗伊特罗和我的新同学梅里达，我们年龄相仿。”

谁也没有谈起昨天晚上经历了什么。大家互相问候，好像什么也没有发生，好像他们都还在小镇里，安德烈斯正要去当地的学校上学。他们都在巴塞罗那，但他们假装自己还在丰特阿尔维利亚。

“我们去了学校，他们与我吻别。”安德烈斯说。

安德烈斯和豪尔赫走进了学校，未来许多年这都是他们的日常生活，但他没有准备好，不知道怎么面对进入新学校第一天之后发生的事。

“我以为下午放学时，他们会在那里等我。”安德烈斯说，“但当我结束征程回来的时候，却没见着一个人。”没有何塞·安东尼奥，没有玛丽，也没有外祖父。突然间，除了豪尔赫，他只有独自一人。

“现在回想起来，我认为这绝对是一个正确的决定，因为我们拯救了自己，最后挥泪告别才更可怕。”

“我现在很好，但当时不是。现在我能理解了，但当时我觉得被无视了，就好像我完全被抛弃了一样。”

“难以置信，我只比安德烈斯多待了一周，但事实上我已经习惯了。”豪尔赫·特罗伊特罗解释说，他和安德烈斯一起去了巴塞罗那路易斯维维斯学校，“你必须明白这个变化对我们意味着什么，一夜之间，我们就不再是孩子了。当我10岁、11岁的时候，家里的一切都围着我转，我想安德烈斯也是一样的。父母给你穿衣服，带你去上学，和你一起去任何地方，几乎为你做了一切。”

“而在拉玛西亚，当我们放学回来，没有人等着我们，没有人。那时我们12岁，我们必须快速成长，但不是每个男孩都做好了准备。我们从一个孩子进入了一个更大的集体家庭——拉玛西亚大家庭，之前我们都没有意识到它的存在。突然间，我们有了新的兄弟，我们是最小的，他们帮我们做了所有的事。他们照顾我们，但是……”特罗伊特罗没有说完自己的话，他沉浸在那段孤独的岁月里，直到安德烈斯的加入才让他振作起来。而另一方面，对于安德烈斯来说，当他从学校出来，看到没有一个人在等着他，一瞬间，没有任何适应期，他明白了自己正处在一个全新的世界里。

也许是在丰特阿尔维利亚到巴塞罗那的路上，他们就已经闪电般地接受了现实。坐在同一辆车上的一家三代人，三个大人和一个孩子，静静地坐着，驶向未知的旅程。

安德烈斯回忆：“我记得我们在托尔托萨停下来吃饭的时候，谁都没有胃口，感觉好像都知道‘结局’越来越接近了。结局，这就是当时我们的感觉。我们知道不能回头了。要不是停下来吃饭，我们已经到加泰罗尼亚了，真的不能回头了。即使有人说话，也都是说些毫无意义的事，或者是些没啥好说的话。没人能忍受我们所感受到的痛苦，但我们不得不忍受。”

“我在托尔托萨没有吃午餐，在拉玛西亚也没有吃晚餐。”

如今以一个父亲的身份回想当年，安德烈斯更能体会他的家人那天的感受。“以前，我只想到自己是如何度过的，我所经历的和我在拉玛西亚时的内心感受。我可以试着去体会我的父母和外祖父是什么感受，但直到为人父母之前，我都不能真正理解当时他们所经历的一切，不能理解他们所遭受的痛苦，也不能理解我妹妹所感到的痛苦。现在我是一个父亲，我知道如果有一天我要看不到瓦莱丽娅或保罗·安德里亚，或者看不到安娜，我简直要死了。如果不能触摸我的小女孩或小男孩，触摸不到他们，哪怕只是一天也不行。现在我可以想象我的父母在拉玛西亚离开我时的感觉。即使是现在，我也不愿意去想这件事。”

他们知道从现在开始，他们只能一个月看他一次。那个12岁男孩的生活完全改变了。“几周，可能几个月，这种情况变成了常态，我渐渐习惯了。”

“一开始我很难吃下饭，”安德烈斯说，“我不想在电话里跟他们说话，因为这意味着我会一直哭一直哭。但你最终会习惯这些，因为你会思考你自己为什么在这里，以及想要达到的目标。我想留在这里。虽然有时很糟，但我不想回家。我必须留下来，在拉玛西亚实践自己的野心，成为巴萨的球员。”

这种固执在卢安家族很常见。在那个戏剧化的夜晚，当安德烈斯第一次走进巴萨的精英青训营之后，何塞·安东尼奥威胁要破门而入的时候，玛丽显得非常固执。当安德烈斯在最初的日子里强忍住眼泪，迷失在有着300年历史的拉玛西亚长廊的时候，也表现得一样固执。

安德烈斯说：“每当父母来看我的时候，似乎是个小小的安慰，真的。他们在星期五启程，因为必须等我妹妹放学。他们会在晚上八九点到达巴塞罗那。当然，我为他们准备好了一切。我会在门口等候，这样我们就可以一点不耽误地直接离开。我们去酒店隔壁的酒吧吃晚饭，然后回到他们的房间，爬到同一张床上，一起睡觉。我们做什么都在一起，这是一段很美好的回忆！

“星期六我踢完一场比赛后，下午我们就自由了。要么去看电影，要么在巴塞罗那散步，但那时我就已经在想，夜晚很快就会到来，距他们离开的时间也越来越近了。没有办法阻止，时间飞速流逝，我没有办法控制。一开始他们每个月过来一次，然后是15天。

“我知道周日吃过午饭，他们就不得不再次出发回小镇了。他们必须回去，帮助我的叔叔和祖父辈们打理酒吧。在丰特阿尔维利亚，人们会在周日晚上出去吃晚饭，因此我的父母必须赶在七八点的时候回去，不能太迟，这意味着他们最晚下午两三点就得离开巴塞罗那。当分别的时刻到来的时候，总会像一场戏，感觉他们只和我相处了很短的时间。”

而在他们再次来到之前，等待的每一天他都会认认真真地数着日子。“我会在学校的日记本里一天天划掉这些日子，我会倒数到圣诞节、复活节，或者暑假。我就是这样一个月一个月熬过来的。我一直是个非常顾家的人，但在拉玛西亚度过的那些日子里，我甚至比这辈子的其他时候更看重家庭。

“我喜欢家人之间维持着很强的纽带。我还记得我父母第一次来巴塞罗那看我的时候，他们开一辆蓝色的福特猎户座汽车。他们告诉我大约晚上8点能到，我从7点就开始等待。我该在哪里等他们？是坐在通往拉玛西亚的斜坡墙边，还是在其他地方？我要看着每一辆驶过来的汽车，看看是不是他们的车。他们那天的运气不好，还有几公里路程的时候，汽车在高速公路上抛锚了，他们不得不打电话求援，让别人把他们带到巴塞罗那。

“除了这些不便，这还意味着我与他们相处的时间少了几小时。他们不得不支付了大约3万比索，不得不向拉玛西亚的主管法雷斯先生借钱。他们第一次来就发生了这样的事，为了和我在一起，他们不得不攒了一个月的钱。”

而后每个人都回归到日常的生活，安德烈斯的父亲又回到脚手架上，他的母亲回到酒吧，他回到拉玛西亚。他在何塞·安东尼奥面前表现得很勇敢:“看，爸爸，我想我能坚持一年，但不太确定能不能坚持两年。我一定会挺过去的。”

内心深处，伊涅斯塔知道他必须克服恐惧和眼泪。“流经我们小镇的运河还不够深，无法承载我外孙的眼泪。”安德烈斯·卢安回忆道，他是那辆默默驶向加泰罗尼亚的蓝色福特猎户座汽车上的第四位乘客，“你不会想让任何人经历这样的事，太多的泪水，太多了……”

安德烈斯孤身一人，从12岁一直到17岁，他一直待在拉玛西亚。已经5年了，但没有什么比得上第一个晚上，即使是拉玛西亚古老的石头，也在为那个来自拉曼恰的小男孩哭泣。

第五章　爸爸

我想让我的儿子成为我想变成的人：一个足球运动员。

——何塞·安东尼奥，安德烈斯的父亲

安德烈斯·伊涅斯塔今天成了一名职业球员，因为何塞·安东尼奥没能做到。在巴塞罗那队长伊涅斯塔的职业道路上，没有人比他父亲付出得更多。他父亲在踢球的时候昵称“达尼”，名字来自毕尔巴鄂竞技那名技术娴熟而灵巧的边锋。为了安德烈斯，何塞·安东尼奥赌上了家庭的稳定和他自己的职业生涯。他关注着儿子足球生涯的每一点变化和每一个时刻，从第一天把他送到阿尔巴塞特的选拔营到进入巴塞罗那，他总想知道教练对他儿子的看法是否与他一样。每一个夏天，都是同样的感觉、同样的疑虑、同样的希望。

“从安德烈斯加盟巴塞罗那的第一天起，我就习惯了不确定的生活，不知道接下来的赛季会发生什么，甚至在他签下第一份职业合同的时候。”何塞·安东尼奥说，“如果他不能留下怎么办？如果他们不想要他怎么办？如果……又怎么办？同样的问题总是会出现，不管你觉得他在这个赛季变得有多好。刚开始，我带他去参加那些选拔的时候，我认为他会很顺利。但我不知道，这就像买彩票一样。你永远不能确定，永远无法让自己相信什么将会发生，但你也永远不会丧失希望。我总是非常谨慎，或许过于谨慎了。我总能看到足够艰苦卓绝、充满竞争性的一面，以及要实现目标有多难。当人们说‘他一定能做到’时，我从来不敢苟同，从来没这么说过。当然，我怀着希望，希望我的儿子能成为我从未成为的人：一名足球运动员。这个希望、这个想法主宰了我的生活，成为支撑我的信念。”

丰特阿尔维利亚的人并不都以同样的眼光看待这件事。而每当有人对安德烈斯的足球事业提出质疑的时候，何塞·安东尼奥都会给出同样的回答：“你想让他成为什么样的人？一名足球运动员？一名斗牛士？一名侍者？没有人能回答这个问题，他们只是狠狠瞪我一眼。我敢肯定他们认为这个小男孩只是嘴上说说他要成为一名足球运动员，只是因为我这么说，而不是因为他真的这么想。这是我的情感寄托，的确如此，我会带他去任何地方比赛，无论任何时间，但这也是他的激情所在，从很小的时候就是。起初，我只是看着他踢球；然后我发现他很棒；之后，我在每场比赛后对他的表现进行纠正。他从一开始就表现得与众不同。”

安德烈斯知道，当结束一场比赛回到车里的时候，他要回答父亲抛出的问题，听他对他踢球方式的评价。“都是为了他好，”何塞·安东尼奥说，“他很幸运，他爱足球，这种爱埋藏在内心深处，甚至比我还深，而且他一直很聪明。他知道，尤其是我总在提醒他要听教练的话。我一直对他说：‘记住，安德烈斯，教练是负责人。你想做得多好都可以，但如果你做的和他说的相反，就不好了，明白吗？’我从来不是那种父亲，如果他的儿子没有说出教练的想法，就不断纠缠着把自己的想法灌输给他，跟他说他教练是错的。我是他爸爸，当然也是他的教练，但我一直有一个基本想法：‘如果教练说是白的，而父亲说是黑的，那就是白的。’”

很长一段时间里，何塞·安东尼奥同时是父亲、教练、顾问和经理，家人并不能完全理解他。一个例子是布鲁内特杯赛结束后，巴塞罗那俱乐部有兴趣签下安德烈斯。“星期日的杯赛中他们与我交流，然后在星期一的比赛中，奥里奥尔·托特给我打了电话。我向安德烈斯提出了建议，告诉他有机会去巴塞罗那。他说不，但我坚持说：‘安德烈斯，像这样的机会是要抓住的，这种机会可能不会再遇到了。’但他下定了决心：‘不，爸爸，我想和大家一起待在镇上，我在这里很开心，我不走。’我别无选择，只能给托特先生打电话，告诉他：‘听我说，我很抱歉，但现在他不肯去。今年不行，无论如何都不行。’安德烈斯与阿尔巴塞特队进行了季前训练，当时我一直在他身边，每次旅行的谈话都是一样的。我会说：‘如果你说不，那就不。但是你应该认真思考一下，安德烈斯。他们可能不会再给你打电话了’。两个月以来我们每天都这样沟通，直到有一天他说：‘爸爸，你能给托特先生打电话吗？’”

“因为他成了布鲁内特杯赛的最佳球员，他们让他去冒险港主题公园旅行，”何塞·安东尼奥继续说道，“我已经跟他说了不与阿尔巴塞特签约，我们动身去了塔拉戈纳，冒险港公园就在那里。当时是9月，学校已经开学，赛季也开始了，所以我问托特：‘现在还有位置吗？’‘当然，’他说，‘安德烈斯总会有一席之地的。’因此我们直接从冒险港前往巴塞罗那。他们带我们四处参观，并采纳了我的建议，让他和一些拉玛西亚青训营的孩子踢一场比赛。我想知道他能否做到，以让我放心。然后我们回了家。几天后安德烈斯对我说：‘爸爸，我想去那里，我还能去巴塞罗那吗？能请你给他们打个电话吗？’”

角色发生了互换。现在是儿子被说服了，而他的父亲开始警告他有哪些不利因素。“我对他说：‘记住，如果你去了，那就不是几个月，至少得在那儿待一年。’他回答说：‘是的，一年没问题，我会坚持一年的，我保证。’他迈出了第一步，即使是想让我高兴，他也做到了，安德烈斯考虑他人总是比考虑自己更多。他小时候就是这样，现在还是这样，他自己也是父亲了。我相信他一定对自己说：‘如果我不去，就会让父亲失望，他说这种训练的机会只有一次，就是这个意思。’他非常勇敢，非常非常勇敢。我不知道有多少12岁的男孩会这样去做，就像他一样。我会给他有力的支撑，让他去巴塞罗那，因为我想让他为可能是最好的俱乐部效力。但这是他自己的决定。”

很难说这对谁而言更加困难：安德烈斯还是何塞·安东尼奥。两个人都感受到了痛苦，都替对方说了该说的话，都承受着压力。何塞·安东尼奥想着他的儿子……他的儿子，是一名球员；他的儿子，是巴塞罗那的球员。

从到巴塞罗那的第一天开始，有好几天，何塞·安东尼奥在考虑开车过去把他儿子带回来，带他回丰特阿尔维利亚的家。他的妻子玛丽说服他不要这样做，但是看到他如此痛苦，她几乎也要屈服了。“几周后的某个时刻，我对她说：‘如果继续这样下去，玛丽，我就去把他带回家，否则你会患上抑郁症的。’”

“这很困难，我们周末都会去看他，每次说再见都是一种折磨。离开了安德烈斯，玛丽无法入睡，她会走到安德烈斯的空房间里坐着。我总是这么耸耸肩，不断对她说：‘一切都会好起来的……他和别的孩子没有什么不同。就像是一个成绩不好的男孩子，如果他去穆尔西亚学习了，他也不会在家。我还要告诉你，要是他待在这里，在酒吧里混着，每天早上6点出门的时候，手里拿着一根大麻烟卷。这就是可能发生在每个人身上的故事。而如果他在那边，你知道他正得到照顾，他正在学习、正在踢足球。我不知道哪种更好，你自己决定。如果他足够幸运，事情进展顺利，他就能真的永远让家人聚在一起了。’”

“安德烈斯最了不起的一点，就是他能看透家里的一切。”何塞·安东尼奥说，“如果气氛紧张，他会缓解压力；如果出现了问题，他会解决问题。我们所有人都围着他转，一切都是。他总能意识到每一个细节，总能做出决定让我们拥有所需要的一切；他对待别人的问题就像对自己一样。每天早晨我起来的时候，手机就有一条信息在等着我了：‘爸爸，你好吗？’如果我有另一个儿子，我不知道我会做些什么；可能我会做同样的事。我从来不想安德烈斯受苦，现在我也不希望。”

对安德烈斯来说，应对他的“足球爸爸”并不容易。安德烈斯当然没这么说过，但他的父亲承认了。一个简单的例子，“有一天我管得太宽了……太多，太多了。”何塞·安东尼奥回忆道，“当时是他在拉玛西亚的第一年。他的教练乌尔西奇诺·洛佩兹不在，因而罗卡接管了几场比赛。安德烈斯12岁，将近13岁了。那个周末我和玛丽去了巴塞罗那，在那里待了几天，看到安德烈斯踢球。我要疯了。我看着他，他就像一只母鸡，站在中间，所有的小鸡都围着他跑。比赛结束后，我们接上安德烈斯回到酒店之后，我对玛丽说：‘你出去一会儿，我想和安德烈斯单独谈谈。’我无法摆脱这样的念头，仍然无法相信自己目睹的：他没有跑动，几乎不动，这不是他。然后我开始问他……

“我这样做，对他很不公平。为什么我要这么做？没有必要。问题是我变得非常情绪化。球场上所发生的一切不是他的错，完全不怪他。后来我意识到这一点，做出了回应，表示了歉意。但那天我们聊天的时候，我哭了出来，而他只是静静地坐着，努力不哭出来，他可能会想：‘我的爸爸为什么这样对我说话？’

“我看到他那个样子，不知道该怎么办。我的感觉非常糟糕，不知道该不该收回我的话，或者应该怎么办……当然，最后我和玛丽吵架了。安德烈斯还那么小，随着时间的推移，他明白了我对他说的是为了他好。我总是很坦率，对他直言不讳，我想让他继续学习。他知道我所一直坚持的，要想成为一名足球运动员，必须努力工作，必须坦率。天赋是与生俱来的，但其余的一切都需要努力。如果不努力，你会让队友陷入困境。球场上有11个人，并不只有你一个。他很清楚这一点，我知道那天我管得太宽了，太多，太多了。”

何塞·安东尼奥·伊涅斯塔希望人们知道他的意图是好的，他就是这个样子——他是一名砖瓦匠，从日出做到日落，日复一日，在丰特阿尔维利亚的建筑工地上，在脚手架上度过每一分每一秒。他说他是一个“为了安德烈斯不惜一切代价”的人。

“我很幸运，因为一切都很顺利。”他说，“如果不是这样，我不知道自己会变成什么样子，我有可能失去一切。风险很大，只有百分之一的可能性会梦想成真，也许是千分之一。他12岁时就离开了家，人们问为什么我们不和他一起去？他们在巴塞罗那给我们提供了一个家，给我和妻子提供了工作，但我不想去。‘谢谢你们，但如果有一天我去了那里，我是为了看儿子踢球。当然，这需要点运气。如果不行，我会留在镇上工作。’我去那里干什么？如果年底的时候他们让安德烈斯离开，怎么办？我会同时丢掉那边和这里的工作，我们会成为笑柄。这不是人做事的方式，我知道我们需要做出四五年的牺牲，孩子被带走了，离开了我们，而我们必须奋战到底。要实现任何值得追求的目标，都是很困难的。”

安德烈斯很快就在拉玛西亚安顿了下来，但是何塞·安东尼奥的担心并没有结束。现在他不那么担心他的儿子安德烈斯·伊涅斯塔了，他更担心足球运动员、巴塞罗那球员和西班牙国家队球员安德烈斯·伊涅斯塔。在欧洲U16足球锦标赛中，他与青训主管若阿金·里费有过争论，安德烈斯在这项赛事中表现出色，但却受了伤，不得不回到巴塞罗那接受治疗。

他与俱乐部第一次合约谈判进行得特别不愉快。“一天晚上，他们让我去拉力酒店参加一个会议。”他说，那是他们初来时住过的酒店，他们在这座城市度过了第一个痛苦的夜晚，安德烈斯则在拉玛西亚里落泪。

“查利·雷克萨奇、琼·拉奎瓦和里费都在，他们是负责青训的。本来是一个秘密会议，但我一进来，就在接待处看到了前萨尔瓦多球员‘魔术师’冈萨雷斯，他说：‘他们正在等你！’我刚到，下班后很累，刚刚开着该死的福特猎户座汽车从1600公里外的阿尔巴塞特赶到巴塞罗那，还要赶回去。我开着车窗，车里没有空调，温度计指到了最高点，半路上我就担心它会爆掉。我想：‘这不是一个好的兆头。’会议一直在继续，直到我说我们不应该再绕圈子了。”

“只需要写一份合同，事情本应该如此，把它放在我们面前，我们会看合同，然后再谈！”

“我真的很担心。”何塞·安东尼奥继续说道。他知道巴塞罗那刚刚为阿根廷前锋哈维尔·萨维奥拉支付了5000万比塞塔，而现在他们似乎并不想给他的儿子一份好合同。“只要他想去，他可以在任何时候加盟皇家马德里，在职业生涯的任何时刻，他从来没有这样做。我从来没有强迫过他。事实上，不管别人怎么说，我从来没有和这里的任何一个人说过。马德里的人通过其他人跟我们联系过三次，我从来没有直接与他们俱乐部的任何人联系过。那个想要成为皇马主席的拉力赛车手卡洛斯·塞恩斯给我打过电话，但我从来没有接过，我也没有回应何塞·安东尼奥·卡马乔，当时他是皇家马德里的主教练。他的助手佩佩·卡尔塞伦给我打电话说：‘如果我们支付了他的违约金，安德烈斯是否愿意来皇家马德里？’‘不，绝不，’我说，‘安德烈斯在这里很开心，除非事情发生了变化，否则他会留下。’”

“这是真的，不过，确实有一天我对巴塞罗那青训负责人热苏斯·法尔加说：‘在合同事件发生之后，他不能留在这里，我们要去马德里了！’”

当然，安德烈斯从未加入皇家马德里；他还是个孩子的时候没有，是个成年球员的时候也没有，这是因为热苏斯·法尔加。何塞·安东尼奥记得，“热苏斯想要签下安德烈斯。他说：‘别担心，我会和胡安说的。’胡安就是当时的巴塞罗那主席胡安·加斯帕特。3个月后，我们面前终于摆上了一份合同，一份好合同”。

“以前我们也遇到过问题，因为我不想只是像其他青训球员那样签一份标准合约，我不想这样。我还记得洛伦索·塞拉·费雷尔把我叫到办公室，让我坐下，他问我为什么安德烈斯还没有签字，我回答道：‘你看过合同吗？我不能签一份让孩子受约束到二十二三岁的合同。’会面结束的时候，我们都不高兴，但这就是生活。”

“我正要回到车上的时候，托特先生过来说：‘别担心，伊涅斯塔先生，你的儿子不会离开这里的。我可以保证，就算这是我能做的最后一件事。如果有需要，我会给主席何塞普·努涅斯打电话。’他的话给了我信心。两个月之后，塞拉·费雷尔让安德烈斯在一线队得到了一次机会，他对年轻球员有着独到的眼光。有一天，我们在看一场青年队的比赛，我注意到那个来自安达卢西亚的孩子：高大、强壮，身板结实。我对塞拉·费雷尔说：‘要是安德烈斯块头再大一点就好了！真遗憾’！他对我说：‘别搞错，何塞·安东尼奥，他不需要。他将成为西班牙足球历史上的伟大球员之一。而这个孩子？他不会超过西乙的，他没有机会的。为什么？因为从脖子往上，他所拥有的只有空气！安德烈斯可能只有1.72米高，但那1.72米都是纯粹的天赋和足球，即使现在巴塞罗那还有很多人不愿意承认这一点。’”

“塞拉·费雷尔非常有勇气，在安德烈斯16岁的时候就把他提拔进了一线队一起训练。安德烈斯告诉我的时候，我简直不敢相信。他从不说谎，但直到我在电视上看到才敢相信，在电视上他与一线队球员一起跑步训练。我知道是塞拉·费雷尔告诉了范加尔关于安德烈斯的事，他们一同去迷你体育场观看比赛，塞拉·费雷尔告诉他：‘看看那个10号，看看喜不喜欢他。’然后范加尔就把他提拔到了一线队每天跟着训练，他们都在安德烈斯的职业生涯中扮演了重要角色。”

尽管安德烈斯可能有些固执，但总是对他父亲和教练表示服从，听他们的话。他一直尊重权威，这一点你现在仍然能看出来，即使现在他自己已经拥有了力量。“我认为这是他的一大优点……但是当他在足球运动中获得了应有的地位之后，也成为他的缺点之一。”何塞·安东尼奥说，“他就是这样的人。我更任性、更叛逆。我的意思不是说他太消极或太顺从，但他总是服从权威，这是真的。他接受的决定并不都是对他有利的。最终，结果并不太糟。他一直都很慷慨，这在足球世界里很不寻常。我记得在他小的时候，他常常会打入许多进球。他总能很好地带球，能比别人早一秒看到移动方向，他还能快速启动。他以前经常进入禁区。在青年队里他可以做任何事，他拥有一切能力。”

包括进球，但是……“当他16岁进入巴塞罗那B队之后，一切都改变了，他们让他成为4号位球员，站位更深的中场，就像瓜迪奥拉、米拉、哈维、塞拉德斯、德拉佩纳一样。这使他远离了球门。”何塞·安东尼奥说，“我记得有人告诉他，他就是新一代的瓜迪奥拉。他们让他以一种不完全符合他的特点的方式踢球。他从来没有丢掉球权，他很符合期待，但他不再给出最后一传或射门得分，他必须为别人而踢球。当范加尔把他召入一线队的时候，球队里有里瓦尔多、克鲁伊维特和里克尔梅。对一个17岁的孩子来说，跟这些球员一起训练是很不容易的，对像他这样的孩子来说更不容易：他那么害羞、那么听话。其他人则充分展现自我，不传球，甚至连里瓦尔多也是。之后的一年，埃托奥和罗纳尔迪尼奥也加入了。他在为他们服务，总是想着别人而不是自己。”

何塞·安东尼奥认为安德烈斯在巴塞罗那的踢球方式和在西班牙国家

队不一样，他在西班牙队的感觉更像是一个主角而不是一个帮助别人的球员，更像一位球星。这是他爸爸喜欢看到的踢球方式。“他有更多的自由，这是不同的踢球方式。偶尔他也会进球，只是为了提醒大家他也能做到，你知道的。”他开玩笑道，“我还记得在2010年世界杯2比1战胜智利的比赛中他的进球，还有对阵巴拉圭的进球，这种跑位是他所擅长的，一个又一个地过掉其他球员。他们至少有三次试图撞倒他，但他坚持住了，最终把球传给了佩德罗，佩德罗击中了门柱，比利亚及时赶到。经历了一个艰难赛季之后，他在世界杯上表现得很好。注意，他在西班牙国家队的表现总是很好。路易斯·阿拉贡内斯和德尔·博斯克一直信任他，给予他如此多的信任，球员们都感觉得到。”

也许最信任安德烈斯的教练是瓜迪奥拉。“作为一个父亲，我对他的感谢永远都不够，因为他所做的一切，”何塞·安东尼奥说，“永远不够。不仅仅是足球层面，而是所有的一切。在最艰难的时刻，他在安德烈斯身边，帮助他找到了出路。”

第六章　聪明的一个

从那天起，我知道了安德烈斯是谁，巴萨的每个人都知道他。

——里奥内尔·梅西

我还是不确定发生了什么，那天我本该和巴塞罗那U13球员一起完成首秀，但我睡过头了。头天晚上，我住在老队员的宿舍里，我们聊了很长时间。我不记得我是什么时候上床睡觉的，但已经晚了，很晚了。闹钟没能叫醒我，我一点儿也没听见。

我们在离拉玛西亚很近的一座迷你体育场比赛，要是没出这差错，本该是件挺棒的事情。我记得是他们来叫醒了我，我没吃早饭直接去了更衣室。这是我们与“五杯俱乐部”队的比赛，我们8比0赢了，我进了

4个球。的确，我以前总会进球，你们都知道。这是我在巴塞罗那青训营的正式首秀，还不错！可是想想，第一场比赛我居然睡过了头。我是个很害羞的人，可以想象当我走进更衣室时心里多么忐忑，我知道自己迟到了。

拉玛西亚的传奇缔造者乌尔西奇诺·洛佩兹不知道发生了什么，比赛马上要开始了，安德烈斯却没有到。他可以想到各种各样的原因，除了这个——他从来不会睡过头。就在不久前，这个来自拉曼恰的小男孩第一次穿上了巴萨的球衣。比赛一开始，皮球就在他的脚边翩翩起舞，第一场比赛，他的表现就给人留下了特别深的印象。

“他把清醒和优雅融汇在踢球的过程中。”乌尔西奇诺说，“他确实是球队中的明星，虽然他并不喜欢这个说法。他踢的是中场，但又跟前锋有所串联，非常像年轻时的路易斯·苏亚雷斯。”乌尔西奇诺说的苏亚雷斯，是那个在1960年赢得金球奖的唯一的西班牙人。

苏亚雷斯是加利西亚人，曾帮助巴塞罗那赢得冠军，但却从未赢得他本该拥有的欧洲冠军杯，在伯尔尼进行的决赛中，巴塞罗那2比3输给了贝拉·古特曼执教的本菲卡。随后苏亚雷斯在国际米兰两度捧起了欧冠奖杯，获得一片赞誉。安德烈斯有点像“小路易斯”，乌尔西奇诺就是这么叫他的。一位从拉科鲁尼亚街道上踢着布做的足球成长起来的优雅球员，他的事业将由一个在丰特阿尔维利亚大街上踢球、跟他相似的孩子继承下去。

“安德烈斯有能力突入禁区，他可以完成最后一传，他能取得进球。最重要的是，他以最不可思议的方式成为了球队的一分子。”乌尔西奇诺说，“安德烈斯踢10号位，不过他也能扮演4号位、6号位和8号位的角色。”乌尔西奇诺回想起1988年约翰·克鲁伊夫来到巴萨担任教练，他比伊涅斯塔的到来早了8年。当时10号位踢的是左前中场（现在伊涅斯塔在巴萨的位置），6号位在前锋身后（那时是巴克罗），4号位是核心中场（最先是瓜迪奥拉，然后是哈维，现在是布斯克茨），穿8号球衣的则是右前中场（尤西比奥）。一切都受到了克鲁伊夫“梦之队”的影响，他们改变了我们看待现代足球的方式。

“在U13队中，我们踢3-4-3阵形，菱形中场。但安德烈斯总能出现在球所在的地方，我觉得真的是球在召唤他：‘请过来这里，安德烈斯。’这就是安德烈斯那场首秀的样子。他刚从睡梦中醒来，眼睛还是红红的，脸上有一种轻微的痛苦表情，因为他迟到了。”

“他能过人也能传球，”乌尔西奇诺解释道，“他能过掉一个或两三个对手，轻而易举，以至于你看他这么做的时候，会觉得自己也可以做。他一直有着非常清楚的足球概念，也有技术能力把自己的构想付诸比赛。他比对手强太多了。如果说现在的他优势显著，你可以想象他还是个孩子的时候，会是什么样。”

乌尔西奇诺知道他可以期待什么，因为奥里奥尔·托特告诉他，有一个“真正的宝贝”从阿尔巴塞特来了。“在他来到的前一天，教授来看我，对我说：‘你就要得到那个我们从布鲁内特比赛上签下的男孩了。是的，就是贝纳吉斯看到的那个男孩。皇家马德里也想签下他，但他想加入我们。’”

还是那么言简意赅，教授没说多少话来强化这个男孩在乌尔西奇诺心中的形象，他完全相信安德烈斯的实力。虽然托特是一个会被热情所驱使的人，但他并不想把期望值提得太高。他在安达卢西亚可信赖的朋友马尼慧眼识珠，与贝纳吉斯一样，马尼也在安德烈斯身上看到了同样的天赋，那就没有任何可怀疑的了。

“他是你的。”托特对乌尔西奇诺说。

“看起来，一切对他来说好像都很容易。他流畅地过人，能看到自己队友的位置，然后把球送到他们脚下。如果他在年龄更大时也能够做到同样的事，就不会有任何问题了。‘他会达到那种水平的’，以往我们看他踢球的时候经常这么说，他唯一可能遇到的问题就是身体问题，我们不知道他那纤弱的骨架能否扛得住他将要面对的挑战。”乌尔西奇诺承认，当时他并没有意识到，这个问题已经在距离巴塞罗那500公里以外的地方解决了。

安倍拉多和朱利安，来自丰特阿尔维利亚的安德烈斯的朋友，一个比他大4岁、一个比他大5岁，早就找到了解决问题的关键所在。他的年龄不是问题，他的体格也不是问题。如果他在小镇那个无情的球场上“幸存”下来，他怎么会应付不了巴塞罗那训练营的绿茵场呢?

“的确如此，即使在这方面——他的体格——也会欺骗你，”乌尔西奇诺说，“你看起来他似乎连球衣也塞不满，好像一阵大风就会把他吹走。他看起来很虚弱，但能通过每一场比赛的体能测试，没有任何问题。从第一脚触球到最后一脚，他都是核心所在，就好像他永远不会疲劳一样。有时我对自己说：‘上半场比赛他一直在奔跑，下半场的最后5分钟他该不会再继续了吧。’但他还是坚持了下来。从未放弃自己的节奏，他总是以同样的方式踢球。”与这个小男孩在处子秀中表现出的惊人顽强如出一辙，他迟到了，径直走到球场上，没有吃早饭，进了4个球。

“有时候，我们坐在诺坎普隔壁的沙砾球场上——那里现在是停车场——奥利弗会过来问我：‘那个聪明小子今天踢得怎么样？’”

乌尔西奇诺会很高兴地笑着回答："管好你自己吧，奥利弗。他还像之前一样踢球，做自己的事。""聪明的一个"——安德烈斯——在训练中的表现令人难以置信。"我们在这里看训练应该给他们付钱，而不是他们付钱给我们。"乌尔西奇诺曾这样跟他的助手杰奎因开玩笑。

当乌尔西奇诺在U13队中遇到安德烈斯的时候，就好像他心目中的英雄站在了他的眼前。他既是那个来自拉曼恰的男孩，也是那个来自加利西亚的男孩，还是那个加泰罗尼亚的小伙子：他是安德烈斯、苏亚雷斯和富斯特的合体。

他总能很大面积地覆盖球场，他知道如何把球藏起来不让对手拿到。"有时我自己也看不见球，"乌尔西奇诺说，"我们过去经常让他练习用左脚踢球，就是他比较弱的那只脚。有的球员就能让皮球一直留在自己最擅长的那只脚下，安德烈斯和他的右脚就是这样。至于说头球——我从来没见过他的头球——他用自己的头做其他的事。看看他的防守方式，举个例子，他让自己的位置恰到好处。一对一对抗时，他总能成功摆脱。他不会长距离奔跑去获取球权，直觉使他在正确的时间出现在正确的位置，出乎意料地把球断走。他一直都这么做。"

教练承认他与安德烈斯的私人交往很少，只在更衣室和球场上看到他。在他担任U13教练的时候，每天早晨8点开始工作，直到下午3点，安德烈斯则与他的朋友豪尔赫·特罗伊特罗一起在路易斯维维斯学校上学。

"在拉玛西亚，我们是最小的也是最优秀的。"特罗伊特罗说，"我比安德烈斯早到了一周，那一周对我来说非常艰难。所以当他出现的时候，我真的很高兴跟他做伴，我不再是最小的了。普约尔、雷纳、莫塔、阿尔特塔，他们都比我们大。说起来你可能不信，在拉玛西亚，一周是很漫长的。我比安德烈斯更容易适应，总的来讲我更大胆、更外向、更健谈。他是个害羞的人，现在还是。

“在拉玛西亚，我们睡同一张双层床。起初，我们跟篮球运动员安排在同一个房间。他们有五六个人，我们只有两个人。安德烈斯睡下铺，我睡上铺。普约尔一直关照我们，有他和维克托·巴尔德斯，就没有人对我们指手画脚。他们真的很照顾我们、保护我们。”

“他看起来总是脸色苍白，眼睛几乎总是红的。看上去他很伤心，但我当时无法理解他内心的痛苦。”普约尔透露，“我是世界上最快乐的人，因为他们选我到巴萨踢球，我来到了拉玛西亚。我还能要求什么呢？没有，绝对没有。但安德烈斯还是一个很小的男孩子，当时我理解不了他的感受。对我来说，这就是我一直想来的地方。”

“他也想来这儿，但没有人能理解他的痛苦。每个人都是不一样的，比如说我从来都不打电话，4个月没回家，也没人来看我，但我真的为一切而感到快乐。”前巴萨队长说，在那个时候他正急于证明别人对他的看法都是错的。

自从普约尔放弃了拉波夫拉德塞古尔的那座破球场，人们就一直对他能否成功持怀疑态度。“我要向你们证明，我可以为巴萨踢球。”他一再告诉自己。他并没有感到任何压力，只是坚信自己有能力克服困难。他需要一个月的时间来说服教练，让拉玛西亚的大门向他敞开（普约尔承认，这是他在巴萨所经历的最长的审判。）

每天早晨，普约尔都会在拉蒙·索斯特雷斯——现在是普约尔和安德烈斯的经纪人——的房间醒来。普约尔蓄积了无限的能量，这是他从拉波夫带来的。他最初是一名门将，后来成为世界上最具传奇色彩的中卫之一。为了成就这一切，他必须扫除前进道路上的一切障碍。一个12岁和一个18岁的孩子都在巴萨追寻着光明的未来，日复一日。他们一个有着出色的技术，另一个有着不可摧毁的坚韧意志；一个带着勇气，另一个带着巨大的情感负担。

“有一天，”乌尔西奇诺说，“在我指导U18队的时候，执教U19的马丁内斯·维拉西卡走了过来，对我说：‘我们要去塔拉戈纳的一所学校踢场比赛，一个他们正在观察的男孩会在那里出场，他来自列伊达。’”这个男孩就是普约尔。

“他踢的是右边锋，他的身体已经非常强壮了。”乌尔西奇诺回忆道，“他会在适当的时候学到必要的技巧，从而发展他的其他天赋。我跟他说过了些什么？我给出的意见是来自于那天我所看到的，他们签下了他。后来，出众的身体素质与他的技术相互匹配，他的进步超过了所有人的期望，也多亏了一直以来他所拥有的非凡的意志力和决心。怀抱着如此巨大的热情，他不可能不成功。但我也要说，他是唯一一个例外，就像普霍尔经常对我们说的那样。”

当孩子们来到拉玛西亚的时候，普霍尔的那句话，虽然没有写在所有地方，却得到了广泛认同。这个“普霍尔”不是里杰卡尔德和瓜迪奥拉手下的队长普约尔，不要混淆了。路易斯·普霍尔是20世纪60年代的一位著名前锋，他17岁在巴塞罗那完成首秀，最后成了俱乐部的一名球探，在托特教授手下工作。

“普霍尔总是对我们说，他想要的是知道该怎么踢球的球员。安德烈斯就是一个这样的球员。在我看来，克鲁伊夫的到来对那些男孩是一种真正的幸福。原本那个时代，强壮、高大、有力的球员很时兴，克鲁伊夫的到来改变了一切。就说路易斯·米拉吧，当巴萨想签下他时，所有人都说：‘他什么都不会，他没有力量。你要是解开他的皮带，他的裤子就会掉下来。’每个人都对他充满怀疑，但是拉玛西亚的协管员豪梅·奥利弗非常坚定地站在俱乐部副主席何塞普·穆森这一边，他说：‘这个球员值100万比塞塔。如果你在这里签字，这个孩子就会留下来。’”

米拉留在了巴萨，在诺坎普踢球，后来他加入皇家马德里，这让克鲁伊夫给后人留下了一句名言：“让他走！没关系。”那是1990年，当时荷兰主帅问：“米拉踢的这个位置，青训营里谁最优秀？”“瓜迪奥拉。”他们告诉他。然后克鲁伊夫在迷你球场——当时巴萨青年队在这里踢球——考察了这位拉玛西亚最好的球员。

为了避嫌，克鲁伊夫在比赛开始之后才来。他坐在最不显眼的地方，低头看着球场，瓜迪奥拉居然没有出场。“如果他是最优秀的球员，为什么不能出场呢？”他愤怒地问，“他什么都做不了，他的体重太轻了。”别人告诉他。

1990年12月，瓜迪奥拉完成了在诺坎普球场的处子秀，追随着米拉曾经走过的道路。因为他听到了一句令他终生不忘的话：“你踢得比我的祖母还要慢。”那是1989年5月对阵巴尼奥莱斯的友谊赛中，瓜迪奥拉首秀上克鲁伊夫对他说的。瓜迪奥拉后来的发展路径又被哈维和伊涅斯塔继承了下来，这些球员看起来似乎在现代足球中没有位置，但最终他们却主导了比赛。

1996年，安德烈斯·伊涅斯塔来到巴塞罗那，2000年梅西来了。颇为有趣的是，安德烈斯于9月16日抵达，梅西则是9月17日，相差4年。有朝一日，这两位球员会在接下来十多年里珠联璧合，这将改写俱乐部的历史。

“没有，在拉玛西亚我从来没有和安德烈斯有过交集。”梅西说。在巴塞罗那青训营中，梅西以闪电般的速度跨越了不同层级，17岁就完成了首秀，很像安德烈斯，他们是一对足球神童。

“我从来没在拉玛西亚住过，刚开始是和父母住在巴塞罗那西班牙广场的一家酒店里，后来我们找到了一间公寓。”他补充道，“当我母亲、哥哥和妹妹回到罗萨里奥的时候，我就和爸爸豪尔赫住在一起。有段时间我去拉玛西亚，与一个朋友吃饭、聊天。从那天起，我知道了安德烈斯是谁，巴萨的每个人都知道他。”

在很多方面，伊涅斯塔和梅西都很幸运。在约翰·克鲁伊夫和他的助手托尼·布鲁因斯将全攻全守足球引进到诺坎普球场之后，他们加入了巴塞罗那。“当克鲁伊夫走上历史舞台，巴塞罗那俱乐部的足球就发生了革命性的变化。”乌尔西奇诺说，“这看上去很复杂，实际上要简单些。托尼·布鲁因斯挂了一块白板，在上面画出传球点，然后对我们说：‘这是阵地战法，精髓在于第一时间传球，最多两次触球，你们明白吗？’我们互相你看我、我看你，直到有人——不记得是谁了——说了一句‘是吗’？布鲁因斯刚刚来到这个国家，他用最基本的西班牙语回答说：‘是的，仅此而已。足球很简单。你把球场划分成三角区域，关键是要始终持球，并创造出优势。’”

克鲁伊夫和布鲁因斯似乎没有意识到，1988年他们为巴塞罗那带来的全攻全守足球，最终会加以完善并被超越，巴萨将它提升到了一个新的高度。就拿安德烈斯来说，教练并没有多少东西要教给他，更多的是让他巩固和加强一些东西，这些东西在他的足球基因里还没有定型。

“我会想起克鲁伊夫那双能够一针见血做出诊断的眼睛。”乌尔西奇诺说，“的确，除此之外他还有更多东西，但万事先一步的这种能力，我只在克鲁伊夫身上见到过。安德烈斯就在他应该在的地方，因为‘瘦子’（克鲁伊夫）就是这样看待足球的。对许多球员来说，你需要向他们展示一些东西，但安德烈斯不需要，他自己已经拥有了一切。”

当然，如今已不再是克鲁伊夫的时代了。安德烈斯来到的时候，足球哲学已经不是最重要的了，尽管俱乐部起起伏伏动荡不已，伟大人物的思想仍然继续留在巴塞罗那。那是在1996/1997赛季，还是博比·罗布森爵士的时代，若泽·穆里尼奥先是罗布森的翻译，而后成为他的助手。那也是罗纳尔多的时代，“外星人”中锋把他的太空飞船停在了西甲所有顶级俱乐部的球场上。

巴萨几乎赢得了一切。但由于他们的明星球员来自巴西，罗纳尔多收到了国家队的征召，巴萨在最后一刻错失了联赛冠军。那也是瓜迪奥拉的巴萨，他是安德烈斯童年时的英雄，还有菲戈、路易斯·恩里克、斯托伊奇科夫、布兰科和波佩斯库。来自拉曼恰的小男孩安德烈斯把目光投向了诺坎普体育场旁边的这座不够标准尺寸的小球场，他看到了他的英雄们。那个位于诺坎普和拉玛西亚之间的训练场地如今已不复存在。安德烈斯曾经爬过的栅栏还在，但球场现在成了一座混凝土停车场。那座球门，如今都已经被撕成了碎片，所有的痕迹都被永远抹去了。

每当放假的时候，安德烈斯会发现自己陷得更深，除了眼泪，他还被孤独吞噬。乌尔西奇诺记得，爱足球的阿尔伯特·贝纳吉斯会带他去电影院，把他从单调生活中解脱出来。

“没错，我们去电影院，也会在下午空闲时去公园。公园的大泳池里面有海绵球，他玩得很开心。”贝纳吉斯说。正是这位教练在布鲁内特的比赛结束后，为巴萨签下了安德烈斯。

“有时候，他的父母周末没来看他，我就把他带回家交代给我的母亲，他和我的养子塞缪尔会一起玩好几小时。他们一点也不相像。塞缪尔很黑，来自巴西；安德烈斯很白，侧影更显得苍白，他非常聪明。我儿子不喜欢足球，但安德烈斯不能没有足球。他们根本不相配，但他们在彼此的陪伴中度过了一整天。”贝纳吉斯回忆道。

豪尔赫·特罗伊特罗也记得与贝纳吉斯在一起的下午时光，他们一起度过无聊的假期，免受折磨。“贝纳吉斯邀请我们共进午餐，把我们带到一个卖欧洽塔（饮料）的地方，因为他喜欢吃。”

安德烈斯第一次来拉玛西亚时接待他的门将何塞，回想起了那些在古老石墙背后的生活。“在拉玛西亚，你的床就是你的家，好吧，应该是你的床和你的桌子，在那里你拥有一切，”他说，“我们花了很多时间待在家里，换句话说，就是在床上。或者从一个房间到另一个房间，跟别人说话。在拉玛西亚，他们没有把不同年龄的队员分开来。我们永远都在交谈，但几乎都是在床上。”或许这就是安德烈斯到乌尔西奇诺手下时，首秀的头天晚上会睡过头的缘故。

“我们会干点什么？嗯，会去拉玛西亚后面的花园，如果天气好，我们就会没完没了地踢球。我们沉浸在自己的世界里。球要是飞到不该去的地方，我们会被斥责，特别是那个叫胡安的保安。他是新来的，非常严格，什么都逃不过他。另一个叫费里的保安就和我们混在一起。还有安德烈斯，像豪尔赫一样，因为他最小，被宠得最厉害。”

“胡安也会被他俩闹得无可奈何。要是我们，每次都会是大麻烦，但他们就能侥幸逃脱。皮球会滚到拉玛西亚的每一个角落，很有意思，一想到这种情况我至今还会头皮发麻。”何塞说。

“我们从来没有分开过，”豪尔赫·特罗伊特罗说，“我们去哪儿都在一起：学校、饭厅、宿舍、双层床，哪里都是。当他们告诉我们应该睡觉的时候，我们就会在睡觉的地方再踢一场。通往卧室的门是我们的球门，我们用的是网球，这样就不会制造太多噪音。即便如此，有时候还是会有一个保安出现，费里或胡安，他们总是对我们说同样的话：‘去睡觉吧，现在！’”

豪尔赫睡在双层床的上层，安德烈斯睡在下层，每天早晨他们都要去学校，出来的时候没有人会留意到他们。日复一日，只有拉玛西亚厨房入口处的一座小小的绿色电话亭，把他们与外部世界连接起来。

有时候父母宁愿不给他们的儿子打电话，以免唤起更深的思乡病。最好是让分离的痛苦处于休眠状态，不激起更多的眼泪。“当他们打电话给我时，我会哭。”特罗伊特罗说，所有的男孩都是一样的。

“我把拉玛西亚的电话号码记在了心里，从我给安德烈斯打电话的时候开始，直到现在我还记得。”马努说。这位表兄正是第一个宣布丰特阿尔维利亚有个小天才的人，后来又因为失去他而伤心不已。

“不，我没有哭。我也没看到他哭过，但他们告诉我说他哭了。的确，我比安德烈斯晚来两年。我是在8月中旬来到这里的。”前巴塞罗那球员、安德烈斯的朋友霍尔迪·梅塞莱斯解释道。

“我来自莱里达的一个村庄，对我来说来到这里是件大事。还记得我曾经在家里写写画画，母亲现在还保留着这些东西，上面写着‘我的梦想是去拉玛西亚’，我很高兴能实现愿望。我刚到拉玛西亚就和安德烈斯所在的球队一起训练，跟特罗伊特罗、鲁本、兰萨罗特并肩作战。当其他男孩回家或者家人来看望他们的时候，我在拉玛西亚会感到非常孤独。我还记得自己当时的想法：‘这很困难，真的很难。’”梅塞莱斯说，他后来在安德烈斯身上发现了与他一样的痛苦。

“从第二周开始，我们就混在一起了。”梅塞莱斯说，在安德烈斯的引导下，他开始沉浸在拉玛西亚的生活中，“我们从拉玛西亚走到3号训练场，我们叫它‘砂纸球场’，因为每次摔倒都会在坚硬的人造草皮上弄伤自己。有4支球队同时在球场上训练。每个小组有自己的一个角落。”

“我们生活方式都是一样的，对待事情都很放松。在自己的房间里过得很舒服，或者看电视，我们是少数几个在拉玛西亚使用图书馆的男孩。这也是一件好事，不过你可能想象不到里面经常空空如也。我们都是平凡的男孩，一点小事就能感到快乐。只要谈论足球，我们就会很高兴。”他说，回忆起那些远远超出了足球领域的故事。

豪尔赫·特罗伊特罗回忆道：“有一天维克托来看我们，他说：‘我要走了。’我们都很惊讶。那天晚上我哭得很伤心，因为他就像我和安德烈斯的兄弟一样。记得我对他说：‘你看，维克托，我想把这个十字架项链给你，这样如果你不回来，就可以用这个东西留作纪念。’”

这里说的维克托是打破巴塞罗那纪录的门将维克托·巴尔德斯。“最后，所有东西都整理好了，维克托又留下和我们在一起了。他从未把链子还给我，但这没什么。那是他的，我永远把它送给了他。”特罗伊特罗说，他们是一辈子的室友、队友、朋友。

友谊占据了拉玛西亚年轻球员的很大一部分时间。“我们会分享彼此的秘密和从家乡寄来的食品包裹。”梅塞莱斯回忆道，“我的父母会从莱里达带来糖果和薯片，还有我们喜欢的东西。在拉玛西亚的储物柜里，我们都有自己藏东西的地方。我们有一个带锁的柜子，还有带两个抽屉的储物柜，一个给上铺，一个给下铺。我最喜欢拉玛西亚的地方，就是它像一个大家庭。从年龄最大的到最小的，我们互相都认识。以前我们常常会排队等电话，我们不得不这样做。因为虽然有两个电话亭，但只有一个是好的。所以我们必须有耐心，并且记得要问厨师或安保人员是不是有什么变化，要不然就得等待更长的时间。那就像《老大哥》节目里的房子，但它更好，因为我们会分享一切。如果你是最后一个来到餐厅的，你只能拿最后一份牛排，看起来最差，而且是其他人剩下的。但我只有美丽的回忆，那是一段很棒的经历。”

“我们一天24小时都在一起，我们建立了非常棒的友谊。不管你喜不喜欢，最终他会成为你的密友，你对他也一样。”豪尔赫和安德烈斯还是朋友，时光荏苒，他们仍是知己。

第七章 一线队

他踢什么位置？安德烈斯可以踢任何位置。他是个天才。

——洛伦索·塞拉·费雷尔答路易斯·范加尔

男孩们还在老地方，观看范加尔执教的巴塞罗那：他们从荷兰偶然得到了几个球员——科库、奥维马斯、德波尔兄弟、博加德——和瓜迪奥拉、菲戈、路易斯·恩里克一起。“我们坐在北看台和侧看台的中间，主看台的对面，离角旗区不远。我们几个全在那儿。”霍尔迪·梅塞莱斯回忆起那段日子依然情绪激荡，不过他不像他的朋友安德烈斯和特罗伊特罗，有机会担任球童。

豪尔赫·特罗伊特罗记得很清楚：“那是对阵西班牙人的一场德比

战，我们来的时间不太好，人们不断地把打火机和其他东西往球场上扔，我们还很小，正处在他们抛掷杂物的火力线上。我们的位置在广告牌后面，必须踮起脚尖，才能越过广告牌看到比赛。”

这些孩子来自加泰罗尼亚和西班牙，他们希望有朝一日自己也能站在这座球场上。“我看见了科库，安德烈斯喜欢米歇尔·劳德鲁普，但当时他已经去了皇家马德里，所以安德烈斯就转向了瓜迪奥拉，他目不转睛地盯着他。”梅塞莱斯说。

当时他们还不知道，他们在诺坎普的首秀会比预期的提前而不是延后，著名的耐克杯就在诺坎普举行，这是一项俱乐部U15球员参加的世界性杯赛。巴塞罗那进入了决赛，球员包括安德烈斯、特罗伊特罗、霍尔迪、鲁本等人，教练是安赫尔·佩德拉萨，他是第一个进入巴塞罗那一线队的拉玛西亚青训球员。1980年9月欧洲优胜者杯中，当时俱乐部的传奇名宿兼教练罗兹洛·库巴拉把他提拔进了一线队。

“能在诺坎普球场踢决赛令人难以置信，”梅塞莱斯说，“主看台挤满了人，肯定有2万人在观战。我们已经习惯了在角球区看一线队比赛，现在，忽然之间，我们自己到了球场上，人们都在看着我们。到达体育馆时我们甚至找不到去更衣室的路，好像到处都是通道，长长的通道。进去，换衣服，然后走出来，突然球场就出现在你面前。那座球场看上去很大，你心里想：‘我们不能在这里踢，这太大了。我们只是小孩。’”

“你梦想着在这里踢球，但不知怎么，你从未真正设想过这一刻。从坐在角旗区，突然到了场上，你觉得自己就像是一线队球员了。当然，我们不想浪费这个机会，我们想要赢下决赛。所有的人都在看着我们，我记得那天范加尔在，还有瓜迪奥拉、菲戈、俱乐部主席努涅斯……”

决赛的开局很不好。“我们对阵阿根廷的罗萨里奥中央队。小组赛阶段我们曾横扫了他们，但决赛开场不久我们就丢球了。我想这是因为紧张，因为比赛对我们的意义。体育馆、球场，变得好大好大，好像比赛永远也完不了。”

“吉尔伯托顶在前面，他是一个非常强壮有力的巴西孩子。特罗伊特罗踢边锋，安德烈斯踢中场，我在他旁边的位置。”梅塞莱斯继续说道，“我们真的踢得很挣扎，直到安德烈斯移到前锋的后面。他总是能够打入很多球，可能今天的人们会有些讶异，我们需要他在球场上的位置更靠前一点。以往他也常进这个区域，但只在最需要的时候。我们让他和特罗伊特罗跟在吉尔伯托后面，特罗伊特罗非常矫健强壮。而另一个边路，我们有阿尔菲。安德烈斯就是那个把所有人串联在一起的球员，他带动了整个球队。我们踢的是3-4-3阵形，克鲁伊夫的风格。我觉得所有的巴塞罗那青年队都是这么做的，我看过有阿尔特塔、巴尔德斯、雷纳、纳诺、特拉索拉斯的少年队，他们也是一样的阵形。这是一种冒险的策略，非常大胆，非常具有攻击性，让人享受其中，但要消耗很多体能，因为它迫使你大面积地覆盖球场。这个阵形所展示的就是一个球员居于中场，可以控制比赛，可以增加进攻球员。我们几乎完全控制了球权，从而在决赛中反败为胜。”

“阿尔菲利用安德烈斯创造的任意球机会扳平了比分，然后安德烈斯打入了制胜球。吉尔伯托奉献了一次精彩的转移，他把球回传给了安德烈斯。进球的时候，安德烈斯把球鞋都踢飞了。当大家都在庆祝进球的时候，他正惦记着找球鞋。这是一个金子般的进球，以一种难以置信的方式终结了比赛。这也是一个非常具有安德烈斯风格的进球：从纵深处赶到，在前锋身后起脚，球钻进网窝。”

决赛结束后，瓜迪奥拉把奖杯递给安德烈斯，他当选了本场最佳球员，命运女神在朝他颔首。“10年之后，我会在诺坎普球场的看台上观看你的比赛。”瓜迪奥拉告诉他。他是对的，但有一点，时间将会是9年，而且佩普也不是站在看台上，他坐在教练席上，成了伊涅斯塔的教练。同样，伊涅斯塔也是由佩德拉萨一手培养起来的，在他职业生涯的关键阶段，当时他在青训营B队吸引了所有人的目光。

“安赫尔·佩德拉萨是我所遇过的最好的教练之一。”梅塞莱斯说，“他热爱教学和训练，教给我们所有的东西，他挖掘出了我们身上最好的一面。他跟我好好聊过，让我深刻地反思了足球和生活。他非常真诚、积极向上，这是球员们最欣赏的，即便我们还只是孩子。他给了我们太多的东西，我们也从他身上学到了很多。”

他对安德烈斯的影响非常大，他的恩师身份从未被忘记。“他是个好人，”安德烈斯回忆道，“就在他去世的前一天，我去医院看望他，跟他说再见。生活中有些时刻，你永远无法真正领会，永远无法完全理解。我们一起生活了那么长时间，我们一起赢下了那场杯赛，而且不止这些。他是个了不起的人，是一个好人。我愿意回忆起那个他，那个充满活力、精力充沛的他。一个好人。”2011年，佩德拉萨因癌症去世的时候年仅48岁。那天伊涅斯塔正在里亚索球场对阵拉科鲁尼亚。巴塞罗那4比0取胜，伊涅斯塔打进了1个球。当得知这位拉玛西亚的无名英雄因病去世的时候，他们还没有离开体育场。“如果我早点知道，我会把这个进球献给他。”伊涅斯塔说。

“安德烈斯因他的智慧和天赋脱颖而出，他是球队的领袖、核心，他控制着比赛的节奏，他有着良好的技巧。”佩德拉萨这样告诉《世界体育报》。当时安德烈斯还不到16岁。

巴塞罗那百年庆典之际，霍尔迪·梅塞莱斯和安德烈斯一起在诺坎普球场赢得了耐克杯。但在他们取得成功之前，人们就一直在谈论安德烈斯。卡洛斯·马丁内斯——后来成为伊涅斯塔最好的朋友之一——当时就已经听说他了。卡洛斯也在巴塞罗那青训营里，那时队里有关于“小魔术师”的传言。“安德烈斯比我大两岁，所有人都在谈论他和特罗伊特罗，但我没有见过他。”这位前锋出生在马塔罗，和安德烈斯的妻子安娜一样，“直到10年后，我才认识他，与足球无关。我在巴塞罗那大学和安娜一起修读法律，有一天他来看她。”

“他说：‘你好，我是安德烈斯。’”

“是的，是的，我想我认得出你。”

卡洛斯并不知道，一段漫长的友谊由此开始。他也是一个很要强的人，看过他们玩棋盘游戏的人都可以证明。“我们就像小孩子钻进了大人的身体里，”卡洛斯说，“我们彼此完全信任，可以告诉对方任何事情，也相信对方会保守秘密。”

佩普·阿洛马是巴塞罗那少年A队的教练，根据约翰·克鲁伊夫和奥里奥尔·托特制定的规则，他继承了佩德拉萨的球队。“佩德拉萨在这些孩子身上完成了出色的工作，”阿洛马说，“他拥有一支不可思议的球队，充满了天赋，但他们也成长到了棘手的时期。他们的身体和心灵正在变化，身体在发育，还有他们的激素。15岁那一年的身心塑造，会对一个球员的职业发展产生非常大的影响，他以一种了不起的方式做到了。”

阿洛马与俱乐部青训系统的设计者、教练洛伦索·塞拉·费雷尔密切合作。他接着说：“当时，巴塞罗那遵循了里努斯·米歇尔斯和斯特凡·科瓦奇的概念，并植入了克鲁伊夫的理念，同时董事会采纳了欧洲最好的青训中心，比如阿贾克斯、克莱枫丹和科维尔恰诺的一些想法和做法。”

“我记得有很多次，安德烈斯会在下午到体育馆的办公室来，问我们可否让他给父母打电话，他的父母回到了阿尔巴塞特。当时还没有手机。他是一个安静的孩子，非常有礼貌，他在学校里从不旷课，一天也没有过。每年我们都会做标注，看看谁是更衣室里最好的队友。安德烈斯每次都赢了，毫无疑义。”

那个赛季结束的时候，阿洛马离开了少年A队，成为一线队主帅洛伦索·塞拉·费雷尔的助理教练。他们都关注着安德烈斯。

“他是我所见过的最具天赋的球员。”阿洛马说，“当他在少年队的时候，他的战术意识和才智就和你现在看到的一样了，天生的，他比任何人都能更好地读懂比赛，他可以快速地执行每一个动作，并且不犯错误。他踢的是4号位，但他可以在其他任何一个位置上发挥才能。在那场3-4-3阵形的比赛中，我们看到了他的精彩表现，他可以在这一领域达到巅峰。如果我问他：‘安德烈斯，你想踢什么位置？’他会回答：‘先生，不管你叫我踢什么都可以。’他的双脚很均衡，他的转身速度很快，他总能把一切迅速处理好，总能做出正确的选择。这些可以教得出来吗？可以，但也不可以。如果你的‘大脑处理器’很好，就像安德烈斯，你就能更快更好地找出解决方案。”

塞拉·费雷尔会一天3次走到球场，看孩子们踢球。不用别人告诉他有关安德烈斯的事，他自己都能看到，况且每个人都在谈论他，谈论那个被豪梅·奥利弗称为“聪明的一个”的孩子。

“当洛伦索接手一线队的时候，他很清楚，他想让安德烈斯从瓜迪奥拉、哈维等当时一线队的伟大球员身上学习。这对他的未来发展是最好的。因此他帮助安德烈斯更进了一步。”阿洛马说。

“不，我没有发现任何东西，”塞拉·费雷尔说，“安德烈斯是个天才，无论作为球员还是一个人，他都是天生的现象级，我从未怀疑过。”

卡洛斯·纳瓦尔在巴塞罗那俱乐部工作了许多年，几乎成为俱乐部的化身，他还能清晰地回忆起那一次：“我给拉玛西亚打电话说：‘告诉安德烈斯，明天开始，他将和一线队一起训练。’”

“我觉得这是个玩笑。”安德烈斯承认。从拉玛西亚到体育场正门不到300米。他走到门前，停了下来，他不敢越过那道障碍。保安不知道这个害羞的孩子是谁，但安德烈斯很幸运。正在那时，路易斯·恩里克开车进来，他认出了安德烈斯。“进来，”他说，“我带你到更衣室。”于是就这样开始了。

“我希望他能加入一线队，理由有很多，最重要的，这是一种奖赏，奖赏他的行为、他的领导能力、他对队友的态度。”塞拉·费雷尔说，“他在学校上课从没出过任何问题，每天早上他总是第一个到，而且从不旷课。他会在那里等公共汽车，而另一些人则需要公共汽车等他们。”

“我记得伊涅斯塔加入我们那天，瓜迪奥拉很高兴，里瓦尔多也是一样。设想一下，一个孩子走进一间满是球星的更衣室，那会是什么感觉。所以当时的对话很简单，‘放松，安德烈斯。做你所知道的事，仅此而已。就是享受一切，好吗’？当我们在拉玛西亚旁边的训练场训练时，他很自然地把这一切都变成了自己的节奏。如果他需要加快比赛的速度，他就会这么做。如果他必须放慢速度，他也能做到。他让所有人都感到意外。他唯一没有做的事就是自己训练，球员们都看着他，而不是看着我。他是个明星，但他做得很自然、很谦卑。他理解比赛，理解巴塞罗那的足球哲学。绝不可能出错。他知道他会取得成功的。”

伊涅斯塔没有让任何人失望，尤其是主教练范加尔。范加尔最终向他打开了大门，给了他首秀机会。在让伊涅斯塔初次亮相之前，范加尔先和塞拉·费雷尔通了话，但费雷尔似乎不需要让人说服。

塞拉·费雷尔回忆起当时的对话：“范加尔问我：‘他踢什么位置？’我说安德烈斯可以踢任何位置。作为中场球员，他能决定比赛；他能打边路内侧、能在前锋身后、能踢10号位。如果有一天你需要一个人从后卫线上把球解围出去，你甚至可以让他踢边后卫，当然，可能他没准备深度参与防守。”

不过，这个进程并不像看上去那么简单。伊涅斯塔跟一线队一起训练，在青年队踢比赛，在不同的等级中都取得了进步。但有些时候，当进步放缓时，特别是在他效力巴塞罗那B队的时候，他也会觉得自己可能成功不了。尽管他刚刚在胡安·卡洛斯·佩雷斯·罗霍率领的青年队中，度过了几近完美的一年。佩雷斯·罗霍曾在1979年的日本U19世界杯上，获选优秀青年球员第二名，仅次于迭戈·马拉多纳。

“我记得瓜迪奥拉参加过我们的一节训练课，”罗霍说，“‘嘿，胡安，他们跟我说你有个很棒的孩子……是这个脸色苍白的小个子，对吧？’当时我们都在3号球场上，佩普坐在一边看了整场训练，最后他对我说：‘这个孩子比我强。’”

“我还记得我们在马洛卡岛踢的那场比赛。那天非常热，差不多就在上半场的最后一分钟，我们的边后卫达尼被罚下了。在回到老希特加球场更衣室的路上，走过那些狭窄的楼梯时我问自己现在该对球员们说些什么？我们0比1落后、被罚下了一名球员……我想：‘这帮人今天要灌我们4个球了。’但是下半场，安德烈斯横空出世。简直无与伦比，难以置信。我甚至不确定他踢的什么位置。从理论上讲，他应该是衔接点，在前锋后面，但他却无处不在。我记得当他出现在边翼时，我问我的助手拉斐尔·马格里尼：‘我该对他说点什么吗？’‘一个字也别说！’他回答道，‘让他自由发挥。’他是对的。我们2比1赢下了比赛，少一人作战，安德烈斯却无处不在。

“后来马洛卡的教练托穆·洛姆帕特问我，那个孩子是谁？他又说：‘如果你想找人代替瓜迪奥拉，你已经找到了。’他说得没错。”罗霍说：“最让我印象深刻的是，他清楚地看到了比赛的走向。那时他16岁，在青年队和十八九岁的孩子踢球。他能很好地读懂比赛，知道如何改变比赛的节奏。当我们感到压力很大时，他能承担起责任：‘把球给我。’简直难以置信，这个看上去矮小又瘦弱的孩子，却控制了比赛，他给自己做出了定位，很轻易地完成了所有的一切。”

罗霍拥有伊涅斯塔的时间并不长。塞拉·费雷尔已经为他未来的发展做好了计划，他很快升入了巴塞罗那B队。何塞普·马里亚·冈萨尔沃是他的B队教练。“我第一次见到他的时候，就喜欢上了他。”他说，“我不确定是什么时候——可能他还在少儿队踢球——在他来B队之前。有一天，塞拉·费雷尔打电话给我说：‘安德烈斯必须马上升进B队。’当时是2000/2001赛季，起初我拒绝了。为什么？因为我想保护他的身体。我认为在那个年纪都还很脆弱，升到高级别对他没好处。我和塞拉·费雷尔争论了一番，最后我还是接受了。毕竟塞拉是我的老板，我仍然很感激，至少他听了我的意见。对安德烈斯来说，升入更高级别不是一件容易的事。我们谈完之后，塞拉·费雷尔对我说：‘好了，去看看安德烈斯吧，亲口告诉他。’”

冈萨尔沃转头去了拉玛西亚对面，挨着诺坎普球场后墙的卧室。“我敲了敲门，安德烈斯开了门。我被眼前所看到的震惊了。到处都是圣人像，就像是一座迷你小教堂。‘安德烈斯，你要来B队了。’他很惊讶，他没有期望过。我告诉他什么都不要担心，我们会帮助他。我告诉他将踢4号位，在这个位置上，拉玛西亚已经培养出了很多才华横溢的球员，比如米拉、瓜迪奥拉，还有我去年执教过的哈维。不过，安德烈斯踢距离前锋较远的位置，在菱形中场的任意一侧，表现都很出色。所以我让蒂亚戈·莫塔和他一起配合，就像一对搭档，但安德烈斯可以有更多的自由发挥。”

也会有不好的时刻。冈萨尔沃说：“的确，他进步很快，很好地适应了每一个新挑战。除了他的才华，我最喜欢的是他的谦逊。无论你什么时候纠正他，他都会好好对待，把这当作一种积极的东西，一堂需要学习的课程。他还总是乐于助人。巴塞罗那有巴尔德斯、阿尔特塔、莫塔、特拉索拉斯，集合了一群杰出的球员。”

不过，这不是一个容易管理的团队。一群雄心勃勃的孩子，他们比以往任何时候都更接近诺坎普。他们的薪酬也有很大差别，同时还有自我认知、过于自我等问题。12月，巴塞罗那B队在西班牙乙级联赛中排名榜首，但内部情况不太好，出现了大滑坡，最终以第十名的成绩结束了赛季。有的球员赚的钱是其他人的10倍，大家都知道。“安德烈斯也是球员中最谦虚、挣得比较少的一个。”冈萨尔沃回忆道。他承认，从孩子到成人的这一步并不容易，球员们正在走进一个他们并未真正了解的世界。

“由于安德烈斯的天赋，他做到这一点并不令人惊讶。事实上他每年都在进步，这表明了他的心态和态度。在那种环境下，他可能会养成坏习惯或被坏习惯影响；不好的影响可能使他误入歧途，但他却没有。他的态度很端正，就像卡尔斯·普约尔那样。外表看他们很不一样，其实他们很相似，比他们自己能够意识到的相似点更多。安德烈斯更像是一个反叛者、一个战士，出乎人们的想象。这种韧性、犀利和竞争力，没有显露在表面，但确实存在。他有着属于他的时刻，他会咬紧牙关战斗，不过人们没有看出来。我想他需要的正是这样，有些人的性格是要大喊大叫引人注目的，但安德烈斯不一样。在他身上，你可以看到他踢球的方式，不断克服困难的方式。他用脚上的足球解决了所有的问题，这是他个性中的闪光点。”

“没人挖掘安德烈斯，他自己挖掘了自己，他非常棒。”奎克·科斯塔斯说，他是伊涅斯塔进入范加尔执教的一线队之前的最后一位教练。很少有人记得，查利·雷克萨奇几乎就要成为那个给伊涅斯塔首秀机会的教练，然而却没有。安德烈斯的第一场比赛是没有出场的替补球员。那是2001年12月的一场同城德比，巴塞罗那做客蒙特惠奇山挑战西班牙人，哈维停赛、杰拉德·洛佩兹受伤。雷克萨奇这样向外界介绍伊涅斯塔。“他是一位达到了一线队竞技水平的球员，是米拉、瓜迪奥拉和哈维的合体。”他说，“他知道如何摆脱肩上的压力，他有球场视野，他能进入对手的禁区，并且他总能找到适合的位置。”科斯塔斯补充道：“巴萨的球迷们可以放心，如果他上场，他会踢得很好。他的专注度很高，技术非常好。”

但是伊涅斯塔一分钟都没能出场。雷克萨奇选择了无4号中场的阵形，让克里斯坦瓦尔在菲利普·科库身边踢中场位置，他是一个高大而肌肉结实的法国后卫。西班牙人2比0赢下了比赛，劳尔·塔穆多打进了两个球，而雷克萨奇甚至没有使用完三个替补名额。安德烈斯在替补席上目睹了一切，他本可以成为巴塞罗那历史上第二年轻的首秀球员。10个月零7天之后，路易斯·范加尔做了查利·雷克萨奇没有做的事，他让伊涅斯塔踢了巴塞罗那生涯的第一场比赛。

“从少儿B队一路走到一线队，范加尔是我所遇到的教练中非常关键的一位，还有乌尔西奇诺。”伊涅斯塔说，“记得我们跟着巴塞罗那B队刚结束赛季，开始休假之前，范加尔打电话给我，说他希望我能和一线队一起参加季前训练。但在那个夏天，我要参加U19欧洲锦标赛，所以我不能从一开始就参加季前训练。我不知道该怎么办，我心想：‘如果去参加欧洲杯，就不能跟巴塞罗那一起开始季前训练了，我可能丢掉机会……’但是范加尔对我说：‘去吧，你回来以后再跟我们一起训练。’他的态度很了不起。我回来后就与一线队一起训练了，但直到对阵布鲁日的首秀，我一直在B队踢比赛。”

范加尔相信他，就像塞拉·费雷尔一样。卡洛斯·纳瓦尔回忆道：“范加尔对他说，这是球场，你的舞台，去踢吧！然后他首发登场了，踢满了90分钟，他背后印着34号。巴塞罗那1比0获胜，里克尔梅取得了进球，那是2002年10月29日。”

“范加尔对年轻球员总是很有信心。”伊涅斯塔说，“我知道他与众不同，他有自己观察和做事的方法，在我心中他永远占有重要位置。我欠他很多，我非常感激他。当时俱乐部的情况非常困难，很多方面的事情都很微妙，但他始终信任我们，信任这些出自青训营的孩子们，并不只是我。10月我完成了首秀，然后是1月，他的工作已经岌岌可危，但我首发登场了6次。我只有18岁！他把里克尔梅留在替补席上，让我上场，因为他信任我。证据就是在他失去工作之后——先是托诺·德拉克鲁兹接手，然后是拉多米尔·安蒂奇——我都没有在他们手下出场过。而在弗兰克·里杰卡尔德执教的第一个赛季里，情况也是一样的。所以我非常感谢范加尔所做的，他对我很重要。他比任何人的要求都更严格、更严厉，但他对所有球员一视同仁，无论你是18岁还是28岁。如果你表现得好，你就能出场。”

“我还记得在布鲁日首秀那一天，他对我说的话，去吧，享受一切，去做你最擅长的事：踢足球。”

第八章　弗兰克

弗兰克，你应该和安德烈斯谈谈。

——特西基·贝吉里斯坦，巴黎，2006年5月

烟雾从弗兰克的雪茄里慢慢地升起。如果天堂真的存在，他就在那里，至少是尽可能地接近了天堂。弗兰克可能是一个半隐秘的吸烟者，他躲在角落里吸烟，但几乎没有人比他更知道应当如何品味雪茄。那天晚上，他比以往任何时候都平静，眼看自己悄悄遁入一个平和、自足的小世界里。

他来到诺坎普几乎是个偶然，在俱乐部经历了一段时期的自我毁灭后，这只是一个临时的解决方案。但是弗兰克·里杰卡尔德机智、冷静，有着诸多必需的品质，他不仅能在一家走向万劫不复的俱乐部里生

存下来，事实上，他还要带领这家俱乐部走向荣耀的殿堂。伴着罗纳尔迪尼奥的微笑，他与巴塞罗那一起在高空翱翔。这段旅程带着他来到这里，他的私人天堂：那一刻他独自在派对上享受古巴雪茄。那就是天堂。

放松，他坐了下来，享受着自己教练生涯最伟大的时刻：两小时之前，他和他的巴塞罗那赢得了欧冠冠军奖杯，而这是俱乐部历史上的第二座。烟雾缭绕中，他回顾着这段旅程的每一个时刻，他从不忘记他们从哪里一路走来。就像在巴塞罗那一样，他已经穿越了沙漠。特西基·贝吉里斯坦是俱乐部的体育主管，他听从了约翰·克鲁伊夫的建议，第一个提出了里杰卡尔德的名字，让他成为俱乐部主帅的人选。尽管里杰卡尔德的上一份工作在荷兰，他执教的鹿特丹斯巴达俱乐部以降级收场，而现在，他成了欧洲冠军。

在巴黎布洛涅森林的一家迪斯科舞厅，有近千人在听歌手路易斯·利亚赫唱《埃斯塔卡》。他们也听了胡安·拉波尔塔的发言，这位主席见证了巴塞罗那的复兴。在索帕·德卡夫拉的歌声中，他们看着他在舞池中放松，感觉就像世界之王。从1992年的温布利到2006年的巴黎，拓荒先锋们一直就在那里："梦之队"第一次荣获欧冠，参与创造了俱乐部历史上最伟大的十年。很多人在庆祝巴塞罗那再次征服了欧冠，这似乎一度是巴塞罗那的诅咒。但弗兰克却独自一人，好像他正坐在一辆劳斯莱斯的后座上，而不是在巴黎的一家夜店里，外面的噪音不会影响他。他只和他的雪茄在一起，直到特西基走了过来。

在庆祝活动中，特西基发现了一些重要的事。不仅是为了那个夜晚，还是为了俱乐部的未来。从他看到巴塞罗那首发阵容的那一刻起，他一直在思考这个问题。特西基走到弗兰克旁边。

“弗兰克，你应该和安德烈斯谈谈。”

这一切都是从几小时前开始的。特西基已经看过了好几次首发阵容，似乎想要加入什么。伊涅斯塔没有首发，他无法理解，就像成千上万的巴塞罗那球迷一样。事实上，他仍然不明白。他又检查了一遍，没有伊涅斯塔。在与本菲卡的四分之一决赛中，伊涅斯塔踢的是核心中场，他是比赛的关键球员，而在与AC米兰的半决赛中，他出现在前锋身后的左侧区域。但这一次，他却是在替补席上。

做出这个决定的时候，里杰卡尔德更像一个意大利人而不是荷兰人，他让埃德米尔森、德科和范博梅尔出场。哈维不在，他受伤了。伊涅斯塔也不在，他是替补。巴塞罗那的风格呢？完全看不出来。巴塞罗那的精髓呢？也不太看得出来。对阵阿森纳的首发阵容中仅有3名出身拉玛西亚的球员，而他们都在后防线上：门将巴尔德斯、队长普约尔和右后卫奥莱格。

特西基冷静地接受了现实，其他人则没有。在去赛场的大巴上——在巴黎的某个地方——伊涅斯塔的父亲何塞·安东尼奥看到了球队的首发，他简直不敢相信，他非常愤怒。“我孩子没有上场？！”他喊道，“为什么？为什么？”他的目光盯着他的家人和丰特阿尔维利亚球迷俱乐部的其他成员们，他们刚刚踏上快乐的看球之旅。比赛就是安德烈斯的生活，没有其他的了。当他们到达体育馆，看到球场的时候，他不在那里。

马里奥和他们一起在大巴上，几年前，他曾和伊涅斯塔一起在砾石球场上训练。从收到伊涅斯塔短信的那时候起，他一直满怀期待，那是在决赛之前的一段时间。“嘿，伙计，你能来欧冠决赛吗？”“我？！”

他又看了看这条短信。是的，是安德烈斯发的。“我希望我的老朋友能在那里。”短信上说。当然，他知道自己不是去踢球。

“我疯了，真的激动疯了，”马里奥说，“这简直难以置信。当然，安德烈斯是我的朋友。但是，你并不指望他能在准备生命中最重要的一场比赛里想到你。”

“我做了些什么呢？嗯，我花了3天的时间考虑如何回复，回复那些首发球员们。3天！我有点惊呆了。”在阿尔巴塞特的所有朋友中，马里奥是唯一一个能有时间溜到巴黎来待几天的。当消息传来的时候，他在大巴上。很难形容何塞·安东尼奥有多么沮丧、多么愤怒。安德烈斯，他的儿子，没有出场。

离开球还有2小时20分时，记者吉玛·尼尔加开始在圣但尼采访球员的家人，为塞尔电台《窗口》栏目提供素材。梅西的哥哥说：“我希望我弟弟能上场踢几分钟。”梅西刚从伤病中恢复，还没有完全康复，一分钟都没有出场。然后，轮到安德烈斯的外祖父了。“我从没想过我的外孙能参加欧冠决赛。”他确实做到了，但他不得不等待45分钟。伊涅斯塔的外祖父也没有预料到，他会被排除在首发之外。

奇怪的是，最终主动谈起伊涅斯塔的是哈维的兄弟奥斯卡。刚开始他在谈论自己的兄弟，哈维刚刚从长期伤病中恢复。“哈维已经跟主教练谈过了，教练说他不会出现在首发阵容里，他会让最近获得常规首发的球员代替。”哈维一分钟都没有出场，那么谁是常规首发？吉玛·尼尔加认为是德科、范博梅尔和伊涅斯塔。但是奥斯卡意见与他相左，奥斯卡认为弗兰克和他的助教亨克·滕卡特还有其他的想法。“伊涅斯塔也没有出场，出场的会是德科、埃德米尔森和范博梅尔。”

现在所有人都知道了，但当时里杰卡尔德没有想到的是，他的球队在上半场的表现很挣扎，索尔·坎贝尔的头球打乱了他原先的计划。他看到巴塞罗那无法控制比赛，甚至在第18分钟阿森纳的门将莱曼被罚下场后，对阵10人也没能掌控比赛。他们无法控球，也无法持球，只有巴尔德斯，依旧敏捷而强壮，捍卫着球队的防线。

球场外，巴塞罗那的守护者变得越来越绝望。多一个人也没有用，阿森纳领先，巴塞罗那踢得不太好，半场1比0的比分还有可能变得更糟。甚至连伊涅斯塔的队友们都很惊讶。前锋萨穆埃尔·埃托奥回忆道："我们在巴黎处于落后的时候，记得我去了教练席，对滕卡特说：'安德烈斯能出场吗？'他说：'我们正在考虑。'然后我们都知道他出场后所发生的事情了。"

最终，伊涅斯塔在下半场一开始就被换上，为巴萨带来了一线曙光。哈维坐在替补席上看着，他对自己无法和朋友一起享受这样的时刻感到难过。但至少他知道，安德烈斯出场了，一切将会不同。"安德烈斯一直踢得很好，本次欧冠和随后他被召入世界杯大名单证明了这一点。这是他应得的，他是个了不起的人。"那天晚上哈维这样说。

"决赛没能首发的伤痛在很久以前就烟消云散了，"伊涅斯塔说，"我甚至不觉得这需要克服。因为这是我的球队、我的俱乐部，我很高兴我们赢得了欧冠。但在个人层面上，这是我经历过的最艰难的时刻之一。"

痛苦消散了，但并不意味着他理解了。不是当时，不是现在，甚至永远无法理解。"老实说，我早就怀疑了。别人没有意识到，但我感觉到了。决赛前的最后一场联赛对阵塞维利亚，我坐在替补席上，范博梅尔也是。"而区别在于，其后伊涅斯塔和非一线队球员，霍尔克拉、贝莱蒂、罗德里、西尔维尼奥、久利、加布里、莫塔、拉尔森、蒙塔内斯、马克西·洛佩兹、埃斯奎罗一起出场。范德梅尔却继续待在替补席上，为决赛保留体力，当时离欧冠决赛只剩4天了。

“为什么会有这样的怀疑？”伊涅斯塔说，“因为从我进入球队的那一刻起，有些事就给了我一种感觉，教练并没有完全信任我。我并非一直都是首发球员，出场时间也不固定。我不太确信，只是有所怀疑。”事实上，他并没有在对阵塞维利亚的比赛中首发，却在一场不太重要的比赛中出场了，那场比赛球队2比3失利，这也加深了安德烈斯怀疑。巴塞罗那已经赢得了联赛冠军，那场比赛、那场首发，可能暗示着在巴黎的决赛会发生一些奇怪的事情。尽管如此，伊涅斯塔仍坚持认为他在里斯本和米兰的比赛中表现都很好。“这为我保留了一线希望，也是乐观的缘由所在，在对阵本菲卡的四分之一决赛和对阵米兰的半决赛中，我都踢得很好，因此仍有希望……”

在哈维缺席的情况下，他扮演了一个不同的角色：核心球员。有一段时间，伊涅斯塔踢得就像塞尔吉奥·布斯克茨一样，或者换一种说法，布斯克茨看到了伊涅斯塔的表现。在里斯本，伊涅斯塔踢的是比较深的中场位置，范博梅尔和埃德米尔森在他的两侧。他一个华丽的转移，从球场的一端到另一端，轻松带球过人，就像老爸轻松过掉他的小儿子一样。而在米兰，与之形成对比的是，他踢的是三中场的左路，得到了埃德米尔森和范博梅尔的支持。他们为伊涅斯塔提供了速度、硬度，而他则奉献了足球技术。比赛的最后阶段，他换到了10号位，在埃托奥和马克西·洛佩兹身后，因为里杰卡尔德希望他和莫塔能加强中场。那天晚上，凭借罗纳尔迪尼奥灵光一现的天才表现和久利的聪明才智，他们1比0取胜，把球队带到了巴黎。“伊涅斯塔象征着巴塞罗那的自由精神，还有罗纳尔迪尼奥。伊涅斯塔就像一条蛇，无声地攻击对手。你如何能打败这个难以捉摸的小恶魔？”第二天，《队报》这样问道。

小恶魔看到了希望，还有一些怀疑。还记得那个换人吗？无论任何比赛，当比赛时间到了1小时的时候，里杰卡尔德几乎总会做同样的事情，同样的时刻、同样的换人，就像一个机器人。在第60分钟到第70分钟的那段时间，伊涅斯塔总会出场，换下法国球员久利。在那个赛季的18场比赛中，有11场把久利换下——进行到1小时左右的时候——然后伊涅斯塔出场。24号，伊涅斯塔当时的号码，在里杰卡尔德执教的57场比赛中，他仅仅首发了25次。最后，怀疑战胜了希望。

安德烈斯说：“当他宣布首发阵容的时候，我看到我不在其中，我记得那种感觉，那是一种奇怪的感觉。就像我被骗了一样，像有什么东西被人夺走了。我不明白。我觉得自己不应该在替补席上，但是……又一次，我不得不接受。往前看，不回头，忘掉那一刻的痛苦。据我所知，很多人都和我一样，他们也无法理解。我无法决定自己能否在决赛中出场，但当时我真的感觉我的表现可以配得上出场。”

挫败、受伤、情绪低落，那天出场的时候，安德烈斯决定要在球场上做出回应。

“我一直都很坚强，比人们以为的更坚强。那一刻，当我知道我不在首发阵容中，我的脑海中就只有一个念头。我想得到替补出场的机会，帮助我的队友赢下决赛。我真的、真的非常想踢球，并且想踢好。随着比赛的进行，这个念头变得越来越强烈……”他从替补席上望去，莱曼被罚下了，亨利的机会，坎贝尔的进球，他是唯一能击败巴尔德斯的人。随着时间的流逝，他的痛苦、他父亲的痛苦，驱使他继续向前。

如果那决定可以概括成形象，那一定是何塞·安东尼奥的。所有的时间，所有的痛苦、分离、牺牲，都汇成一句话：“我的孩子没有出场，他没有出场……”伊涅斯塔仿佛可以看到这些，可以把这当作一种动力，而更重要的是，这样的决赛并不是他们想要的。

“我真的不记得半场时主教练对我说过的话了。”伊涅斯塔承认，“而且也不觉得我能好好地听。我想在这样的时刻，怀着这样充沛的情感，所有的战术都会被冲垮，而只剩下——这是欧冠决赛，我们必须要赢。我觉得我被剥夺了45分钟的出场时间。

“我决心要证明主教练是错的。”

埃德米尔森被换下场，下半场小恶魔开始了他的表演。巴塞罗那突然变了，然后拉尔森和贝莱蒂出现在了替补席上。亨利和他的阿森纳还不知道接下来会发生什么。“每一天我都在回想2006年对阵巴塞罗那的欧冠决赛，”亨利告诉巴萨电视台，“为什么？因为阿森纳从来没有赢过欧冠决赛，甚至从来没有进入过决赛，更没有把奖杯带回来。我在主场踢球，那里离我出生的地方只有30公里，我全家人都在体育场里观战。最重要的是，当时所有人都在谈论下赛季我将离队加盟巴塞罗那。因此对于我来说，那是一个奇怪的日子。出现在决赛中的两支球队都实至名归，最好的球队赢了比赛，但是……”

亨利几乎说不下去，记忆折磨着他。“我的脑海里总有一种想法。如果是11人对11人会怎么样？是的，久利进球了，但如果门将没有被罚下，就是1比0，不过是11人对11人……”亨利停顿了一下，仿佛要再度经历一遍，仿佛他正眼睁睁地看着久利进入禁区，莱曼被罚下场，一切都是慢动作重放。“我记得我们在前一小时表现得很好，虽然我们只有10个人。但一小时之后的巴塞罗那，他们控球的方式和持球的方式，让我们很难应对。比赛变得越来越困难。”

亨利记得巴尔德斯，他做出了近乎完美的扑救。远射、单刀、近距离射门，无论怎样射门，巴尔德斯总能将球拒之门外。“这是真的，”他说，“但真正的不同来自安德烈斯，当他出场的时候，一切都改变了。我们可以防住埃德米尔森和范博梅尔，但安德烈斯……”

他的语调中带着一种顺应天命，一种无能为力。“当他拿到球的时候，带球、转身、停球、再带球……踢了一小时之后，你已经跟不上他了。我们只有10个人，我不得不同时踢9号位和10号位，一边在前场踢一边支援中场。我们无法做得更好，安德烈斯击溃了我。他可以改变比赛，每当他拿球，都能摆脱防守，他的动作对我来说太快了。我们都知道拉尔森和贝莱蒂的故事，是的，我知道，但真正战胜我的那个人是安德烈斯。”

安德烈斯得到了他想要的东西：证明了他的主教练是错的。“那种幸福无边无际。”安德烈斯说。他的球队在最后时刻取得了胜利，2比1，埃托奥和替补出场的贝莱蒂取得了进球，都是来自另一位替补球员拉尔森的助攻。“最终，一切完美。但如果没有我的朋友巴尔德斯……”

第九章 兄弟

安德烈斯有一种特殊的光环，他的成功是在默默流泪中锻造出来的。

——维克托·巴尔德斯，安德烈斯的“兄弟”

“我和安德烈斯第一次见面，是以争吵告终的。”维克托·巴尔德斯说，“我们根本互不相识。他12岁就到了拉玛西亚，年幼、瘦小、安静、矜持。从一开始你就会发现，他是那种需要你先去跟他主动接触的人。他就是那种性格，说实话，像我一样。这或许就是我们吵起来的原因所在，之后的几天，我们彼此不说话。这不是一段快乐的回忆。”

很难见到安德烈斯与人争吵。没人会记得从他嘴里说出什么坏话，也不记得他有什么不好的行为。他从来没有跟工作人员或队友发脾气，也不跟任何人发生冲突，除了维克托·巴尔德斯。而巴尔德斯最终成了安德烈斯最好的朋友，成了他的“兄弟”。

维克托比伊涅斯塔大两岁。当这个小男孩从丰特阿尔维利亚过来的时候，他在拉玛西亚听说了，当时赛季已经开始。“虽然他没有提过第一天我是怎么对待他的，但我看得出他很不开心。我承认那是我的错，我也很受伤，我的心也是肉长的。从那一刻起，我不得不照顾他，因为我从一开始就犯了错，就好像我想补偿他一样。事情就像是这样：你已经待了一年，来了一个新人，动了你的奶酪，虽然那时看起来并非如此，可他和你有着同样的性格。我俩一开始就发生了冲突，我试图弥补过失，因为我感到内疚。”

从那以后，维克托和安德烈斯，安德烈斯和维克托，在人生和足球的道路上一起走过，携手相伴。

“安德烈斯和我就像兄弟一样，”维克托说，“我们可以几个月不说话，但这不会改变我们之间的关系。有些人非常了解我，他就是其中之一，他知道我不需要朋友们经常环绕在身边。安德烈斯也有点相像，他也需要自己的空间。我们彼此尊重这种空间感。”

“我过去常常去看他踢球。他在少年队，而我在少儿队。‘来看看我们的比赛吧。’”豪尔赫·特罗伊特罗会这样说，我们就去了。他和安德烈斯是拉玛西亚最小的孩子。我们坐在一堵石墙上，看他们在巴萨迷你球场旁边的人造草坪上踢球。安德烈斯的智慧已经显露了出来，他在球场上的个性使他可以用足球完成一切。一种特殊的光环总是环绕着他，他是个让所有人都喜爱并且尊敬的孩子。你很难不喜欢他，不管有球或是无球。有球的时候，他带动着身边的人一起进步；而没有球的时候，他从不给任何人带来麻烦。

“安德烈斯有一种别人没有的光环，一种使他与众不同、独一无二的光，非常特别。”

他们在青训营中成长，在自然淘汰的残酷过程中幸存，维克托和安德烈斯成了亲密的朋友。特罗伊特罗在半路跌倒了，而他们继续走了下去。他们知道，只有出类拔萃才能做到。最终他们一起进入了一线队。2002年8月14日，维克托在路易斯·范加尔执教下首次登场，3个月后的11月22日，安德烈斯在同一位主帅手下完成了首秀。他们在巴塞罗那也曾度过不好的时光，当时几乎没有人认识到这一点，而这也为他们的未来奠定了基础。范加尔坚持用老式方法执教，他的主教练位置岌岌可危，他留给继任者的遗产——被他一手提拔起来的孩子们，自己却无法享用。取而代之的是弗兰克·里杰卡尔德，他提拔了普约尔、哈维、巴尔德斯和伊涅斯塔等球员，年轻的血液给球队注入了新的经验和才华。2004/2005赛季，巴塞罗那凭借罗纳尔迪尼奥和范加尔的孩子们赢得了西甲联赛冠军，维克托和安德烈斯就在其中。

维克托和安德烈斯想知道，足球能带他们走到多远。“我们刚刚赢得联赛冠军之后，在从莱万特回去的路上，我问安德烈斯下一步他想要赢得什么。”巴尔德斯说，“那时候皇家马德里的银河战舰是所有的人都想效仿、也想战胜的球队，而我们却赢得了联赛冠军。所以我问他：‘我们还想赢得什么，你和我？你想赢下多少联赛冠军，安德烈斯？’”

“我永远也不会忘记他的回答：6座联赛冠军奖杯和3座欧冠冠军奖杯！6是由于瓜迪奥拉曾赢得6座联赛冠军，他是瓜迪奥拉的超级粉丝；3座欧冠冠军则是因为皇家马德里，他们从1998年以来赢得了3座欧冠奖杯。”

巴尔德斯补充道：“当我决定离开巴塞罗那的时候，他对我说：‘你现在不能走。就快达到目标了，我们只差一座联赛冠军奖杯。不要走，维克托，留下。’第六座联赛冠军近在咫尺，我们当然可以赢得它，但3月我就受伤了……”

“相比之下，安德烈斯的表现远远超出了最初的预期。当初我们设定目标的时候，那几乎是不可想象的。而我现在回头看，我起了一身鸡皮疙瘩。在那个时候，我们似乎已经到达了巅峰。但是，这是真的吗？我们已经得到一切了吗”

3座欧冠冠军奖杯的第一座诞生于巴黎，旅程从2006年至2011年，此后是2009年的罗马和2011年的伦敦。

“在巴黎取胜是命运的安排，”巴尔德斯说，“弗兰克做出了正确的换人决策。当安德烈斯在下半场开始阶段登场的时候，一切都改变了。他担负起了球队，用他的双肩承担起了所有的责任，我们回到了胜利的轨道。”

里杰卡尔德将安德烈斯替换上场，而他的希望寄托在巴尔德斯手中。对他俩来说，没有更好的展示自我的机会了。巴尔德斯受到了四面八方的攻击和批评，但是更衣室的队友支持他，主教练也一样。之后在巴黎，他表现得很出色，这是决定性的。“我们不能让决赛从我们手中溜走，不能在之前的一切之后，得到那样的结果。”他说，“我永远不会忘记那个时刻，我们的第一座欧冠奖杯。我和安德烈斯3座欧冠奖杯中的第一座。简直难以置信。”

说到决赛，巴尔德斯会想起伊涅斯塔在那场比赛中的表演，而伊涅斯塔也会回忆起巴尔德斯的表现。伊涅斯塔和巴尔德斯，兄弟俩。巴尔德斯一对一面对亨利拯救了他的球队，但他记得的是他的朋友：“安德烈斯摧垮了他们。”他说。

“在我的脑海中，没有哪场比赛，没有哪个夜晚，比得上在巴黎的那天——两个朋友一起赢得了欧冠奖杯。当终场哨声响起的时候，我满怀感激地扑向大地，无法相信这是真的。然后我疯狂地向弗兰克跑去，准备拥抱他，只有他和我知道那一年我们经历了什么，他待我就像我的父亲一样。‘放松，维克托，不管发生什么，你都会一路踢到决赛。’他这么告诉我。我也正是这样做的，所以我跑过去感谢他。然后我去找我的朋友，我想和我的‘兄弟’分享这一刻。在我们的记忆所及之处，我们一直都在一起：拉玛西亚、不好的时刻、巴塞罗那B队、足球、友谊，以及所有的对话，那么多的时刻……”

通向巴黎的路很艰辛，他们不得不苦苦挣扎，所有的人都一样。通往罗马的旅途也很艰难，他们为第二座欧冠奖杯而战。但没有什么比得上斯坦福桥的比赛，成千上万人的心提到了嗓子眼。

“事实上，我甚至不知道是安德烈斯射的门。”维克托说，“我和他们一起庆祝的时候，我才意识到是他进的球，我从球场另一头飞奔过来。所有迹象都显示我们会输给切尔西，我在俯身扑救埃辛的射门时只想着：‘我要阻止这个进球！’但我没有做到，足球飞进了球门顶角。然后是阿比达尔被罚下场，切尔西的球员们满场飞奔，从四面八方而来。一切都不顺利，但我不停地对自己说，会有机会的……至少一个……我们会得到一个机会。我抬头看了看记分牌，上面写着88分钟。进球后，比赛几乎就要结束了。安德烈斯进了球，我陷入了疯狂。不要问我为什么，但我确信有什么事情将会发生。它的确发生了，而且发生在我的灵魂伙伴身上，这是难以置信的。”

赢得第三座欧冠奖杯是在伦敦进行的决赛，比在罗马还要激烈。对伊涅斯塔尤其是这样。“我们传球、射门、做战术演练，我注意到安德烈斯正和理疗师埃米里·里卡特坐在球场的一个角落里。”维克托说，“他又受伤了，没人能安慰他。他好像谁也不认识，跟他说话，就像在跟一块石头说话一样。他的眼睛没有聚焦，脸上的表情很遥远，仿佛他不明白到底发生了什么。”

那是2008/2009赛季末期，而这不只是又一次的伤病。相反，这是伊涅斯塔职业生涯最糟糕时期的开端。在这段漫长的岁月里，他似乎找不到出路，甚至比刚到拉玛西亚的那些日子还要糟。世界杯近在咫尺，在很长一段时间里，人们都担心他可能根本无法赶上世界杯。安德烈斯不得不为之战斗，再次遭受痛苦。

“我们一起从巴塞罗那B队升到一线队，都来自拉玛西亚，我们的职业生涯是齐头并进的，我们彼此分享一切，住在同一屋檐下，在拉玛西亚的四间卧室里。”巴尔德斯说，“你为巴塞罗那踢球，他们为你提供了一切：给你居住的地方、教育你、训练你，你所在的是世界上最好的俱乐部之一，也许是最好的。但是到头来，你还是一个人，你的家人不在。你必须适应，适应层级制度、秩序，你必须独自完成。”

当安德烈斯从人生最困难的时期走出来的时候，维克托在那里等待着他。“我记得在西班牙国家队宣布2010年世界杯比赛阵容之前的那段日子里，他不断给我发送充满乐观能量的短信，就像他知道我有机会参加一样。随后文森特·博斯克证实了这一点，安德烈斯给我发了一条短信：‘维克托，你要去参加世界杯了。’当然，我为自己感到高兴，但更主要的是因为我和安德烈斯一起去。我知道我没有机会上场，我的角色就是成为球队的一员。但我也让自己扮演了另一个角色：为安德烈斯而在那里。我暗自思忖，我最好的朋友正在南非，他刚刚度过了可怕的一年，我是来帮他的。我的态度是，安德烈斯，不管你需要什么，不管你想要什么，不管发生什么，我都在这里，别再难过了。在足球世界里，如果你努力，最终总会得到回报。”

第十章　佩普

安德烈斯是空间和时间的大师。

——佩普·瓜迪奥拉，安德烈斯的偶像及教练

2008年夏末，联赛新赛季开赛的第一天，巴塞罗那在索里亚0比1不敌努曼西亚。对初出茅庐的主教练佩普·瓜迪奥拉而言，这是一次艰难的洗礼，更糟的是他们第二场对阵桑坦德竞技的比赛，结果也不太好，他们在诺坎普球场只得到了一场1比1的平局。在瓜迪奥拉执教巴塞罗那一线队的前两周里，他们没有取得一场胜利，比赛中的表现也不太好。

压力层层累积，批评铺天盖地，但瓜迪奥拉仍然坚定。塞尔吉奥·布斯克茨和佩德罗·罗德里格斯，两位来自西班牙第四级别联赛西丙的默默无名的球员出现在球队之中，对此，外界充满了疑问，自然也充满了

担忧。

在媒体上，似乎只有一个声音在为主帅辩护，这个声音来自约翰·克鲁伊夫。他的支持使得质疑趋于缓和，他的权威足以让那些预言者闭嘴。“这支巴塞罗那看起来非常非常好。”克鲁伊夫在他的《加泰罗尼亚报》每周专栏中写道，“我不知道你们其他人看的是什么比赛，而我看到的比赛，与此前很长时间我在诺坎普看到的任何比赛都不一样。”克鲁伊夫，伟大的加泰罗尼亚俱乐部的思想家、巴塞罗那哲学之王，瓜迪奥拉执教的B队曾给他留下了深刻印象，现在他站在了潮流的另一边，独自保护着瓜迪奥拉。“这是多年以来最糟糕的联赛开局。只有一个进球，还是一个点球。从数字角度来看，这是一个不可避免的事实。”他承认，“但从足球的角度来看，这是一种不同的解读方式。瓜迪奥拉是第一个以不同的方式解读它的人。他不是初学者，不缺乏专业知识，他也不会自取灭亡。他在观察，他在分析，他在做决定。”

瓜迪奥拉本人也为这些决定感到痛苦。他被困在诺坎普的办公室里，在没有自然光线的地下室里一次又一次地重复播放着视频，重新阅读他的笔记，他想知道哪里需要改变，他相信一件事：他的想法、克鲁伊夫的想法，必须坚持下去。不管情况有多么艰难，他都会坚持下去，而支持将从一个意想不到的地方到来。

当他听到敲门声的时候，他还在没完没了地观看着视频。

“进来。”

“你好，先生。”

一个小小的身影在门口探头探脑，平静地说。

“别担心，先生。我们会赢。我们正走在正确的道路上！这样继续下去，好吗？我们踢得很出色，我们正在享受训练。请不要改变任何东西。”安德烈斯·伊涅斯塔说。

瓜迪奥拉简直不敢相信。

安德烈斯的请求很简短，但却是发自内心的。这让瓜迪奥拉措手不及，几乎无法做出回应。如果说有人找到他说出这样的话已足够令人惊讶，更令人惊讶的是这个人是伊涅斯塔，通常他是一个沉默的人。更令人震惊的是，伊涅斯塔甚至说了一句“牛”！

“牛”，大致可以翻译成“我们的状态出奇地好，我们踢得很漂亮”。

“今年我们将会把他们全部碾成碎片。”他补充道。

然后他关上门，离开了。

这就是安德烈斯。他没有说太多话，只说了他真正需要说的。就像进球一样：他不经常进球，但当需要的时候，他就在那里。

瓜迪奥拉永远不会忘记克鲁伊夫在媒体上为他辩护，永远不会忘记安德烈斯出现在他的门口，他也永远不会忘记他们是对的。当2008/2009赛季结束的时候，巴塞罗那赢得了6座冠军，所有的6座奖杯。

“人们通常认为，教练必须提升球员的精神态度，必须说服他的球员，领导球队是教练一直以来的工作。”瓜迪奥拉说，“但事实并非总是这样。类似在诺坎普发生在我身上的事情，在我执教拜仁慕尼黑的第一年也发生过。这种事情不经常发生，而如果类似的事情发生了，也很少会让事情曝光。人们总认为主教练是俱乐部最强势的人，是球员的老板，但事实上他是最薄弱的一环。主教练就在那里，容易受到攻击，被那些无法上场的球员、媒体、球迷们攻击。”

“赛季开始了，你输给了努曼西亚，你战平了桑坦德竞技，你无法施展，你感到被人盯着，感到孤独，然后突然之间，安德烈斯告诉你不要担心。”瓜迪奥拉继续说，“这很难想象，不是因为所发生的事情，而是因为我们所说的是伊涅斯塔，一个不轻易表达自己情感的人。在他离开后，我问自己：人们怎么能说教练做决定的时候应该很冷酷？很客观？简直可笑！我怎么能对安德烈斯冷漠、疏远、保持距离？！对不起，没门。86%的人不相信我（根据一项在线调查），很多人都想要穆里尼奥。我们还没赢，还没有开始。然后安德烈斯来了，说了那些话！我该怎么保持冷静呢？这是不可能的。去他的吧！这才是更深层次的信任，而不是冷酷、算计，也不应该是。毫无疑问，安德烈斯将和我一起踢球，永远。因为他是最棒的，也因为这样的事不会被遗忘。为什么他要来我的办公室？我不知道。”

洛伦佐·布埃纳文图拉是瓜迪奥拉教练组的一分子，负责体能备战工作。他跟着瓜迪奥拉从巴塞罗那到拜仁，从拜仁又到了曼城。现在他和佩普分享了这段回忆，也给出了一个答案。

“为什么？因为这就是他的感受，因为这对他来说很重要，我觉得就是这样。”他说，“安德烈斯不做任何他不相信的事，这样做是因为他就是这样感觉的。他很真诚，一直都是。”

瓜迪奥拉承认：“也许安德烈斯这样说是因为他可以看到我们正在遵循的理论，每个人都训练得很好，我们向他们解释了做事情的方式。首要原因是，他就是在这种足球哲学的浸润下长大的，从他很小的时候就开始了。”

“还有其他球员也给我们发了几条短信，”布埃纳文图拉坚持道。“没错，”瓜迪奥拉承认，“但安德烈斯所传达的信息是强有力的，我怎么可能忘记？我仍然记得他站在门口，看着我说‘牛’，然后他就离开了。我想：‘好吧，如果安德烈斯这么说。’”

事实证明安德烈斯和克鲁伊夫是正确的，瓜迪奥拉坚持这种足球哲学的决定是正确的。第三周，巴塞罗那在对阵希洪竞技的比赛中打进了6个球，而且至此再没有陷入困顿。一切都上了轨道，一切都运转流畅。几个月后，他们就成为众人向往的球队。不仅仅因为比赛的结果——以前没有人在西班牙赢得过三冠王，也没人拿到过6座奖杯——而是因为他们的踢法，他们对待球、球迷，甚至对手的方式。他们的理念是不同的，像伊涅斯塔这样的球员们所传达出来的看待和表达足球的方式是与众不同的。

“我们似乎不曾以应有的方式对待安德烈斯，我们似乎没有认清过他，而他在球员中绝对是一笔财富。”瓜迪奥拉说，“他从不谈论自己，从不要求任何东西，但要是认为他只是满足于自己踢球的话就错了。如果某一年他觉得自己能赢得金球奖，他就会想要拿下。为什么？因为他会对自己说：‘我是最棒的。’”

“我认为帕科对他的定义非常完美。”瓜迪奥拉说。帕科·塞伊鲁罗是巴塞罗那的前体能教练，洛伦佐·布埃纳文图拉曾向他学习，现在瓜迪奥拉将帕科的描述转化成了自己的。“安德烈斯是最伟大的球员之一。为什么？因为他掌握了空间和时间的关系。每时每刻他都知道自己在哪里，即使身在被无数球员包围的中场，他也每次都会选择正确的路径。他知道自己在哪儿，现在是什么时候，一向如此。因而他就拥有了一种独特的能力，总能突出重围。把自己抽离出来，突破防守；然后再抽离，再突破。很少有像他这样的球员。”

“有些球员在场外踢得很好，但不知道在场上应该做些什么；还有一些球员在场上表现很好，但他们身体条件不足，脚法不够灵活，无法突出重围。安德烈斯同时拥有这两方面能力。当你在边线附近的时候——譬如一个边锋——这样踢球比较容易。你可以看到一切：球场上的混乱、人群、所有活动情况。而当你在内场踢球的时候，你看不到任何东西，因为这么小的空间里同时发生了这么多情况。你不知道对手会从哪个方向过来，不知道他们有多少人。伟大的球员就是那种知道如何在多种环境中踢球的人。安德烈斯不仅有能力去观察一切情况，知道该做什么，也有能力执行，他能够突破这些界限。他看到了，并且做到了。”

“现在我已经做了几年的教练，得出结论：一个真正优秀的球员总会是一个好球员。”瓜迪奥拉说，“要把一个不好的球员教成一个好球员是非常困难的，你不能真去教别人怎么带球。什么时候要过人，如何一瞬间击败对手，当你过掉他的时候，一幅新的图景就会在你面前打开。带球本质上是一个伎俩、一个花招，无关速度、无关身体，这是一门艺术。”

洛伦佐·布埃纳文图拉说：“安德烈斯突然停下的时候，这是最关键，也是最重要的一点。人们总说：‘看他速度多快！’不，不，这不是重点。与速度无关，不是他的速度有多快，真正的问题是他是如何突然停下的，以及他是如何再次启动的。”

瓜迪奥拉补充道：“蒂托·比拉诺瓦对他的评价非常好。蒂托曾经说：‘安德烈斯不是跑，他是滑。他就像一个冰球运动员，只是没穿溜冰鞋，嗖嗖嗖、嗖嗖嗖、嗖嗖嗖……’这是非常清晰、非常形象的描述，我觉得这就是个准确的描述。他朝一个方向运动，就像在滑冰，看着周围发生的一切。然后，突然之间，他以自己流畅的滑动方式转向了另一个方向。是的，就是这样，安德烈斯不是跑，他是滑。”

瓜迪奥拉补充说：“在生活中，第一印象有时会留下印记，我对安德烈斯的第一印象来自我的哥哥佩雷，当时他在耐克工作，有一天他跟我说起伊涅斯塔。那时我还在为巴塞罗那踢球，他说：‘佩普，你得过来看看这个孩子。’那是在耐克杯决赛之前，记得在训练后我迅速换好衣服，冲到现场并且狂奔进了球场。是的，我看到了他有多好。我告诉自己：‘这个孩子会为巴塞罗那踢球，绝对的，他会做到的。’我这样告诉自己，也告诉了佩雷。”

“决赛结束后，安德烈斯成为当场比赛的最佳球员。离开球场的时候我遇到了足球作家圣地亚哥·塞古罗拉，我对他说：‘我刚刚看到了一些不可思议的东西。’我有这样的感觉，我刚刚看到的东西是独一无二的。这就是我对安德烈斯的第一印象。”

“但是后来，”瓜迪奥拉承认，“我更重视安德烈斯所做的一些其他事，比如说，随着时间的推移，他让我看到了攻击中卫的重要性。其他人没有意识到，但是看了你就明白了。如果对方中卫被迫离开自己的位置，一切都将被扯开：整个防守体系变得杂乱无章，此前没有的空间就会出现。所有的一切都是为了寻找中卫身后的空间。突破防守，然后找到空间。”

“举个例子，我们发起进攻，这样里奥·梅西就能冲击中卫。”瓜迪奥拉解释道，“我们必须以这样的方式进攻，让安德烈斯和里奥拿到球，这样就能向中卫发起进攻，冲开防线。当做到这一点的时候，我们就知道会赢得比赛，因为里奥会进球，安德烈斯会做其他的所有事：带球、人数优势、打破比赛僵局的能力、最后一传，都是在禁区外完成的，以及中路梳理。他看到了球场上的一切，他拥有带球天赋，这是独一无二的。在今天带球能力就是一切，而正是安德烈斯让我明白了一个中锋或中场拥有带球能力的重要性。如果他带球，把球带进人堆之中，一切都会流畅运转。随着时间的推移，我看到了这一点。”

在谈话的时候，布埃纳文图拉提出了安德烈斯其他的不同之处。瓜迪奥拉花了一段时间才意识到，中后卫跑动的质量可以强化这一点。“在足球界我们有一个习惯，崇拜那些还没有真正成就的年轻球员。”布埃纳文图拉说，“安德烈斯是唯一一个到二十七八岁才真正得到应有认可的球员。现在他的队友们会说：‘里奥是绝无仅有的，路易斯·苏亚雷斯是出类拔萃的，但安德烈斯是我合作过的最棒的球员。’这种情况已经持续很长一段时间了。举个例子，看看内马尔吧，他还不到20岁，人们已经认为他是巴西最好的球员了。相比之下，安德烈斯不得不等到二十七八岁，足球界人士才意识到他的重要性，才会说‘这家伙是最棒的’。这很奇怪，因为像他这样一个才华横溢的人，20岁时就应该被人谈起，那时人们就应该说‘这就是那个球员，不是别人，就是他’。令人好奇，我不知道为什么会这样。”

还有一件事，洛伦佐认为人们花了很长时间才明白。过去人们常常问：“哈维还是伊涅斯塔？”而佩普会说：“哈维和伊涅斯塔。”他们俩，不是这一个或那一个。两人一起，永远。人们说他们不能一起踢球。不对。他们不应该分开。

瓜迪奥拉记住了伊涅斯塔在伦敦的时刻，重现了斯坦福桥的那个夜晚。“萨穆埃尔·埃托奥的控球错误，埃辛的解围失误，里奥拿到了球，安德烈斯后退了一点，留出空间完成射门。”他说，“我在边线上的狂奔甚至连尤塞恩·博尔特也追不上，直到比赛的最后时刻，我们都没有一脚有效射门，但你仍然相信一些事情会到来。经历了这个赛季艰难的开局之后，一切都很顺利。3天前我们6比2击败了皇家马德里，来到了欧冠半决赛的最后一分钟，我们等待着，怀抱信念，心想着：‘会发生些什么的。你不知道具体是什么，但有些东西告诉你我们还有机会，我们还能进球。我从没想到进球的会是安德烈斯，你可能觉得会是萨穆埃尔、里奥，或者其他人，甚至可能是杰拉德·皮克（某些情况下他也能在进攻中取得进球），但唯独不是安德烈斯。当时在切尔西的禁区里有8个巴塞罗那球员，有些人从禁区外围远射，击中了球门上角。最终是安德烈斯·伊涅斯塔，从所有人中挺身而出。”

“谁都不会想到，会是安德烈斯在斯坦福桥进球，或者在世界杯决赛进球。如果做一个‘谁会进球’的调查，你甚至不会把安德烈斯放在调查列表里。但他在世界杯决赛前为达尼·哈尔克准备了一件纪念球衣，因为他相信自己能进球。不要问我为什么，伟大的人总是特立独行。安德烈斯也是这样。可以把它叫作直觉，或者怎么叫都可以，但他拥有这种特质。这种事情不会发生在其他人身上。”

如果不是在斯坦福桥，这种事也不会发生。

第十一章　伤痛

在中场休息时，佩普告诉我们："我们正在为安德烈斯的右腿而战！"

——普约尔，2009年西班牙国王杯决赛

2009年5月的晚上马里奥拉伤了声带。"问题是，我必须在60天内注意不能提高声音，以免再次损害声带。"他说。马里奥从头到脚全是巴萨符号，手臂上文着俱乐部徽章。在斯坦福桥的比赛之后，他在床上高兴了一晚上，快乐、兴奋、骄傲，当巴萨打入制胜球时，他发出了原始人类的尖叫声。第二天早上起来时，他发现自己喉咙里长了个肿块。网上搜索的结果让他非常害怕，那些东西很让他担忧。他直接去找医生，向医生解释了切尔西与巴萨比赛当晚到底发生了什么。

“你昨晚大喊大叫了吗？”医生问他。

“我大喊大叫了吗？当然，我叫得声嘶力竭，”他回答道，“你没看比赛吗？你没看见伊涅斯塔的进球吗？”病人非常惊讶地问医生，好像全世界都应该看到一样。

医生推断马里奥的声带损坏了，因为在巴塞罗那晋级欧冠决赛的时候，他喊破了嗓子。“他们得从我身上抽点血，在我身上做穿刺，给我打一针消肿。这很糟，但总比眼睁睁看着埃托奥和梅西在比赛中进球，却不能高声喊叫要好。”

还有很多巴塞罗那球迷的故事都与那天晚上的比赛、与伊涅斯塔的进球相关。统计数据甚至表明，在巴塞罗那，比赛结束后的9个月中出生率飙升。许多球迷都因此失声了，虽说不像马里奥那么戏剧性。当安德烈斯在斯坦福桥球场的边线上庆祝攻破切赫把守的球门时，他自己的呐喊也成了喧嚣的一部分。在斯坦福桥球场，安德烈斯狂奔50米，创造了新的纪录，然后他脱掉了自己的球衣。助理教练奥雷利·阿尔蒂米拉拍打着平托，不远处的博扬也加入了巴塞罗那球员的庆祝叠罗汉，伊涅斯塔被埋在了最下面。

“我们在去体育场的大巴上，”博扬回忆道，“我对他说：‘瞧，安德烈斯，要是你打进这个球，我就给你欧冠决赛的门票。’”整个儿颠倒了，前锋问中场，他是否打算进球，球队需要他们击败切尔西。

瓜迪奥拉时代的巴塞罗那初露峥嵘，它的第一件艺术作品就是在伯纳乌球场，在西甲联赛中6比2战胜了皇家马德里。现在他们正力争闯进欧冠决赛。半决赛踢得不大好看，对巴塞罗那来说，时间已经所剩无几了，他们还没能对切赫把守的大门完成一次射门。身高近2米的切赫有一双大手，高大的身材占据了球门，看起来像是巴塞罗那永远无法逾越的高墙。而时间更对他们不利，对切尔西有利。

尽管形势危急，但巴塞罗那并没有放弃他们耐心传控的踢球方式，没有绝望地朝着球门区域起高球。他们没有违背自己的足球风格，尽管这意味着每个球员都要时刻照护好脚上的球。球迷们并不都像球员们那么耐心，但也知道他们必须这样做。他们小心翼翼地把皮球从球场一侧转移到另一侧，耐心地寻找机会。这是瓜迪奥拉赋予他们的耐心，伊涅斯塔知道，马里奥也知道。

传控，传控，传控，这是皮球传达出的声音，球队就像是一个整体。哈维自然而然地掌握着罗盘，他向右传球，找到了阿尔维斯。边后卫身边有空当，切尔西的球员们好像都在切赫周边围堵皮克，皮克凭着制空能力，踢得就像个中锋。在比赛的最后几分钟，巴萨的足球风格确实能让对手有所退缩，他们尝试射门，找到对方门将的空当。

阿尔维斯的传中球又高又带着弧线，用了很长时间才进入特里的防守区域，特里用头球解围。在特里漫长的职业生涯中，他无数次在切尔西禁区内解围救险。特里比皮克更早控制了球的落点，博扬就更没戏了。特里非常灵巧、狡猾，他擅长及时封堵，而不是去争抢传中头球的落点。

对特里这样的后卫来说，最强破解之法是埃托奥这样的前锋。埃托奥不停地跑动，他在后门柱附近找到了空当，可是球落到他这里时，触球却不理想。早知要再去抢第二落点，还不如直接一脚射门。可能他也被特里的头球吓到了。

“我没能很好地控住球，”喀麦隆前锋说，“不太好，不过球落到了梅西那里。”

在巴萨进攻和切尔西防守的转换之间，时间几乎耗尽了。这个时候，没有任何犯错误的余地，而转移球本身就容易带来一连串的错误。

阿尔维斯的传中并不好，埃托奥也没有控制住球。但随后切尔西也犯了一个错误。埃辛没能把球解围出去，他本来有机会把球远远踢出禁区，但他却让球留在了梅西脚下。巴萨10号随后做出了一个出乎所有人意料的决定，就连安德烈斯也没有想到。这个球从哈维传给阿尔维斯之后，到了禁区边缘，在切赫把守的球门前方的草皮上，静静等待着。

梅西用左脚第一下触球就驯服了皮球，他没有多少空间，他不停地拼抢，也已筋疲力尽了。这位阿根廷球员采取了另一种护球方式，抵抗蓝军球员即将到来的围攻。在他被3名切尔西球员形成夹攻、在他被绊倒之前，他用右脚把球踢到了禁区边缘。

安德烈斯在那里，他一直被动地看着阿尔维斯传球，紧张地看到博扬和特里同时起跳争抢头球，他惊讶地目睹了在一次转移中犯下的诸多错误；但他也明白在这个时候，他们的腿脚已经跟不上大脑运转了。

“我留在那个位置几乎纯粹出于习惯，我是空跑的。”他说。他即将找到赢得比赛的办法，这个射门将改变他的人生，空前绝后，再也没人见过这样的射门。

切尔西或许觉得他们的防守任务已经完成了。埃托奥丢了球，他们围攻梅西，因此皮球也不在梅西脚下了。但另一名穿着黄色球衣的球员，带球来到离切赫把守的球门约十八九米远的地方。

他一动不动地站在那里，仿佛在踢另一场比赛，仿佛离这场疯狂的半决赛很远。瓜迪奥拉后来说，伊涅斯塔的右腿带着一股“巴塞罗那式”的力量。伊涅斯塔带有欺骗性，他就像街头示威游行中的一个蜡像模特。

球是梅西传给他的。在被切尔西后卫撞倒之前，梅西还有时间抬起头，在合适的时机做出选择，他果断而聪明，即便现在是半决赛的第92分43秒，巴萨几乎输定了。

梅西把球传给了安德烈斯。这个来自拉曼恰的球员收回右脚，同时伸出左脚，这样他就像罗马竞技场的柱子——几周后他就会去参观——一样坚固不可动摇，然后，他发射了一枚不可能被拦截下来的导弹，即使是切赫也不能。

完成右脚劲射有一个秘诀。迈克尔·巴拉克在球开始飞行的时候弯腰躲避，他不知道他本能的退缩会让切尔西在半决赛中失利。切赫的扑救有一点迟了，毫无疑问，切尔西确信伊涅斯塔不像皮克、博扬和梅西，他们都被蓝军的防守控制住了，伊涅斯塔更像一个游离在禁区之外完成传球的人，而不是一个强力射手。

这是一个决定性的错误。“当安德烈斯射门的时候，我听到了球的声音。”埃托奥自豪地说。皮球越过巴拉克、科尔和特里，最终越过了切赫伸展的双臂。速度看起来比最初更快，就像一道闪电，带走了马科的声音和100万巴萨球迷的呼吸。

很少有人留意到，安德烈斯在接到梅西传球之前就为自己争取出了活动空间。他稍微向前移动，然后后退几步，让射门完成得更加舒畅。有一些观众已经放弃了，他们看到巴萨前锋博扬、埃托奥和梅西都无法完成有效的射门。“他一踢到球，我就开始往角球区跑，”埃托奥说，“别问为什么，但我就是跑了，因为我不相信刚刚发生的事。”

相比之下，伊涅斯塔没有看任何人，也不看切赫。他向前移动身体，又退后了两三步，找到一个几乎观察不到的角度，然后把心爱的皮球踢进了球门上角。“我当然记得，我和数百万的巴萨球迷，以及数百万全世界的足球迷同在。这是残酷、残酷、残酷的比赛。几乎无法用语言形容那个时候我的感觉。”安德烈斯说，他仿佛又回到了斯坦福桥。

“我并没有真在思考什么，甚至没想过梅西是否会射门。所有的一切都消失了。似乎我们不可能那么迟还没有进球，一整晚我们都没有一个有效的射门。那场比赛中发生了很多事。譬如埃辛，用他不擅长的那只脚在禁区外射门打入了一个精彩的进球。我们只有10个人，一切似乎都对我们不利。我在努力，除此之外我还能做什么？逼着自己向前，这是我们最后的选择。我到了禁区边缘，但并不抱什么具体的指望。记得我们从右路进攻，梅西在禁区内拿到了球。但就在他看到我的时候，切尔西的后卫们很快就把他防死了。我看到他不能射门，就把球传出来，然后……”安德烈斯说，仿佛正在等待大结局的到来。

在他射门的那一刻，大多数人——如果他们有时间去想——都在想：伊涅斯塔不会射门的。弗兰克·兰帕德就是这大多数中的一个。他在安德烈斯身后3米的地方见证了他的射门。他没有努力回去防守。为什么？因为他相信，就像其他切尔西队友一样，最好就让他射门。他们错了，安德烈斯不但射门了，还进球了，无可阻挡。

“皮球钻进了门将唯一一个扑救不到的角落。”安德烈斯说，“离开外脚背的一刹那，皮球突然转向外角，远离切赫，他是一个非常高大的门将，真的几乎占满了球门。这是命运，或者你随便怎么称呼它。人们问我是否有时间思考该如何完成射门。不可能！我无法思考应该用外脚背还是内脚背或者中部鞋带位置完成射门，以及可能带来的结果。如果思考得太久，机会就丧失了。这纯粹是出于本能。球飞到了我头顶高一点的位置，所以我退了一步，以一个完美的角度射门，找到了球门唯一的空隙，一个门将无法扑到的地方。没有时间思考是否能完成射门，或者切赫是否会扑中，球是否能进。你刚刚踢中球，接下来皮球就钻进了球门死角。”

然后他们就像进入了天堂。安德烈斯脱下了球衣（先是右臂，然后是左臂），他狂奔向角旗区。兰帕德，意识到自己没有回防，弯下身调整自己的白色球袜，让人感觉像是一种投降的姿态。博扬追上了他的队友，但抓不住他。埃托奥是第一个把手放到英雄身上的人。“整场比赛中，我没有看到有人这样狂奔。这种事情只能发生在安德烈斯身上，简直难以置信，”他说，“我记不起当时我想对他说什么了，但我有几百万件事想说，几百万件。”

梅西张开双臂，仿佛要拥抱聚集在这座古老球场角旗区的巴萨球迷们。安德烈斯在英国的草坪上滑了一跤，博扬滑倒了，梅西也来了，埃托奥已经在和球迷一起庆祝了。梅西发动大家叠罗汉，伊涅斯塔被压在最下面。最后一位参与庆祝的球员是维克托·巴尔德斯，安德烈斯的灵魂伴侣，他们一起在拉玛西亚度过了许多时光。他来得最迟，因为他需要走最远的路。“真不可思议！当皮球破网的一刻，所有的巴萨球迷都如癫如狂。有人告诉我说他弄坏了家里所有的东西，因为他不断上蹿下跳。”安德烈斯说，所有能过来的人都和他拥抱了，甚至包括埃米里·里卡特。

“太棒了！”博扬说，“当他进球的时候，我想跑过去拥抱他，但我没能抓住他。我跑过去的时候他已经被叠罗汉埋在下面了，所以我就跳到了罗汉山上。我觉得梅西在安德烈斯上面，但我们互相看不到脸。突然，安德烈斯抬起头，喊道：‘票！博扬！票！’我简直不敢相信，在斯坦福桥的角旗区，他刚刚打进了巴萨历史上最重要的进球之一，而他所做的第一件事就是提醒我门票。他本可以在更衣室、在飞机上，或者回到巴塞罗那再告诉我，但不，他选择进球之后的几秒钟就告诉我，这个进球让数百万人那么开心。”

“你把门票送给他了吗？”

“当然！我怎么能不给呢？”

距离伦敦不远的地方也有庆祝活动，在巴塞罗那附近的圣费里乌正在举行庆祝活动。那里有个叫何塞·安东尼奥·伊涅斯塔的人看到了他儿子的进球，令他无法停止欢呼。

“埃辛的进球从来没有令我感到困扰，”何塞·安东尼奥说，“我一直相信这些男孩们要去罗马。当时我们都在圣费里乌德略夫雷加特房子里碰面，一起观看比赛，他们刚刚在伯纳乌6比2取胜，怎么会无法在斯坦福桥战胜切尔西？”

“但我不得不承认，评论员在比赛中的解说让我感到紧张。他们不停地重复说我们没有进球。每次他们说，我就会喊：‘好吧，我们的第一个进球就要来了！我们要进球了！’他们会坚持下去，我也会再次呐喊，‘我们只需要一个进球’！感谢巴尔德斯，感谢他们所有的人，梦想成真了。

“我们只有一脚射门，但那是怎样的一脚射门啊！当时我看阿尔维斯的传中已经传出去很久了，我看到埃托奥没控好球，我心想：‘哦，真见鬼！’然后球传到了梅西脚下，魔术开始了。刚开始我以为他会丢球。他身边有3位防守队员，他们把他防住了，但梅西护住了球，他一个人吸引了防守球员，他甚至想把他们带开。然后他看到了安德烈斯，把球传给了他。梅西很聪明，他用合适的节奏把球传给了安德烈斯。他必须掌控住节奏，因为安德烈斯是一个右脚球员。如果球正好从他右侧过来，就不会有任何问题，他可以很轻松地接球。但如果球是从另一边传给他的，如果球的节奏与他不匹配，就会更加困难。皮球传给了他，砰！他用右脚外侧击球，球的速度和高度都在增加，虽然切赫的扑救很精彩，但我知道他不会扑出来的。皮球越飞越快，直到从切赫身边钻进了球网。”

“我们大叫，我们相互拥抱。我趴在地上，脸朝下。我开始哭，用手和脚击打地面。我的几个朋友叠在了我身上，一个、两个、三个……然后我听到了汽车喇叭声和喊叫声。我打开前门，看到大街上有一个安德烈斯官方球迷俱乐部。那些在酒吧里看比赛的人正在庆祝。整个小镇都疯狂了，还有我的家人——巴塞罗那大家庭。这时，手机响了。是他！是安德烈斯，我对他说：‘太棒啦，安德烈斯，太棒了！’他对我说：‘成功了，爸爸，结束了。’太对了，结束了。安德烈斯把我们带到了罗马。”

安德烈斯把他的心和灵魂完全投入其中，但他的身体，在经历了长时间的伤病后，已经处于崩溃的边缘，身体的每一部分都比从前更糟了。从一条腿到另一条腿：从右腿撕裂的大腿肌肉到左腿的肌腱损伤。每一次到理疗室都是一场彻底的折磨，不只是因为他无法在比赛中出场，最主要的是已经消失的焦虑感又回来了。

在那段时期，他既踢伪右边锋位置，譬如在2009年5月6日对阵切尔西的比赛中；他也踢伪左边锋，譬如4天之后在诺坎普对阵比利亚雷亚尔的比赛。体育场看台上的每个人都向刚刚从斯坦福桥凯旋的瓜迪奥拉的巴塞罗那表示祝贺，伊涅斯塔每次触球人们都会高呼他的名字，球迷向他鼓掌，期待冠军加冕。然而，由于洛伦特最后阶段的进球，皇冠被暂时搁置了，还有更糟糕的消息即将传来。

与比利亚雷亚尔的比赛以3比3的比分结束，西甲联赛冠军庆典不得不暂时推迟。安德烈斯离开了球场，他感觉右腿不舒服，就是他在斯坦福桥射门的那条了不起的右腿。他担心出现最坏的情况，他知道自己又受伤了，这是近7个月以来他的第四次肌肉损伤。上一年11月是大腿，2月是肌腱损伤，3月是右腿外展肌。现在是5月，创造奇迹的5月，可能是右大腿肌肉撕裂。

在他25岁生日之前，事情朝着最坏的方向发展。“这是一个比没能赢得联赛冠军更糟糕的消息。很坏的消息，非常糟糕。”闷闷不乐的瓜迪奥拉说，他已经假定伊涅斯塔无法在国王杯决赛中出场了（伊涅斯塔没有出场比赛，甚至没有与队友一起前往梅斯塔利亚的比赛现场），而对阵曼联的欧冠决赛就在两周之后。“我不认为他是玻璃体质，但当时每隔三天我们都有一场非常艰苦的比赛。”教练回忆起在伯纳乌、斯坦福桥和比利亚雷亚尔的比赛，这样说道，“最后，身体告诉我们，够了，已经够了。安德烈斯非常重要。安德烈斯已经给予我们很多。”

安德烈斯也很落寞，“太可惜了！比赛的最后一次跑位时，这种事发生在了我身上。当时我正持球向前推进，由于赛季日积月累的身体劳损，这种事终于发生了”，他说。换别的球员也许会放弃，也许。但他决定战胜最后一个挫折。“就算是两条腿都不行了，我也要踢决赛。”他对自己说。这时，西班牙国家队的队医之一奥斯卡·切拉达出现了，他想看看安德烈斯会如何应对这个棘手的问题。他与巴塞罗那的医生见了面，还有安德烈斯的好朋友达尼·梅迪纳。“安德烈斯的处境很糟糕。”梅迪纳告诉他。切拉达对球队的士气和球员的身体状况都很关注，但他并没有意识到，甚至不知道安德烈斯有多消沉。

“他们告诉我，他很懊恼。的确，右大腿肌肉损伤了，他知道这是一个严重的问题。右大腿最重要的肌肉受伤了，需要大量的时间来恢复。”这位西班牙医生非常关心安德烈斯和文森特·博斯克，因为联合会杯——这是博斯克执教西班牙队后的第一个重要杯赛，时间紧迫。

2009年5月11日，安德烈斯在巴塞罗那医院度过了25岁生日，巴萨队医里卡德·普鲁纳在一旁给他做检查。“只是一点非常轻微的伤，就像去年11月那次遭受的一样，两次伤病不在同一个地方。”安德烈斯说起自己的上一次伤病，“幸运的是，这次伤病的位置要低一点，伤势不严重，大约2厘米，不会更多了。”

2厘米意味着两周的休养，而欧冠决赛就在16天后。眼泪已经擦干了，他曾在更衣室里流露出的绝望情绪也已无影无踪。他躺在健身教练埃米里·里卡特的治疗台上，这是他本赛季所遭遇的4次右腿伤病中的第三次。

离开球场的时候他告诉普鲁纳：“无论发生什么事，我都要去罗马。无论发生什么，我都会在那里。”他开始了与时间赛跑。换成别的球员也许会放弃，但他不会，他虽然固执，但从不怀疑。

“这是一个打击。如果有一名球员配得上在决赛中出场，那就是安德烈斯。”普约尔回忆道。不用提醒，他都会想起3年前在巴黎的决赛，那场比赛安德烈斯替补登场，帮助球队取胜。

“在这样的比赛中，你必须冒险。我知道我会的。安德烈斯是一个超级球星，他在这些比赛中发挥了重要作用，他从不隐身。”队长普约尔补充道。他已经默认了这样的事实：没有什么能阻止安德烈斯在决赛中登场。安德烈斯会克服困难，尽管切塞拉达很担心，但也知道他会做到的。“他们告诉我，我能踢决赛。”安德烈斯说。切拉达告诉普鲁纳，普鲁纳又告诉了安德烈斯。

但是普鲁纳也告诉安德烈斯，这将是多么困难。普鲁纳透露了他右腿的真实情况："不，不仅仅是一个小伤，我告诉他，安德烈斯，你的右腿发力的肌肉上有一个洞。"

可以肯定的是，安德烈斯会错过国王杯决赛，他们将在梅斯塔利亚对阵毕尔巴鄂竞技。这是瓜迪奥拉执教巴塞罗那以来的第一场决赛，他正在为即将到来的比赛做好一切准备，彻底的改革，他决定让球队到比赛的当天才踏上行程。

瓜迪奥拉受到了一些指责，认为他没能给予球员足够的保护，上一次肌肉受伤之后，伊涅斯塔仍然首发出场了16次。"伊涅斯塔？可能是我错了，我没有把他换下。"瓜迪奥拉承认，"但在伦敦，如果我提早6分钟把他换下场，我们就无法参加决赛了。"伊涅斯塔不在飞往瓦伦西亚的航班上。他留在了巴塞罗那，他希望能尽快康复。每时每刻他都在计算着罗马比赛的最后期限，他不能浪费时间去瓦伦西亚。整个球队都去了，所有的人都去了，除了他。

一场伊涅斯塔没有出场的决赛，巴塞罗那取得了国王杯的胜利。伊涅斯塔下了决心要出现在球场上，帮助球队捧起欧冠奖杯。"没问题，爸爸，我会在罗马踢比赛。"他这样对何塞·安东尼奥宣布，又几乎原样地告诉了队医里卡德·普鲁纳。然而他们在诺坎普球场的时候，巴萨球迷看到他触摸那条神奇，同时也受了诅咒的右腿，他们的心就一齐沉了下去。

里卡德、埃米里和拉蒙会照顾好一切。"在这种情况下，球员和医生成为一体。"普鲁纳说。埃米里·里卡特有双神奇的手，他能做得比理疗师更多，另外还有拉蒙·库加特，他是每个巴塞罗那球员都会去请教的医生（甚至瓜迪奥拉在他还是球员、需要康复时也是一样），帮助他们找出问题所在。"射门肌实际上是一组四块相连的肌肉，这个地方可能会非常麻烦。”埃米里记得在2009年那个艰难的春天里，日历上的日子一天天地被划去，仍然没有迹象表明安德烈斯的肌肉伤势能够及时痊愈。

“这些伤病往往会有很大的欺骗性。”库加特医生解释说，受伤部位的学名是“股直肌”，包含两块肌腱，它对每一个足球运动员都至关重要，“我们对安德烈斯的伤病采取保守治疗，马尔塔·鲁伊斯医生每三四天就会做一次扫描，精确追踪伤病的变化过程。”

“一切进展顺利，至少看起来挺顺利，但我们都知道时间上并不理想。”库加特承认，他知道安德烈斯不能完全康复，“我们的目标是一样的，就是在某些关键的时刻能够帮到球员。‘我们认为伤病不会妨碍你出场，安德烈斯，我们会为此而努力到最后一刻。’”普鲁纳说。

每个人都发誓要战胜时间，当然，还要战胜这块经常被撕裂的射门肌，在这个问题上没有选择，它必须有所好转。医生、理疗师、教练和球员每天都在努力。与此同时，西班牙国家队的文森特·博斯克也在马德里等待着。

“你去踢球，直到你踢不下去了，尽可能坚持得更久一些，好吗？”埃米里每天这样告诉安德烈斯，以积极的言辞刺激他，有助于更好地恢复。普鲁纳也给出了建议：“看，安德烈斯，你可以随心所欲地踢球，但我必须说，有一件事你不能做——你不能射门，不要射门！”。安德烈斯起初很震惊，但能在决赛中扮演重要一员的欲望远远大于他的焦虑感。他感觉到尽管自己受伤了，但仍是一个重要球员，不像在巴黎时担任替补，只能在替补席上看着比赛。

“刚开始一切都很顺利：视频、埃托奥的开场进球，所有事情。”埃米里回忆起2009年欧洲冠军联赛的决赛，瓜迪奥拉出人意料地决定缩短赛前热身的时间，提早把球员叫了回来，而弗格森的曼联，包括克里斯蒂亚诺·罗纳尔多，仍然留在球场上。

巴萨的队员都回到了更衣室，然后灯突然关掉了。没有人知道是怎么回事。就在瓜迪奥拉教练生涯的第一次欧冠决赛的前几分钟，作为主教练的他——伊涅斯塔童年时的英雄，除了米歇尔·劳德鲁普之外——即将打破常规。他在罗马奥林匹克体育场黑暗的更衣室里播放了一段视频。视频不长，只有8分钟，但足以穿透球员们的灵魂。

“我叫角斗士……”这是他们听到的第一句话，他们看到的是一部同名电影的蒙太奇拼接短片，片中航拍了罗马的奥林匹克体育场——他们即将在这里踢决赛，航拍直升机在罗马的夜空上摇曳，发出轰隆隆的声音。然后他们看到了在诺坎普的半决赛中，巴尔德斯两次扑出德罗巴射门的镜头，之后又是平托在国王杯半决赛中扑出的点球。马洛卡的球员把球踢向了平托的左侧，平托把球扑了出去。罚球之前，平托已经向马蒂伸出了手，他已经感觉到自己将是这场决斗的赢家。然后是每一名球员接受瓜迪奥拉的严格指令，都出现在短片中。安德烈斯当然也有戏份，但一开始并不是他的荣耀时刻——那个他在斯坦福桥的进球，而是他和埃米里一起做传球训练，就像在学校操场上一样，这是他日常康复训练中的一部分。之后的片段发生在对阵塞维利亚的比赛中，他从禁区外用右脚完成精确射门破门得分，然后是对阵毕尔巴鄂竞技时他在边线附近过掉一个对手球员，然后水浇到他头上，在影片中都是10秒的镜头。

一个接一个，每个球员都有属于自己的时刻，即使是在比赛中很难找到镜头的球员，比如阿根廷后卫加比·米利托，他在更衣室受到了极大的尊重和欢迎，但这个赛季大部分时间他一直有伤。有时领袖人物并不是最有天赋的球员，也不是那些一直在比赛的球员。还有很难上场的替补门将霍尔克拉，也遭受了严重的伤病，但他出现在视频里。当球员们观看瓜迪奥拉史诗般的《角斗士》视频时，保持沉默变得越来越困难。“如果我们一起战斗，我们就有更好的机会生存。”从遮住脸的头盔后面传来了战斗的呐喊，罗马的更衣室里，罗素·克劳的声音在黑暗中回响。

奥林匹克球场的看台上有着成千上万的巴萨球迷，成千上万的曼联球迷，还有世界各地数以百万计的球迷们，正在等待这场拉开新时代帷幕的决赛的开始。而此时，这些紧张不安的巴萨球员们正在观看他们整个赛季的故事。最后一幕是梅西的射门，哈维开出任意球，埃托奥在防守球员身边跑位，最后是伊涅斯塔的进球。这个进球是从斯坦福桥球场的看台拍摄的，影像来自巴萨的球迷，所有人都随着安德烈斯一起奔跑，然后梅西和博扬开始叠罗汉，兴奋地叠成了一个人堆。“曾经有一个梦想，那就是罗马。”克劳说。他是雷德利·斯科特电影中的角斗士，在去竞技场战斗之前这样说道，就像出现在屏幕上的安德烈斯一样。比赛前的球员通道里，安德烈斯用自己的手掌压着哈维的手，脸上带着胜利的微笑。影片最终以歌剧《图兰朵·今夜无人入睡》一曲结尾。这似乎是一个预兆。

加泰罗尼亚电视频道TV3的记者桑蒂·帕德罗响应号召剪辑了这段漂亮的视频，这是佩普和他哥哥佩雷·瓜迪奥拉的要求，佩雷也是伊涅斯塔的经纪人。桑蒂不知道结果会怎样，他的压力可想而知——他收到在巴塞罗那担任主教练的朋友瓜迪奥拉发来的短信：“帮我一个忙，桑蒂，帮我赢得欧冠。”他不得不读了好几遍才平静下来。“我的腿在发抖，”桑蒂承认。“让我做什么都行，佩普。”他回答道。

“我需要一个视频，所有球员都出现在里面。不管你如何表现，但球员们必须都在里面。”瓜迪奥拉说。每个人都出现了，除了佩普之外。“是佩雷建议我用《角斗士》的。”桑蒂坦言。

“我们很幸运，我在TV3的同事胡安·布西达和安格尔·穆尼奥兹，为巴塞罗那在伦敦、巴黎和罗马进行的三场欧冠决赛制作了一段特别视频，他们使用了《角斗士》的音乐和巴萨的一些进球镜头。决赛前的那个星期五，我买了一张剪辑版的《角斗士》DVD。比赛前三天的星期日，我们和另一位顶级制作人霍尔迪·加亚一起待在房间里，他有能力激发出你所有的好主意，把视频做得更好。”

“我们从星期日晚上11点开始，直到星期一早上8点结束。花了8小时的时间，制作了一部7分10秒的影片。‘我做好了，佩普。’”星期一，决赛开始前的48小时，桑蒂这样说。他们静静地在瓜迪奥拉的办公室里观看了这段视频。然后瓜迪奥拉叫来了他的助教。当桑蒂离开训练场时，瓜迪奥拉对他说：“嘿，桑蒂！如果我们赢得了欧冠，我会让你在TV3上播放这段视频。”桑蒂甚至没有考虑过这种可能。而当它最终播出的时候，它成了当天收视率最高的节目。不少于137.5万观众观看了巴萨球员在决赛前观看的视频，收视率达到令人难以置信的42.3%。

这是桑蒂·帕德罗在接受佩普和佩雷给他的任务时没有想到的。“当时我在看决赛的电视转播，球队来到球场的时候，正在播放《今夜无人入睡》。安德烈·波切利演唱的时候，我看到了球队的首发阵容，‘简直难以置信’。”这首歌和激励视频中使用的是同一首曲子，安德烈斯也带着胜利的微笑。

“我想要一些能打动人的东西，一些真正触及人内心的东西。我的意图很好，但我不确定它是否达到了预期的效果，因为在刚开始的10分钟里，我们几乎把比赛抛在了一边。”瓜迪奥拉回忆道。巴塞罗那对阵强大的曼联，遭遇了可怕的开局，年轻的克里斯蒂亚诺·罗纳尔多在莫斯科对阵切尔西的比赛中，已经赢得了欧冠，球队还有特维斯、鲁尼和吉格斯。

9分钟的时间里，C罗完成了三次射门，一次比一次有威胁。巴塞罗那依靠他们的门将巴尔德斯逃过一劫，但安德烈斯感觉到巴萨将赢得决赛，他的想法从未因被动的开局而改变。他已经在与自己的战斗中取得了胜利，无视自然法则所告诉他的：短短16天，他不可能从另一次肌肉损伤中恢复过来。

罗纳尔多正在射门，巴萨正在受苦。亚历克斯·弗格森爵士嚼口香糖的速度越来越快，瓜迪奥拉则来回踱步，焦躁不安。但安德烈斯仍提出了这样的建议：“能控多久就控多久。”他在瓜迪奥拉耳边说，只要中场能控球10分钟，毫无疑问就能改变比赛。随着比赛的开始，那段视频不再占据球员们的心。安德森和卡里克盯防安德烈斯。与巴萨球员相比，他们的体格更强健，步幅很大，控制着中场的关卡，确保安德烈斯无法再向前推进，但是安德烈斯从他俩中间穿了出来，球似乎缝在他右脚球鞋的鞋帮上。卡里克是最固执的，他觉得自己抓住了安德烈斯，但在最后一刻又被他摆脱了。伊涅斯塔把球传给刚刚甩掉埃弗拉的埃托奥，他随之把球打进了球门。

“在罗马，只有安德烈斯能传给我那样美妙的球。皮球非常完美地到达了我的位置，帮助我摆脱了第一名防守队员。实际上我只是稍做调整就摆脱了他，因为传球能够完成余下的事情。”埃托奥说。

埃托奥接到了安德烈斯的传球，“事实上是这个传球让我找到了空当”。埃托奥做了埃托奥最擅长的事，他躲过了两个犯规，骗倒了两名身经百战的中卫维迪奇和费迪南德，突然射门，皮球从近门柱钻进了范德萨把守的大门，最初他的射门是冲着远门柱去的。弗格森开始明白，他的球队无法使决赛处于他们的控制之下。进球之后，罗纳尔多立即向队友和曼联球迷做出镇静的手势。在巴塞罗那的教练席上，埃米里没有看比赛，他只关注安德烈斯·伊涅斯塔的右腿。

不过，伊涅斯塔并没有在意右腿。他突然开始了错综复杂的跑位，曼联球迷沉默了。他意想不到地突然带球向前推进，就像他和球都飘浮着似的，安德烈斯带着球一起在飞。他带球的方式如同他带着生命中唯一的珍宝。同样的足球，他从丰特阿尔维利亚带到了罗马，途经巴黎。

“照顾好自己。这样一些动作会造成肌肉紧张，你可能会撕扯到一些东西，安德烈斯。”埃米里在赛前交代。比赛开始了，观看视频时的震惊已经过去了，一切都很流畅，就好像安德烈斯在决赛前两周没有受伤一样。

“我甚至没法观看比赛，我无法把视线从安德烈斯身上移开：他的动作、他的控球、他的传球，以及他的跑动。”库加特在看台上说，普鲁纳和埃米里坐在教练席上，他们都是另一场比赛的一部分，那是安德烈斯和他的伤病之间的比赛。“当埃托奥得分的时候我正在另一端，因为人们的反应我才意识到进球的。我注视着安德烈斯的一举一动，我想看看他是否步履蹒跚，或者他开始跑动时有没有什么不舒服。”库加特说，他只希望比赛尽快结束，就像这一切从来没有发生在安德烈斯身上，他可以疯狂地朝着球门开火。

“我不想让他射门，因为这样对股直肌的影响是最坏的。”他蜷缩在看台座位上，手指交叉，祈祷不要发生什么不好的事情。“‘踢球吧，安德烈斯，但不要射门。’他不是一个需要完成大量射门的球员，这对他有帮助。更重要的是，最后阶段他看起来越来越强壮，越来越强壮，就在我面前的右侧，我看到他用一个高深莫测的招牌式带球动作过掉了3名曼联球员，起脚射门。这一幕刻在我的大脑里，我被这脚射门吓出一身冷汗。‘我的妈呀！安德烈斯，你都干了些什么！就是这样！现在你做到了。一切都结束了，你的肌肉用力了。’但谢天谢地，他撑到了比赛结束，离开了球场，我碰到了他的父亲何塞·安东尼奥，我向他表示祝贺，并说：‘你看到安德烈斯最后的射门了吗？他没必要那样做。吓得我魂都掉了！’但他父亲对我说：‘他还能怎么做呢？球在那么好的位置，他就射门了，别无选择。’”

随着决赛的胜利，安德烈斯摆脱了所有的恐惧。“他踢了比赛，我们都知道结果是怎么样的，但他做出了巨大牺牲，之后我们用了10周时间关注他的伤病情况。”普鲁纳说。

但这是怎样的一年啊。这一年中他们赢得了全部的3座冠军奖杯：联赛、杯赛、欧冠。他，还将赢下所有的6座冠军奖杯：西班牙超级杯、欧洲超级杯和世俱杯，太完美了，这是前所未有的壮举。

“我爱死他了，”喀麦隆人埃托奥说，“我一直把他当成我自己的儿子、我自己的骨肉。他是一个非常非常好的人。有时候对方会踢他，而他是那个说对不起的人。这种事情在足球中是不存在的。有些球员有十分能耐就表现十分，而他有十分能表现出二十分，在为人方面，他有两千分。我崇拜他，我崇拜他。”埃托奥在罗马庆祝进球，不停地敲击着自己的左臂，似乎在鞭打自己，安德烈斯第一个跳上他的背，听到了他的呐喊。“我的血液！我的血液！”埃托奥大喊着炫耀他的非洲血统。替补席上的每个人都跳下来庆祝进球，除了埃米里，他仍然坐在那里，手指交叉。“问题是，你永远不知道你的好运会持续多久。”安德烈斯竭尽所能踢完了整场比赛，仿佛他自己的肌肉欺骗了他，从埃米里挤出的笑容来看，他显然无法相信眼前正在发生的事情。

曼联不知道安德烈斯受到了伤病的困扰，他们也没有意识到亨利的身体有问题，他在伯纳乌与拉莫斯的冲撞中右膝受伤了。穿着巴塞罗那球衣的他没有让这个伟大的夜晚黯然失色。在那场著名的6比2客场胜利中，他独中两元，两个进球都来自防守反击，瓜迪奥拉的巴塞罗那创下了新高。“真遗憾，我加入他的球队的时间太迟了。”亨利在病房里悲叹道。这一次他真的赢得了欧冠奖杯，弥补了2006年决赛失利的遗憾。而那一次——在伊涅斯塔的激励下——巴塞罗那在下半场卷土重来，击败了阿森纳。

亚历克斯·弗格森从没想到过巴萨的伤病问题。瓜迪奥拉曾想让凯塔踢左后卫的位置，仅因为这位彬彬有礼的中场回答道：“如果我不做，就最好了，主帅，有队友为这个位置做好了更充足的准备。”他指的是西尔维尼奥，他曾在一个完全没有检验过的即兴组合的四后卫中担任左后卫。“我们有太多的伤病，太多了。”埃托奥回忆道。普约尔踢右后卫（当年他在巴萨B队的时候就经常踢这个位置），还有皮克（唯一一个踢正确位置的球员）、亚亚·图雷（在国王杯决赛结束的两周后才踢中后卫）和西尔维尼奥（一直踢左后卫，但是瓜迪奥拉几乎没有用过他），保卫巴尔德斯的球门。这是一个按紧急解决方案组成的后防线。好在中场位置，布斯克茨、哈维和伊涅斯塔三位一体，他们前面是巴萨的第一个三叉戟，埃托奥、梅西和亨利———两名世界级中锋踢边路，为了让一个伪9号有空间发挥。

帕德罗的赛前视频还在球员们脑海中回荡，事情开始朝着有利于巴塞罗那的方面发展。巴尔德斯用双手、双脚和膝盖做出了扑救，将C罗的狂轰滥炸拒之门外，与此同时，安德烈斯脚下带着球，朝埃托奥的方向移动，与他最后一次相会。在罗马的天空下，梅西悬浮在里奥·费迪南德之上，仿佛飘浮在云端，慢动作般的头球得分。看来只有佯装巴塞罗那右边锋的哈维注意到了梅西矮小的身影，梅西灵光一现，巧妙地用头球打破范德萨把守的曼联大门。进球的过程中，梅西右脚的球鞋掉了，好像他使用了超能力。当球队庆祝进球的时候，梅西捡起了亮蓝色的球鞋并且亲吻了它。安德烈斯几乎完全忘记了他的伤病。

2比0领先，胜利唾手可得，这时候的换人更多的是象征意义，代表着一种奖赏。瓜迪奥拉换下了安德烈斯，换上佩德罗。当时是决赛的第92分钟。埃米里终于可以松口气了。因为那是巴塞罗那历史上的第三座欧冠奖杯，也因为普鲁纳和安德烈斯交换了一个放心的眼神，他松了一口气。帕德罗正在家里看电视转播，他不知道自己的短视频对球员和库加特是否产生了情感上的影响。库加特正坐在奥林匹克体育场的座位上，眼睛闪闪发光，他对球队所完成的一切非常满意。“我真的很喜欢那场比赛。我为他（安德烈斯）担心，我知道什么都有可能发生。他是带着赌注上场的。我喜欢在比赛结束后更安全地观看比赛，因为我知道他踢完了比赛，而且取得了决赛的胜利。此后我重复看了很多次。”库加特说。

体能教练帕科·塞伊鲁罗在罗马负责监督球员热身，比赛结束时，他有一种解放的感觉。出于对足球的热爱，即使大腿受伤，安德烈斯也能有所发挥。“对手不喜欢他改变节奏，看上去好像他一直在散步，然后突然不见了，没人知道发生了什么。对手可能会觉得他们受了欺骗，他明明没有投入比赛，但却无处不在。”

这就是在罗马所发生的。“对于移动换位，他有着非常具体的想法，他总是观察对手的脚步。看安德烈斯踢球真是太棒了。”帕科说，他正学着研究比赛和每个球员的肌肉。

“他有力量，耐力持久，并且很灵活。他知道如何在正确的时间发力，这让他受益匪浅，他是一个伟大的决策者。有些球员用他们的方式在球场上踢球，而伊涅斯塔在飘移。”伊涅斯塔在罗马飘移，梅西也一起飘移。

“肌肉很像安德烈斯的性格，”帕科沉思道，“白色的组织，紧凑，像野兔一样不可预测，你永远不知道会发生什么。他是一个天才。”

罗马的决赛后，面对他突然而残酷的消失，没有人做好准备。安德烈斯需要4个月又2天的时间才能恢复，才能进行下一场比赛。在这段时间里，他尝试了4次回归都失败了，然而他又感觉自己像一个球员，但是都失败了。他开始了一段未知的旅程。走出罗马，陷入混乱。

“这本该是我一生中最美好的夏天，但结果却是最糟糕的。”而同时——毫无疑问——安德烈斯知道自己做了正确的事。

“我还是会这么做的。为了我的俱乐部，为了我自己，为了我的队友，为了我的朋友和家人，为了我的支持者们。运动员在困难的情况下拥有特殊的能力。我被作为一个球员的欲望、激情、情绪和自豪所驱使，这并不容易。我们与时间赛跑，决赛迫在眉睫。但我不会错过世界上的任何东西，这是对当年发生在我身上所有一切的奖赏，也是对上一次在巴黎的欧冠决赛的补偿。在罗马踢球是我的责任，我把这一切都归因于自己。我只是想在球场上踢一场比赛，我不能让自己错过比赛。这意味着太多，太多关于体育和个人的，对我来说，不能去罗马意味着太多了。”

没有选择。安德烈斯必须在决赛中上场。“我记得在比利亚雷亚尔的比赛里我以肌肉轻微撕裂收场。我很愤怒，但愤怒只持续了一个晚上。第二天，在去医院的路上，我已经开始思考如何使情况回转。我只能一瘸一拐地走，但我已经下定决心去罗马踢球。我要利用每一分钟达到这个目标。这是一个挑战。每个早上、下午和晚上我都和埃米里在一起工作。罗马的决赛正在等我们。然而，我不知道我将要付出的代价，完全不知道，我也从来没有想过。我的职业生涯没有危险，但我把自己的身体逼到了绝对的极限。而且，如此付出两周后，接下来数月发生的事情都表明了这一点，代价高昂。但如果我必须再次选择，我也会做出同样的选择。

“这是值得的。”

第十二章　世界之巅

“你好，雨果，请……”

——安德烈斯，在2010年世界杯决赛开始前一小时

安德烈斯一直等着，等到约翰内斯堡的其他人都睡着了。他总能找到一处僻静的地方来感受自己的身体情况，现在他终于可以从劳尔的治疗台上下来了，他早想这么做。他小心地打开酒店房间的门，开始跑步。从球队所住的南非酒店走廊的这一头跑到另一头，仿佛在为他的人生而奔跑。他乐于在没人的时候完成个人的体能测试，他对此有着不可抗拒的渴望，即使球不在他的脚下。他远离球场很长时间了，但他知道自己已经伤愈，也足以说服他。他想大声喊出：“我准备好了，痛苦已经过去了！”度过了漫长的一段时间，伊涅斯塔终于可以奔跑了，他能踢球

了，去踢世界杯决赛。

这等程度的肌肉伤，终于在几个月后奇迹般地恢复了。在经过许多挫折之后，他的身心终于又可以像瑞士手表似的协调同步了。他的状态能够变得这么好，多亏了劳尔·马丁内斯的细心照料和埃米里·里卡特的建议，这是两个原本相隔千里，却因为伊涅斯塔才聚到一起的人。

“我并没有和安德烈斯在一起。”劳尔证实说，“我也不知道他什么时候开始跑步的，他没有告诉我。有时有些伤病是给不了科学解释的。我从来没有充分地理解它。在经过一系列的测试以后，我们发现，是之前忽略的一些肌肉纤维引起了腿部的某种不良反应。我想这就是问题的关键。”

劳尔拆除了伊涅斯塔脚上的固定装置，埃米里则帮他卸下了心理负担，让安德烈斯在每晚睡前都必须看一段视频短片，就如同他孩提时在丰特阿尔维利亚每晚背诵“主祷文”那样。

佩普·瓜迪奥拉喜爱励志的主题，就像2009年在罗马的欧冠决赛前，他给巴塞罗那队员播放《角斗士》视频一样，2010年在欧冠半决赛第二回合对阵若泽·穆里尼奥的国际米兰之前，他当然也准备了一部视频，还是与埃米里和TV3的记者桑蒂·帕德罗一起准备的。

那卷录影带收录了许多大失利和大胜利的瞬间，许多沮丧和欢乐的时刻，还包括许多著名运动员，如罗杰·费德勒、费尔南多·阿隆索、游泳运动员赫玛·门瓜尔，还有西班牙篮球队和西班牙手球队。其中也包括“伊涅斯塔”——2009年欧冠半决赛巴塞罗那对阵切尔西的进球，以及在罗马决赛时里里奥·梅西那记著名的头球破门，伴随着波切利演唱的歌剧配乐，那天晚上他在奥林匹克体育场射入第二粒进球时的形象也随之出现。

影片开始都是欢快的场景：拥抱、击掌，胜利时的个体表现，但是荣耀的色彩随之被失败的黑白影像所替代。运动员以自由落体的方式坠入失败的谷底。其中有30秒是比赛最后时刻的痛苦模样——2009年在伦敦斯坦福桥球场，埃辛精彩的进球后，普约尔和埃斯蒂亚特的失落，拉波尔塔紧张得用手抱住头，想象着最坏的情况。然后色彩从失败的灰暗又回到胜利的荣光，最后出现巴萨球员的影像，他们围成一个圈，庆祝球队在罗马获得俱乐部历史上第三座欧冠奖杯。这是一个将要击败穆里尼奥球队的绝佳团队形象。

然而，瓜迪奥拉并没有在与国际米兰比赛之前，让他的队员们到诺坎普球场的更衣室看那个影片。球队巴士从酒店所在的提维达波山上下来的时候，经过了挤满球迷的街道，他觉得球员们到达球场时有些兴奋过度了。他决定不再激发球员们的肾上腺素，所以那个4分4秒的影片存放在埃米里的手中。那是一件留存的法宝，直到2010年世界杯的时候，埃米里决定把它交给伊涅斯塔。

埃米里每天都跟安德烈斯交换信息，所以当伊涅斯塔孤独地走到球队酒店的大厅时，埃米里就知道那个影片对他有用。而劳尔甚至都不用去跟安德烈斯交谈，这位球员脸上异乎寻常的兴奋出卖了他的内心，他憧憬着比赛。他曾经带着伤病踢球，所以他毫不畏惧，他有些焦虑地渴望着约翰内斯堡足球城的决赛到来——索维托郊区某地的球场灯光正在等待着他。

“你必须努力才能找到一个真诚的、无私奉献的，并且愿意与你一起共事的人，就像埃米里。”安德烈斯说，“在瓜迪奥拉带他到一队之前，我不认识他，但从那时起我们就密不可分了。我可以从他的思考方式和他的工作方式辨别出他。”

“他对我来说是非常特别的。”安德烈斯说他对劳尔也有同感，“我知道劳尔是他这个领域的天才，他也在世界杯上证明了自己。说实在的，在竞技层面，是他拯救了我。他了解我的身体情况，知道我的身体是如何运作的，就好像我是他生的一样。他变得不可或缺了。”

一个是“特别的”，而另一个是“不可或缺的”，他俩一起帮助了安德烈斯。他们了解球员们的疑虑，关注那些需要做个人体测的球员，也关注那些想了解自己身体情况并确认自己身体健康的球员。“是的！”伊涅斯塔的声音在酒店大堂里回响，他的世界杯之旅在那个非常时期开始了。

“2010年4月13日，我在巴塞罗那甘伯体育城训练时扭伤了右腿跟腱，”安德烈斯回忆道，“当下真是感觉到跟腱撕裂了，而那时离文森特征召世界杯队员只有一个月的时间了。时间非常紧，我觉得自己不能如愿入选。”

当时那种瞬间的痛苦，也让正在圣胡安德斯皮训练场的巴萨其他队员特别难忘。所有人都震惊了，看到伊涅斯塔在埃米里的陪同下，哭着离开球队训练。之后卡尔斯·普约尔来陪他，这才知道他伤病的严重程度。

“振奋起来，安德烈斯，一切都会好起来的。”后卫普约尔陪他一起离开训练场的时候，在他的耳边轻声说。更衣室离得很远，但是一路上他什么也没有听进去。他被恐惧麻痹了，迷失在深渊里。他觉得自己被好运永远地抛弃了，他听到的只有自己的哭泣声。

“我告诉他：‘不要担心，安德烈斯，你会是世界杯上最好的球员。’但他还是放声大哭，我觉得他没听到我说的话。”巴塞罗那的体能教练帕科·塞伊鲁罗说，他的话音淹没在浴室的流水声中。“我当然听得到帕科说的话，但我没法回应他。”伊涅斯塔说，他还记得在更衣室中的场景，球队的队长、他的朋友，也是知己普约尔，就他的身体问题与他开门见山地讨论。“你必须和劳尔谈谈，好吗？所有事情都会变好，但你必须去和劳尔聊聊。”

“我的心和我的斗志都破碎了。受伤病困扰已经一年，看起来就要好了，我满怀兴奋期盼着参加世界杯。但这时，我却又到了可能失去参赛机会的边缘。”安德烈斯说，“好的，我会找劳尔谈的。”很明显，安德烈斯并没有听进去，但他很快就被一些最出色的专业人士包围了，他们决定再一次努力挽回这个来自丰特阿尔维利亚的男孩。

“劳尔告诉我的第一件事是，‘不要担心，你一定会参加世界杯的！只要你到了那里，我们会做好一切来保证你恢复健康’。”

“健康”，如此低调的词语出现在这样一个绝望的境地，一个球员处在失去参加世界杯机会的边缘。“这是我需要度过的一段最艰难的时期，但生活要我永不放弃。”安德烈斯在那时写道，此时离西班牙队在德班的第一场世界杯比赛只有不到两个月的时间了。

“世界杯开始之前，我们连续一个月的晚上都在一起。晚餐以后就是‘劳尔时间’，我会躺在治疗台上，把我的身体交到他的手中。”安德烈斯说。

“我要对他做些什么呢？”劳尔过了几秒钟才回答这个问题。怎么让安德烈斯的身体恢复？埃米里的影片帮助他度过漫漫长夜，劳尔的神奇之手把他从每天的伤病挣扎中拯救回来，让他的肌肉逐渐恢复到可以踢球的状态。两个男人都知道安德烈斯的情况不太好，甚至文森特·德尔·博斯克的安慰也无法让伊涅斯塔平静下来。

“不要担心，我会等到你好了为止的。”德尔·博斯克告诉他。博斯克来自萨拉曼卡，他一直是个公平、敏锐、说话算数的人，通常理性示人。教练的耐性取决于两位理疗师的治疗以及伊涅斯塔自己的态度。

在对阵瑞士国家队的世界杯首秀的前一周，西班牙国家队与波兰国家队在穆尔西亚进行世界杯开始前的最后一场友谊赛。

安德烈斯伤愈归来。这位来自拉曼恰的中场球员在左路持球，作为一个右脚球员，他总能找到空间然后用他的惯用脚舒服地接球。特别是在一次16秒的跑动之后，他来到库什恰克的防守区域边缘。在球队拿到球权后，他和哈维、席尔瓦互相传球一直推进到波兰队的球门前。他先用左脚控球，然后用右脚停住了球，面对5位波兰的防守球员。穆尔西亚的观众此时都紧张得朝前直起了身子。他挑起球越过了波兰防守球员的人墙传给了哈维，哈维助攻席尔瓦射门得分。现在你看到的这一幕在当时都是眨眼间的事，看都看不清楚。

“我们看到一个魔术师创造了一种传球方式、创造了一个空间，哈维插上，助攻大卫进球，真正的团队配合。”这是安东尼·苏比萨雷塔的视角，他那时是TVE1的分析师，后来成了巴塞罗那队的运动总监。这是另一种表达赞叹的方式，表明当球停在伊涅斯塔最擅长的右脚时会产生魔法。比赛只剩下不到14分钟了，劳尔和埃米里坐在新孔多米纳球场上，他们已经准备去多米尼加度假了，他们笑得很欢。安德列斯用右脚带球穿越防守球员后，做球给比利亚射进了第一球，然后哈维又进了第二球。

看台上的观众欢欣鼓舞，每一个人都在庆祝伊涅斯塔伤愈归来。他走到替补席让博斯克将他换下。“我必须从我的经历中吸取经验。”伊涅斯塔说。他是睿智的，他知道即使只感到一丁点儿疼痛，他也会要求把自己换下来，就像在穆尔西亚这样。博斯克一直关注着他，队医很担心，他在6月8日这天踢了39分钟，而这离西班牙的世界杯首场比赛只有一周了。

“我们把他换下了，因为他觉得大腿后侧有些不舒服，”西班牙队医生奥斯卡·切拉达赛后告诉记者，“没有撕裂，目前也没有恶化。这是系列比赛的开端，他觉得不舒服就把他换下了，这只是一个小伤。我们会做一些检查，但一开始我们就排除了严重情况，我们只是需要谨慎。”他对媒体说，也是在对伊涅斯塔说。伊涅斯塔又一次觉得不安了，他纠结在以往踢球的积极感觉与现在因为挫折而产生的消极感之间。

右侧大腿伤了，差不多吧。根据在巴塞罗那的检查，有轻微的跟腱撕裂，还有些炎症，恢复需要耐心。“右大腿后侧的肌肉有些肿胀，起初的预判是正确的，因为没有肌肉纤维的撕裂。我们不会在对瑞士队的比赛中阻止他上场。”另一位队医胡安·科塔说。

最初的预判是对的。但“最初”这个词此前一直折磨着安德烈斯。他现在正遭受着比起初乐观预判要严重的伤病，没有什么会比跟腱损伤和腹股沟问题对他在巴塞罗那俱乐部的赛季影响更大了。世界杯就要开始了，德尔·博斯克更加焦虑了，因为他知道西班牙足球队的精妙之处在于拥有伊涅斯塔。伊涅斯塔自己则感到一种窒息感、懊恼感，因为他正在遭受着诸多伤病的影响，太多伤病了。

世界杯开始，伊涅斯塔在西班牙对阵瑞士的比赛中归来了，但他又把自己弄伤了，这次是在踢了1小时以后，瑞士右后卫利希施泰纳把他搀扶下来。他一直都在和缓地恢复着他的腿伤，小心翼翼地避免发生其他重大伤病。安德烈斯在第一时间去抚摸的就是大腿背，这是他肌肉问题的病根。他非常担心，以至于不记得是不是佩德罗替换的他。情况又是这样，不管对手是谁或者是否在世界杯上，德尔·博斯克都会让伊涅斯塔首发，然后他会受伤，接着佩德罗替换他上场。这看起来就像是他踢得越好就越有可能受伤。当时安德烈斯过掉了两名瑞士中卫球员，附近区域的一名队友身边无人盯防。安德烈斯发现皮克转换了位置，他来到中锋的区域寻求破门机会，于是他以西班牙队最擅长的传接球方式巧妙地用脚后跟送出传球。他的状态很好，他从禁区边缘起脚送出了一记曲线球，与他在斯坦福桥的比赛中射门的位置一样，然后造成了利希施泰纳的犯规。

这次的受伤看来更严重。在一瞬间，安德烈斯看上去简直想要啃掉南非的草皮，什么也逃不过Canal+电视台解说员迈克尔·罗宾逊的眼睛。“我可不喜欢伊涅斯塔脸上的这种表情。”这位前利物浦前锋对合作解说的卡洛斯·马丁内斯说：有必要让埃米里和劳尔恢复对安德烈斯的理疗了。生理的和心理的治疗都是必需的——不能盲目乐观相信安德烈斯不会伤病复发。“我过去时正看到他在抚摸大腿背，就对他说：‘看样子大腿背被撞到了，安德烈斯。’他说：‘不，不需要医生，只是大腿背抽筋了。’然而情况不妙，警钟响了。‘我的天哪！咱们小心点慢慢下场吧，安德烈斯，好吗？’离开德班球场时我又说了同样的话。”

教练组认为安德烈斯无法在5天后对阵洪都拉斯的比赛中出场，但他们觉得他能在小组赛最后一场对智利的晋级关键战中出场。西班牙队教练深知，0比1输给瑞士后肯定要遭到批评。“但我们不会迷失方向，我们会用我们的方式实现目标。”德尔·博斯克说。“这是一个难以解释的灾难。”哈维说。

有两个疑惑困扰着安德烈斯：球队失利和他的旧伤病，似乎这次旧伤在南非和在巴塞罗那表现得不大一样。情况是乐观的，他们不打算对他的腿进行诊疗，医生向所有人保证安德烈斯的腿部只是被撞了一下，不会有其他严重问题。他们希望就此结束，他们相信如果给安德烈斯多看几张伤病部位的照片，他的世界杯之旅就结束了。“你不能仅仅根据扫描照片来进行治疗，”劳尔说，“有时候你会期望或者想冒一下险，甚或想通过你的直觉来确保他不受伤病困扰。”

“从对阵瑞士到洪都拉斯，我过得很煎熬。”安德烈斯回忆道，他专注于康复程序，每晚都看着埃米里的影片入睡。当然，有时是在劳尔的治疗台上。那里是球员的忏悔室，球员需要裸身躺下，在理疗师面前展示出所有的身体隐私，让他知道身体的轻微变化，哪些变化需要检查，在约翰内斯堡酒店的大厅里，对阵洪都拉斯的前夕。

“劳尔找到了关键点，我能感觉到。”他回忆道。

“对他的伤病进行处理并不容易，他很难让人读懂，有时我甚至认为我也没有读懂。”劳尔说，“但是你一旦懂得了，你会了解他是谜一样的存在。他活在他自己的世界里，你永远不知道他在想什么，就好像他跟这个世界脱节了，一开始他无法完全信任别人，很难知道他脑子里想些什么。在他伤了以后，这种情况更明显了，因为他开始焦虑。”

劳尔弄懂了他，这对组合互相建立了解。“他就像瑞士手表，我们都知道它是怎么工作的，会有什么反应，我们也知道怎么让它发出滴答声。”他说，“他有多木讷也就有多敏感。我们必须使他的身体恢复正常，这就是我们要做的。”

但正在南非的他所需要的是在对阵洪都拉斯的比赛中及时归来。巴塞罗那传来了另一条消息。在那场比赛之前，这一句他曾听过许多次的话一直萦绕他耳边："安德烈斯，你必须遵从你的生物钟。必须始终服从。"埃米里从未忽略，他非常在意时间表。

9天之后的6月25日，在西班牙国家队输给瑞士队和自己受伤的双重打击后，安德烈斯要庆祝他的双重胜利了。西班牙队战胜了智利队，他还在比利亚的助攻下进球了。乾坤翻转了，可谁又在乎呢？他在比赛后笑得像个刚放假的学生，至少，他见证了某些事情的结果正如此前所料。

尽管筋疲力尽，但安德烈斯非常喜欢那种带着满满的胜利返回球员通道的感觉。而如果应验了他那著名的赛前预测，他当然更高兴："维克托，今天我会进球，我会把它献给你。"在前往比勒陀利亚的大巴上，安德烈斯跟邻座的队友咕哝道。

伟大的胜利总是为赛场之外的轶事提供滋生的肥沃土壤。"你本来可以用小刀把这种氛围切碎。"德尔·博斯克回忆道，他的队员们都深刻地意识到这支队伍在世界杯中的挣扎。偶尔的耳语打破了球队中沉默紧张的气氛，譬如伊涅斯塔对维克托·巴尔德斯的低声承诺。这个男孩在拉玛西亚一直护着安德烈斯，由于巴塞罗那对德尔·博斯克的影响，巴尔德斯得到了为西班牙国家队效力的机会。

进球由伊涅斯塔发起，也由他完成。他赢得了球权，他让托雷斯和比利亚在场上联动起来，然后自己给智利人最后一击。射门用的是他擅长的右脚，现在完全治好了，没有人能阻止他，即便是克劳迪奥·布拉沃——世界上最好的守门员之一——后来也成了他在诺坎普的队友。这不仅仅是一个进球，他在2009/2010赛季代表巴塞罗那出战的42场中也只进了一球，他的进球出现在最后一场比赛的最后5分钟，帮助瓜迪奥拉的球队在诺坎普球场击败巴利亚多利德，赢得了联赛冠军。

安德烈斯不再抚摸他的大腿了，他看了看自己的球鞋。他已经不再想此前的比赛了，而把注意力集中在即将到来的比赛上。他的右腿肌肉没有撕裂的迹象，这要归功于劳尔的细心照料。

“我多次出现的跟腱毛病，源于那次罗马冠军杯决赛时受的伤。”安德烈斯承认。他不是医生，但他了解自己的身体情况，他就像劳尔和埃米里的结合体。“接连几个月都很艰难，但劳尔找到了问题的根源，重新解放了那个部位的肌肉，从那以后情况就逐渐好转了。”安德烈斯说，他总是表现出自己最好的那一面，不用言语或手势，而用他的脚。当他的身体恢复了健康、稳定、协调之后，就是他让足球说话的时候了。

“如果我的感觉良好，所有的事情都会很顺利。”对安德烈斯来说，他没有中间地带，在他身体完全健康的时候，他是不可战胜的；而受伤后他又是那么脆弱，这有点宿命论的感觉。“为什么这些事要发生在现在呢，在我感觉很好的时候？”每次遇到挫折时他都会这么问，无论是大伤还是小伤，都从他身体上要走了太多东西。

安德烈斯现在又一次感觉良好，从比勒陀利亚的最后一场小组赛到约翰内斯堡的决赛，他的感觉都很好。肌肉撕裂已经消失，肌肉重新愈合了，肌肉记忆也随之恢复。在开普敦的八分之一决赛中，报纸头版刊登西班牙战胜葡萄牙，C罗遭遇失败。在约翰内斯堡进行的四分之一决赛对阵巴拉圭时，卡西利亚斯从替补门将佩佩·雷纳那里得到宝贵的建议，扑出了决定性的点球。雷纳曾经扑出过奥斯卡·卡多索的点球，他告诉卡西利亚斯该往哪个方向扑球。在德班对阵德国队的半决赛中，伊涅斯塔心满意足地回到了这片熟悉而又伴随着不确定性的场地上，第一场和最后一场比赛都在这里。在6月16日对阵瑞士的比赛中，他受伤了。但7月7日，又是在德班，他享受到了普约尔用进球帮助西班牙队进入决赛的美妙场景。

“拜托了，哈维。下一次角球传给我好吗？”西班牙队队长普约尔上前请求他的俱乐部队友。

“可我为什么要把球传到中路偏右的位置呢？难道你没看见德国队员有多魁梧吗？”哈维回答。

“少啰嗦，毛球！你就踢到点球点附近给我就好了，你没看到他们就跟雕像似的？”普约尔回应。

“好的，好的！说得好像这很容易似的！”哈维说，毛球是他在拉玛西亚的绰号（指他的体毛旺盛，队友总是这样叫）。

“如果你不把球传到那里，我就不再参与角球进攻了。”普约尔大声说道。

电视摄像机捕捉到了半场时这两个球员之间的激烈对话，当时的比分是0比0，说完他们就走开了，哈维重复道：“说得好像这很容易似的！”

这确实不容易，特别是在踢“普天同庆”球时。这个换了名字的沙滩球被赋予了生命力，并且成为世界杯的专用球。哈维是否能兑现承诺，有些令人怀疑，直到西班牙队拿到了下半场的第一个角球。他对自己的能力绝对自信，他小跑着到了诺伊尔把守的球门右侧的边角。“好吧，现在你就等着接球吧，普约尔。”他的旁边就是伊涅斯塔，五六米远的距离。虽然伊涅斯塔那时不知道战术，他的职责是分散对手的注意力：哈维和普约尔的战术需要一个诱饵。哈维想让德国后卫认为西班牙队采取战术角球，于是他们故意这么来做，让德国巨人离开他们的防守区域。角球短传出自巴萨俱乐部和西班牙队的战术教科书，而教科书的战术被普约尔的顽强信念和哈维的配合摧毁了。

“普天同庆”由足球大师开出，直接飞向点球点，进入普纳尔的攻击区域，加泰罗尼亚中后卫瞬间跳起，跳得比那个区域看守5个西班牙球员的8个德国防守球员还高出1厘米。一个不是秘密的情况是，西班牙国家队和巴塞罗那队的足球战术可以被概括为时间与距离的问题，每一厘米每一秒都很有影响。球员们必须快速思考，然后快于对手甚至快于队友抢先到达位置——普约尔比皮克先得到球。“我打算用头接球但他更快，我想他是坐了飞机。”皮克后来开玩笑说。普约尔的头球很有威胁，并且精准，基本上都飞向一个位置。只需要2秒——从哈维的球靴到诺伊尔的球门网窝——完成了进球，一个历史性的进球。这是巴塞罗那精心设计的定位球进攻模式，它在2009年那场著名的6比2大胜皇家马德里的巅峰之战中成功运用过。而在世界杯中，西班牙队之前没有靠定位进攻进过球，至今也没有。

这是西班牙足球历史上最重要的一个进球。

“你对我的国家做了什么？为什么？我们这样对待过你吗，嗯？”

这个问题听起来不那么友好，或者感觉像是半开玩笑——有些无礼和令人不快——一个过路人朝普约尔的桌子这边说道，他的哥哥约瑟夫和朋友哈维、伊涅斯塔，以及这两个球员的经纪人拉蒙·索斯特都在座。他们5个人的目光都落在了那个对巴塞罗那队长态度傲慢的德国人身上。

那是洛塔尔·马特乌斯，一个自负的巴伐利亚人，他恐怖的功绩包括参加了5次世界杯，并帮助球队在1990年意大利世界杯拿到了冠军。

“我也没干什么啊，只是一个小小的头球。”普约尔回答，笑容穿过他那卷曲蓬松的头发，他的反应就像他进球一样快。

“放松，放松！我希望你决赛好运！”德国人说。

马特乌斯微笑着走了，其他人也都笑了，他们的对话刚开始看似挑衅，随之就转化成了轻松的祝贺……一旦拉丁人理解了德国人的幽默。

“你有没有意识到你做了什么，卡尔斯？你进了一记西班牙足球历史上最重要的球，每个人都知道。”在座的人说。

“让我们一起祈祷，直到周日，”进球者说，“直到周日。”

“放松，卡尔斯，我会照顾好一切的，你不要担心。”

所有人的目光忽然都集中到了安德烈斯身上。每个人都被他坚定的陈述感到惊讶，他的话充满了希望。因为每当他做出大胆的预测时，他就已经看出之后会发生什么了。当所有一切看起来都很简单的时候，他会提醒大家不要自满；而当事情看起来很困难的时候，他就会宣布美好未来即将来临。

“你相信命运吗，安德烈斯？”桌上的人问。

“命运是一个很复杂的词……我确定我在对的时间站在了对的位置。”

如果他正在南非，这就不是偶然。之前他觉得自己可能会缺席，但最后他到了那里，这就解释了他在决赛之前的放松情绪；他能够参与赛后讨论了，能每晚享受埃米里的治疗影片，能在劳尔的治疗台上举杯庆祝。

2010年7月11日，足球城，世界杯决赛日，此时全世界的人都会停下手里的事去观看比赛。全世界都被荷兰队迷住了——他们踢得就像老一代西班牙队一样强悍，他们将对阵史上最强的西班牙队。这支西班牙更像那支经典的拥有众多大师的荷兰队，他们全攻全守的足球赢得了世界，却在1974年输给了贝肯鲍尔领衔的德国队。角色置换了，由于路易斯·阿拉贡内斯和德尔·博斯克的到来，他们鼓励队员通过控制球权控制比赛，围绕有天赋的西班牙队中场组织进攻。因此，必须围绕伊涅斯塔。在阿拉贡内斯率领下，西班牙赢得了2008年欧洲杯冠军，这是他们近44年来赢得的首座冠军奖杯；现在是2年后，他们距离历史首座世界杯冠军还有90分钟。

安德烈斯到了更衣室，而后深深沉浸在自己的世界里，其中只是与雨果·卡马雷诺讲了几句话。他有话要对其中一位西班牙助教说，他是西班牙后场理疗队的队员，他的手柔软如丝，能够减缓肌肉的疲劳感和疼痛感。雨果听到更衣室里伊涅斯塔的声音：“你好，雨果，请……”

雨果在赛前总是很忙碌，世界杯决赛前更甚，他停下在做的事帮安德烈斯理疗。

“起先，赫苏斯·纳瓦斯要我做一件球衣，”雨果回忆道，“然后安德烈斯走到我跟前，劳尔那时在给他做理疗。我不知道他是否看到我在为赫苏斯做的事。赛前更衣室里会发生很多事情，想象一下世界杯决赛前的景象吧：治疗，绑绷带，按摩。”

安德烈斯走过来说：“你好，雨果，请帮我给哈尔克做一件球衣吧。”

“你想要什么尺寸？大的、小的、长袖的、短袖的，还是一件马甲？好的，不要担心，等你热身完就做好了。”

“请印上‘达尼·哈尔克，永远和我们同在，保证大大的字写在正面！”

“别担心，回来的时候你就会看到它了。”

安德烈斯去热身了。雨果也必须到足球城球场去，帮助体能训练师哈维·米纳诺给队员们做热身训练，但在这之前他还有其他事要做。

“我会尽量加快，我去找杰奎因，他是西班牙队的装备师之一。”雨果回忆道。

“好了，雨果，这就是你要的球衣了！”

是谁给了他记号笔？“肯定也是杰奎因。他们每次在赛前准备角球和任意球表格时都会准备记号笔。不过杰奎因没有问我为什么，他已经猜到了。‘不要使用太多的墨水。我们也要用记号笔。你会知道为什么。’他对我说。”

雨果一个字母一个字母地写，非常有耐心，即使从背后，他也能感觉到杰奎因全神贯注地盯着他，看墨水是否够用。

“我小心翼翼，重重地写完每一个字母，比杰奎因让用的墨水更多。为什么？因为我想让人们看清楚上面的字，想让它看起来完美。”

雨果展示了坚定不移的信念，这件球衣将被全世界看到。

安德烈斯还在场上热身，米纳诺已经在找雨果了，但他还没有写完字。

“拜托，雨果，拜托！”在杰奎因和其他人的催促下，他尽其所能加速完成。“可能还要六七分钟，不会太久了。”

安德烈斯回来的时候，球衣已经做好，就等他来取了。“我不认为他会跟我说什么，”雨果回忆道，“或许他会举起他的手。你知道他就是那样，他比较喜欢用肢体动作表达，而不是语言。”

热身结束后，雨果回到安静的更衣室。安德烈斯闯进了他的寂静空间。那是暴风雨前的宁静——以一组非常微妙的手势、面部表情及耳语——他们都知道这次比赛是他们生命中最重要的事情。没人看出在他的红蓝西班牙球衣里还穿了一件汗衫，也没人知道安德烈斯有点迷信，穿着长袖球衣不舒服，所以他把袖子剪了。

“我记得从更衣室到球场的球员通道很长，而且陡峭，”安德烈斯说，“当你看到尽头处的灯光时，它会给你一种进入斗兽场的感觉。直到你走到通道的尽头，才会看到现场的观众。”

在那个通道里，安德烈斯穿着雨果为他写了字的无袖球衣，就在他的西班牙6号球衣下面。他开始感觉到有点什么，不是恐惧或焦虑。是紧张吗？一丝不安全感？也许。他在通道里走着，一直到尽头。

“当我看到照片的时候，发现照片上的我头发居然还是竖着的。”雨果说，“所以，想象一下，他会是个什么样！我看到了他所展示的字，随后我的思绪被千万次的闪回画面所吞没。我想着他在世界杯上所经历的一切。”

他受罪吗？“是的，他确实受了很多罪，”雨果说，“55天，包括准备大赛前的热身。夜以继日的治疗，有时要到清晨4点。看看去南非之前在穆尔西亚发生的吧，他已经很强大了，但是伤病一直纠缠着他。看看在与瑞士比赛时发生的吧，他那时几乎都完全恢复了，但伤了之后又得重新来过，每个早晨相同的程序、相同的场景。我们现在回忆起每天早晨安德烈斯问候我们的时候，是如何一种的感觉？我们最后都不需要说话了。我想他最后在我这里做的康复训练比他和队友的训练还要多。如果他对你笑，就足够了；或者一个简单的手势，也足够了。有几个晚上，我用来祈祷的时间比睡觉还多。我祈祷着明天早上，他的早安微笑会让人觉得放心。”

西班牙队的装备管理人员用极度细心的工作来确保安德烈斯的需求。在去南非之前，西班牙足协甚至在拉斯罗扎斯的球队训练场建了一座健身房，配备器材以迎合他们的需要。“我们带来了哈维和伊涅斯塔在巴塞罗那俱乐部用的器材，”雨果说，“我们要他们把同样的器材带到世界杯去，包括拉莫斯的跑步机。”

“安德烈斯非常迷信，”雨果说，“但是之后许多球员也变得迷信了。”有一天雨果正在训练西班牙后卫劳尔·阿尔比奥尔，队医跑到球场边对雨果大喊：“你得去跟伊涅斯塔待在一起，你能与他做从前一直在做的训练。请你现在就去，然后再回来和阿尔比奥尔一起工作。”病人都想要每天保持一样的治疗程序，这样身体才会与治疗进度保持一致。这就是为什么雨果放下手上的事去参加关于伊涅斯塔脚伤的会议，不能打破既有的安排。

“对伊涅斯塔的治疗必须稳步进行，”雨果说，“我们给他测试，给他什么样的信息，一切都必须是正面的。我记得劳尔总是对他重复同样的话，让他感到无可置疑——放轻松，安德烈斯，情况越来越好，放轻松。”

“事实上他的情况并不乐观，伤势正在恶化。但无论怎么不好，我们都必须积极面对。”

从足球城球场长长的通道走过时，雨果回忆起这55天中的许多微小细节。雨果很开心，因为当安德烈斯回到更衣室的柜子前，他已经知道自己需要什么了。一切都在按照既定的轨迹进行，就像他在球场上的传球——不用看球——他希望最终能在那天晚上亲吻大力神杯。

“我不知道记号笔怎么了。我把它拿回来的时候觉得有点烦，我就记得这么多了。”雨果说。

那天晚上赫苏斯·纳瓦斯的球衣上也写着字，类似的内容，为了纪念安东尼奥·普埃尔塔，他在对塞维利亚比赛时悲惨地去世了。球衣也不一样，赫苏斯的那件是蓝色短袖，安德烈斯的那一件——就像全世界都看到的那样——白色的无袖。两件衣服都出自雨果·卡马雷诺的手工。

“为什么以前我没有考虑到呢？我不知道。我没想得太多。也许那是从哪儿来的灵感吧。”安德烈斯说。

在通往决赛的道路上，伊涅斯塔还忙着国内的事。他要确保他的好朋友霍尔迪、乔尔、塞西、亚历克西斯都能及时赶到约翰内斯堡观看决赛。

“我不用老想着那件球衣，在我进了球以后，一切都是出于本能的，进球了然后就立刻脱掉球衣。如果我想得太多，没准后来它也就不会那么惹人注意了。它很完好，没有被抓揉，我脱下它的时候仍然很干净，它没有掉到地上，我也没有倒在地上，这太不可思议了。”

雨果手写的句子被藏在伊涅斯塔的西班牙球衣下面，那句话搅动了百万人的心，更因为那个难忘的进球而震撼人心。

“我看见的进球与跟其他人看到的不同。”安德烈斯说。

赢得世界杯的制胜球是什么样的？只需要一脚射门就能摧毁一个国家的足球信念？“当我接到球时，我听不见任何声音，”他说，“感觉当我控制着球时，全世界都停止了。这很难去解释。我在那个时候没有什么感觉，只是沉默——球、球门和我。在球传到我这里之前，我后撤了一步以确保没有越位。我知道我没有，那是一种直觉，一种身体的自动反应。然后……然后一切就安静了下来。”

球传到了，伊涅斯塔平稳地控制住球，然后射门。“你必须适时停滞一下，以便更好地接住它。你控制了球，你，只有你。球就像牛顿的苹果，我变成了牛顿，只需要等待重力起作用。你控制着局面。当你踢球时，你决定了球的高度，你往哪儿踢。那个瞬间的宁静，只有你和球。”

“我的意图是尽我所能把球踢向球门的角落，那样守门员就扑不到它了，但后来踢得有点正。不过我踢得确实很用力。事实上我不喜欢想太多射门的过程，一想你就失去了十分之一秒，如果想太多你就可能错失机会。”

球，比计划的射得更正了一点，被斯特克伦博格的右手碰了一下，改变了线路。荷兰门将双膝跪地，他被这粒进球击败了。安德烈斯转向边裁，没有举旗，他没有越位。他也向球场中部望去，回想着：“我参与了整个进球。”

安德烈斯自豪地说起他当晚在运动战中所起的组织作用，从塞尔吉奥·拉莫斯的右后防守区域到中锋的位置，也就是在补时阶段受伤的费尔南多·托雷斯的位置。

他用脚后跟传球给纳瓦斯，跑动创造空间，停顿，即使没有最后一次跑动，这些也都在西班牙足球历史上留下了印记。安德烈斯完成了所有的细节，他说自己不喜欢想太多。

他并没有在最后关头陷入绝境，除了自家后场吃紧的那个时候。“当我看到罗本闯入禁区面对卡西利亚斯的时候，我祈祷。别的也没有了。最后你就是相信门将，就这么简单。看了很多次那个机会的回放后，我想，罗本在伊戈尔面前有足够的空间可以带球。但是，幸运的是，他的射门面对的是强大的卡西利亚斯。那次扑救是决定性的。更重要的是，踢的时间越长，我的感觉就越好，我感觉我们就要赢了。球队变得越来越强大，我也变得越来越强大。有些东西你能感觉到，当你接球的时候你也能看到。我想扮演重要的角色，我想负起责任，我有能力去做这些。我感觉自己无所畏惧。球在脚下的时候，我是不可阻挡的。我这样说不只是因为那个进球，而在进球之前我们已经进行过许多次类似的跑位配合，那只是其中之一。

“在进球之前我记得有过一次机会，当时我控制着球，但一直没机会射门。海廷加被罚出场时出现了那次机会，然后是第二次、第三次。我感觉必须挖掘我们更深的潜能来赢得比赛。不要问我为什么，那只是我的感觉。”安德烈斯说。

还有，这不是一场轻松的决赛。并非出于纯粹的足球因素，或者因为比赛进入了加时。从踢的第一脚球开始，安德烈斯就知道要怎么做，就如同他在一场重要的比赛之前踢了无数场普通比赛，这种感觉就像在4年前的2006年所发生的一样。

“我当然记得范博梅尔的挑衅，我怎么能忘记他们！他怀有目的地走到我跟前，然后对我两次犯规，这两次犯规都可以被判红牌。想一想我差点也被罚出场！想象一下，如果我被出示了红牌。当时我只是翘了翘屁股，他就摔倒了，就好像我要杀了他。我那时很愤怒，因为他故意过来要伤害我。我知道在那一刻我有可能拿到红牌，所以……”

他几乎不能把话说完。此时此刻记忆如洪水般涌来，他几乎认不出自己了。

“决赛里他们全场都一直对我们使用犯规动作：德容对哈维·阿隆索犯规，其他几个人对我犯规。但我没有失去冷静，这是真的。”

但他的确在那一瞬间失去冷静，与范博梅尔发生了冲突，安德烈斯不再是他自己了。

与其讨论差点发生什么，倒不如说说实际上发生了什么。那就是进球。“人们在电视里看到的进球和我看到的不一样，”安德烈斯说，

“很类似，但不十分像。通过我的眼睛，足球视角改变了，我在场上的感觉是无法用语言表达的。这就是我的进球，我知道我从来没有像那样进过球。我不知道怎么去解释，我不知道怎么去评判。对我来说，一切都在那几秒静止了，我听到了安静的声音。这听起来很矛盾，但我想不出用什么词描述它，一种听得见的寂静。”然后，皮球滚进了球网，安德烈斯脱掉了西班牙球衣，全世界都看到了他所传递的信息，都记住了达尼·哈尔克。

那件白色的无袖T恤——雨果写字的那件——放在达尼·哈尔克的精神家园：科尔内拉·埃尔普拉特球场。在那里，每一场比赛的第21分钟——他球衣的号码，球迷们都会为他们的前队长热烈鼓掌。比赛正在进行，但那一刻球迷们忘记了比赛，把掌声献给达尼，安德烈斯的朋友，一分多钟的热烈鼓掌，一场接着一场，一个赛季接着一个赛季。

而那件有袖子的蓝色西班牙球衣随后就在足球城体育场的更衣室里被裁剪了，成了另一件工艺品。它已经不属于安德烈斯了。谁拥有了它？“特殊的宝物要在一个安全的人手上。”安德烈斯说。从南非归来时，埃米里几乎不敢相信这是安德烈斯送给他的礼物。这件蓝色的球衣上写着非常特别的话。

“我们的秘密实现了，我们成了冠军！感谢你的支持！带着爱的，安德烈斯·伊涅斯塔，6号。”这一次出自他的手笔，不是雨果的，而是安德烈斯的，他在球衣上写了字，球衣的徽章上还没有印上代表世界杯冠军的星星，但冠军会永远存在。

每个人都记得那个进球，没有人会忘记。但很少有人记得安德烈斯在世界杯上踢了7场比赛中的6场，并且有3场被评选为全场最佳球员，毫无疑问包括决赛。

第十三章　对手

“那是安德烈斯！你不能踢他。”

——塞尔吉奥·拉莫斯，皇家马德里

“当罗本一对一对位伊戈尔的时候，上帝出现在了我们面前，”塞尔吉奥·拉莫斯回忆道，“当时我说上帝啊，我的意思是伊戈尔用鞋尖挡住了荷兰人进球。虽然当时罗本控制着球，皮球都没能钻进球门。如果他们那时进球了，我们绝对赢不了那场比赛。”

“当安德烈斯最后进球的时候，我在右后卫的位子上，我向对手半场的左角旗位置跑去。我必须百米跑到9秒内，我想我就要和尤塞恩·博尔特跑得一样快了。我从球场的一角跑到另一角，就像个疯子。一生的努力转化成了那粒进球。”

这是塞尔吉奥·拉莫斯脑海中对2010年南非世界杯决赛的两个决定性时刻的水晶般澄澈清晰的记忆。这个当时的皇家马德里中卫以及国家队的右后卫，在说到“上帝乔装成卡西利亚斯”时发出了笑声。

对于当时的比赛，相比之下伊涅斯塔的记忆并没有那么激烈，伊涅斯塔坚持表示不担心荷兰队会进球。拉莫斯继续说道：“当时伊涅斯塔说：‘我观察过，看到了门将，我觉得不会有什么坏事发生。’我总是回答：‘当然，对你来说，保持放松的状态是很容易的。进球对你来说那就是3秒钟发生的事。但是对我来说，感觉就像一个世纪。’”

卡西利亚斯接着拉莫斯的话说：“对我们来说，在世界杯决赛时犯那么大的错误是很少见的。我们的防守很稳固，但那还是发生了。斯内德踢得非常好，让罗本获得单刀突破的机会。我们知道他们是荷兰队最具威胁的球员。但问题是皮球经过了‘普伊’和‘杰里’（普约尔和皮克），我们的反应有点慢。当罗本接到球的时候我们什么也做不了，除了怀着信念。”

有一个小优势，拉莫斯和卡西利亚斯了解罗本，因为他在皇马踢过球，共事经历在分析一个前锋如何决策的时候具有决定性的作用。“我试着先他一步到我觉得他要去的位置，”卡西利亚斯说，“我认为他会试图从他的右侧，也就是我的左侧带球通过。如果越过我，他就无人防守了。那就是我向那一侧扑救的原因。他选择了射门，球碰到了我的脚，我知道球不会进了。门将总是有这种直觉，我确定他那个球进不了。之后所发生的也印证了我的感觉，球碰到了我的脚，偏出了球门。”

伊涅斯塔保持了冷静，因为他能看到卡西利亚斯。而从另一个角度来说，在伊涅斯塔打入制胜球之前，卡西利亚斯看到他却不会觉得轻松。

因为比赛时间流逝，西班牙队的体力在下降。卡西利亚斯和拉莫斯都有同样的焦虑。

“在世界杯决赛的加时赛里，你会更担心犯错误被对方进球。”拉莫斯说，“这就是为什么我们老是问自己：‘那个人真是安德烈斯吗，他越位了吗？’答案是他没有越位，真的是他。他知道怎么能待在最后一个防守球员的右侧。他向后退了一步然后就进球了。如果世界上有一个球员注定要进那个球，一定是安德烈斯。我非常高兴，毕竟我有过3次进球机会，3次头球都高过了球门横梁。我们踢的是普天同庆球，在我接到它之前，球确实在空中发生了一些奇怪的状况。”

另一件让卡西利亚斯惊讶的是，伊涅斯塔是西班牙队最靠近禁区的。“没有多少人能理解伊涅斯塔是怎么办到的。我问过自己好多次：‘他在禁区的边缘做了什么？当球传到他脚下后我就想：‘我的上帝啊，球传得真好！’问题是在那个时候，斯特克伦博格碰到了球，我想他尽力救球了，我相信他能做到。我没法放松，直到看到球入了网，才放松了下来。”

“我在那种情况下有一个本能反应：直盯着边裁，看他是否正在往中圈跑。后来当我在电视上看到那粒进球的时候，我意识到安德烈斯在另一个半场的尽头也做着同样的事情。当我看到边裁跑回到中圈附近开球时，我想我身体的最后一丝能量都散发了出来。我甚至没力气去庆祝进球，没有跑到角旗杆那儿加入队友的庆祝，这跟我以往惯常的表现不同。这粒进球让我们在离加时赛结束不到4分钟的时候，赢得了比赛的胜利。但是我不能跑开，我拥抱了布斯克茨，他是离我最近的队友。然后是最紧张的开球。人们无法想象，像这样踢世界杯决赛会是怎样的情绪。我们有过很多机会，但都错过了，于是我们开始想着点球决胜。太多的事情都在脑海里涌现。这就是为什么安德烈斯进球时，我开始想：‘我们会是冠军。这太难以置信了！难以置信！’”

卡西利亚斯动不了了。塞尔吉奥·拉莫斯却激动得难以停下。“看看安德烈斯是怎么把握住这次机会的。他很冷静，时间空间都凝固了。每次看到进球，我都会感到无比感动。”拉莫斯说，“我家里摆着世界杯、欧冠奖杯、欧洲杯，每天我都会触摸它们。世界杯奖杯是所有优秀队伍都渴望拥有的；足球就欠我们一座世界杯。西班牙在很多运动中都拿过世界冠军：篮球、网球、摩托车……我们却不曾拥有足球世界冠军，但现在我们有了。”

费尔南多·托雷斯，这个与伊涅斯塔在西班牙国家队不同年龄段都当过队友的老朋友也感到无比高兴：“我简直不敢相信那球能进；我只是觉得我们不能拖入点球大战。”马德里竞技队的前锋说。

“我记得在南非时那个傍晚，我们彼此坦白、互诉秘密。”托雷斯说，“安德烈斯告诉我很多这些年发生在他身上的一些私人的事情。那都是我不知道的事，这也鼓舞了我，使我更加强大。总之我为我朋友的进球感到骄傲，约翰内斯堡没有任何人能比踢进世界杯决赛制胜球的人更加厉害了。”

“我们都经历过受伤病及其他问题困扰的艰难时光。也许我们到南非的时候，在生理上或心理上并没有处在最好的状态。安德烈斯在预选赛的时候慢慢找回了状态。他随队进入了小组赛并在决赛中攻入了载入史册的一球。相比之下，我恢复踢球的时间比我预期的要早，随着小组赛的进行，我的身体状况越来越糟，最后我的膝盖支持不住了。”

然而，他们都得到了他们所要的。他们穿着印有世界冠军星星的T恤回国，安德烈斯走近费尔南多。

“你还记得在特立尼达和多巴哥的青年世界杯赛后，你给我的那件签名球衣吗？”伊涅斯塔问道。“当然，安德烈斯，我当然记得。”托雷斯一边回忆着2001年发生的一幕，一边回答。

在此之前，安德烈斯对那件球衣始终只字不提，就好像它不存在一样。他还是一样的勇敢率真，同时又谨慎礼貌，如同14岁时费尔南多初次见到他的时候一样。

“我们第一次相遇是在西班牙U15青年队中。我们作为队友在巴罗斯自由镇举办的比赛中同时完成首秀。”托雷斯回忆道，“从那天起，我们一起经历了每个年龄层的国家队。我们的第一次大赛是在英格兰举办的U16欧青赛比赛。在小组赛中我们失去了安德烈斯，他受伤了，最后的决赛我的进球帮助球队战胜了法国队，我将这个球献给了他；我们需要他，我们很想念他。之后我们赢得了U19欧青赛的冠军，在决赛中战胜了德国队，又得益于我的进球，安德烈斯又一次和我在同一支球队。

“2001年，我们去特立尼达和多巴哥参加U17青年世界杯，那次参赛简直就是场灾难。我们怀着很大的期望，希望成为年轻的世界冠军，但我们在第一轮就被踢出局了。

“那次比赛帮助我和安德烈斯迅速成长起来，因为它让我们看到了比赛的另一面——失败的痛苦。我们都是队里的主力球员，所以在比赛失利后，我们受到了单独的批评。当着全队的面，教练说我们让所有人失望了。批评指出我们需要改变，我们因此备受指责。”

那场失利永远烙在了费尔南多和安德烈斯的心里。最想得到的U17青年世界杯，我们却在第一轮就被踢出局。赢得小组第一的是阿根廷队，队中有马斯切拉诺、特维斯和萨巴莱塔；布基纳法索队把西班牙队踢到了第三的位置，仅高于排名小组第四的阿曼。“被单独拉出来责骂是很糟糕的事情，但是这样做让我们懂得足球有时候也会是这样的。如果我们希望登上足坛之巅，就必须做好准备应对困难。”托雷斯说。

“在从特立尼达和多巴哥回来的路上，我们写了一封信诉说我们的经历有多糟糕。最糟糕的训练设施、完全不可接受的旅馆、质量很差的伙食，以及折腾的旅途等；实际上，如果那个年纪的男孩都能察觉到这些事，它确实是够差的。”

在回家的航班上，两个少年用写信的方式排遣沮丧的情绪，那封信永远不会曝光。“安德烈斯留着它，我不知道他现在是不是还留着，或许他已经把它扔了。比信中严肃的语气更具讽刺意味的是，我们是一边笑一边写的。然后我们互换了球衣，并在球衣上签名。”

这件从特立尼达和多巴哥带回来的球衣上写着预言性的赠言：“有一天，你和我会一起赢得世界杯。费尔南多·托雷斯。”

一个年轻的怀着美好梦想的少年，给了伊涅斯塔有自己签名的球衣。“谁会想到，梦想最终真能成为现实呢！”托雷斯说，“我深深觉得，只要我们在一起比赛，球队就将不可战胜。我相信有些特别的、注定的事情将在我们身上发生。我看到了它，也这么写了下来。我们的世界杯之旅还没有结束，那只是U17青年世界杯的失利。”

那次旅程对他们来说并不容易，对西班牙来说也是这样。一切从2008年欧洲杯开始，马德里竞技前锋托雷斯这样认为。卡西利亚斯也同意：“2006年到2008年期间，西班牙国家队的队员一直都受到批评，路易斯·阿拉贡内斯称之为‘口头战争’。他们确实让我们成长得很快。”

“路易斯教导我们要自信，要尊重彼此。他打造了一支球队，构建了一个想法。”托雷斯说。

卡西利亚斯补充道：“我们受到了很多批评。我们那时21岁、22

岁、23岁，我们知道我们需要快速成长起来。路易斯改变了球员们的心态，而后的德尔·博斯克懂得如何以相同的方式保持下去。赢得欧洲杯冠军并不容易，世界杯也一样，其他欧洲赛事的冠军也都是如此。没有人做到过。路易斯的口号就是‘赢，赢，再赢’。我们都是在一支经常在四分之一决赛中出局的西班牙队里成长起来的，出局后就为自己找借口，不是裁判就是别的什么原因，总能找到借口。”

路易斯·阿拉贡内斯，以“精明的欧达列萨人”为人所知，他是一个革命者，是西班牙足球的切·格瓦拉。他改变了球队在过去比赛中容易激动和暴怒的情绪，以及一直以来被怀疑论者质疑的无聊的传控打法，后来这种打法则被看作一种新的胜利模式。

他知道西班牙的优势既不在防守，也不在进攻，因为禁区里总会有一个德国或英格兰的球员比所有的西班牙球员个头都高大。西班牙队的优势在于中场，西班牙足球新的精髓是中场球员，是天赋、触球和足球本身。2008年欧洲杯开启了一个特殊的时代，然后是2010年世界杯。历史第一次，西班牙队成为这个星球上最好的球队。

“路易斯专注于培养他信任的球员，赋予那些小个子球员们责任感：安德烈斯、哈维、席尔瓦……”托雷斯说，“路易斯认同现在的球队风格，这是人们愿意观赏的，也给那些不相信这些球员组成的球队能赢球的人好好上了一课。那些批评、质疑、轻视、辱骂，我们所经历的一切都不公平，让人难以接受。但路易斯总是信任我们，让我们以我们的能力去获得胜利，发生在我们身上的一切都让我们更加团结，去追求我们的梦想。这是一个伟大的方向性改变。我确信，要是西班牙队没有2008年发生的那些事，就不会有2010年和2012年的成就。”

托雷斯和伊涅斯塔感觉自己很有先见之明。那件从特立尼达和多巴哥带回来的费尔南多签名送给安德烈斯的球衣开始变得更有意义了。他们开始相信，没有什么是他们不能获得的。

“安德烈斯是一个天才。在事情发生的前一秒，他就知道即将发生什么，他总能快人一步。”托雷斯说。

一些人对伊涅斯塔也有同样的感觉，虽然他们并没有跟他相处过多久。“我在U21青年队与安德烈斯一起踢过比赛，然后我们进入了一线队。”塞尔吉奥·拉莫斯说。“有许多球员处理问题的方式与众不同，从他们第一次亮相就是这样，”伊戈尔·卡西利亚斯说，“我第一次看到安德烈斯，他看起来是个普通的小个子巴萨青年队球员，但当他需要进步、当他需要绽放光芒时，他做到了。”

“安德烈斯是一个魔术师。他和其他人不一样，他标志着巴萨的一个时代。”拉莫斯说，“我和他做队友已经有10年了，我们非常喜欢彼此，彼此非常信任。从第一次见面起我就很喜欢他。我喜欢简单直接的人，不喜欢勉强维持友情的人，不喜欢爱出风头的人，也不喜欢以自己的喜好或其他因素划分小圈子的人。安德烈斯刚开始需要别人帮助他融入群体，但是一旦他进入了，就会成为群体中的一部分，甚至是最重要的一分子。这样的事情就发生在我和他的身上，尽管我们处在不同的俱乐部，但我们从第一天起就产生了联系。”

“每一个母亲都希望自己的女儿有一个这样的丈夫，因为他总是在做对的事情，而且从来不惹事。”拉莫斯补充道，“他不善于表现，但他传播正能量。即使有时候遭遇困难，他仍然表现得很快乐。这就是为什么我一直与他保持密切的关系，无论场上或场下都是一样。而在踢球的时候，他是我学习的榜样。”

卡西利亚斯表示同意：“你看他在球场上表现得很冷静，很少发火，别人需要费很大的劲才能挑动他的情绪。他是那种因其所为而让你尊敬的人。”

“他也遭受到了很多磨难，”拉莫斯打断卡西利亚斯的话，大声说道，“足球是有两面的，我们不是机器。我们踢了很多年，有许多次由于高强度的比赛身体会疲惫不堪，意志也被消磨完了，所有的这些都体现在球场上。有些人懂得这些，有些人不懂。你在最高水平赛事中踢了那么多年，就像安德烈斯那样，而人们总是希望他能保持同样的竞技水准。”

拉莫斯很高兴能与伊涅斯塔一起训练。“当你面对他的时候，你必须全力以赴，”他说，“你传球给他，即便传得大了一些，他一触到球就能停好。你甚至可以给他传一个坏球，我们叫它‘草莓球’或者‘乌贼球’，而他总能用他的球靴外沿触到球，然后控制住。世界上并没有多少球员有这样的水准。”

“当必须在场上面对他时，你知道你要受罪了。他非常有技巧，也很直接。他会把你耍得团团转，他很容易就能制造出空当。同时他也有着非常特别的——也是别人没有的特质——慷慨。他会告诉你，‘继续前进，你来把球送进球门’，尽管他自己也能进球。而当你对抗他的时候，你总是会有疑问，因为他知道如果你跟着他，就会给其他球员留下空当。他有着令人难以置信的球感，他能长传，传到边线，或者边角。要是他和你一队，就谢天谢地了，如果他是你的对手，就会是一种折磨。”

“他现在32岁了，而他看起来越来越好。”卡西利亚斯说，“有一个赛季他没有别人那么优秀，比如那年在塔塔·马蒂诺手下，下一年他就完成了自我改造。你只要看他在路易斯·恩里克麾下踢球的表现就可以了。一年以前他有了一个令人难以置信的赛季，无可言喻，他获得了一切。他是一个可以连续几年都稳定发挥、表现惊艳的球员，其他人办不到，他的职业生涯也都一直保持着稳定的水平。”

卡西利亚斯具体说了路易斯·恩里克在诺坎普执教时，伊涅斯塔取得的进步。“他是一个全能中场。他更频繁地进入禁区，他更快了，射门也更多了，这些都是之前我们没有看到的。在我看来他现在的速度更快了。我不是说长距离推进，而是说他能利用脚下功夫甩开防守球员。我还记得在诺坎普球场对抗巴黎圣日耳曼的欧冠比赛中他的那一套动作，真正让我懂得了他的速度有多快，移动的同时兼具速度、力量和对抗。”

卡西利亚斯和拉莫斯都数次在场上面对伊涅斯塔，不是什么好的时机，他们的相遇总有皇家马德里与巴塞罗那的紧张关系作为背景，当两家俱乐部分别由两位性格主帅——佩普·瓜迪奥拉和若泽·穆里尼奥——执掌的时候。

“每个人都会为己方战斗，”拉莫斯说，“在两队相遇时，我们经历了一些非常不好的时刻，甚至在场外打架。2011年3周时间里，我们踢了西班牙国王杯决赛、欧冠两回合比赛，之后又是一场联赛。在3周时间里我们有5场比赛，中间出现了些争执。”

“我是第一个加入的，也是第一个犯错的。当时我很年轻，很冲动，肾上腺素飙升。在一场国家德比之后，我扇了普约尔一个耳光，又和哈维起了冲突，第二天我最先做的事，就是和他们交谈。”

“让不好的风气在西班牙队里弥散开来并不明智，特别是球队那么优秀。但实际情况是，安德烈斯完全没有受那股坏风气的影响。我从来都跟他保持良好的关系，甚至在我与哈维、皮克、普约尔彼此剑拔弩张的时期，我与安德烈斯都没有出现过问题，跟布斯克茨也没有。安德烈斯和我都清楚这一点。更重要的是，我确信在我们都不再踢球的时候，我们的友谊仍将继续。”

“与安德烈斯发生矛盾或者打架都是不可能的，”拉莫斯继续说道，“你不可能去踢他。有时你无意地拽住他，有时他摆脱了你，你不得不做出选择：踢他或者把他放倒或者放他走。最后，你还是会放他走。”

“那是安德烈斯！你不能踢他。其他球员就可以，你甚至可以把他们踢到看台上去，如果你想的话。但是你就是不能踢安德烈斯。”

“没有多少人像他那样，没有多少人能像他那样去做。这就是为什么我那么喜欢他，我喜欢他就像喜欢一个队友。唯一的遗憾就是他没有在我的俱乐部踢球。我本来希望伊涅斯塔和我一起在皇家马德里踢球。”

第十四章　德尔·博斯克

我总是希望我的球队里有中场球员，越多越好。

——文森特·德尔·博斯克

文森特·德尔·博斯克，作为赢得了2010年世界杯冠军和2012年欧洲杯冠军的前西班牙国家队主教练，也对此表示认同：“他是一名出色的足球运动员，拥有一种你很少能看到的体育天赋。他拥有特殊的能力。他如此优雅地运用自己的身体，这种协调和技巧是无法传授的。当然，你可以努力改进，但你也可以生而拥有。他就像一个舞者，以优雅的姿态做事，仿佛不费吹灰之力。他的比赛是自然、流动的。他以一种放松的姿态踢球，总是显得很舒服，就好像足球和他的脚在一起走路一样，足球永远不会离开他。他似乎从来不被压力所迫，一切都很流畅、很精美。”

德尔·博斯克看出来了，安德烈斯所拥有的特质与瓜迪奥拉相似。“起初并不是很明显，但是安德烈斯已经在踢球的过程中进化了。他现在是一个不同的球员。举个例子，我和佩普都曾设想让伊涅斯塔踢边路，在人群中跑动。我对他说过很多次：‘我看到你了，我不想让你跟一个后卫面对面。’但如今他在比赛中还有其他作用，他一点一点地离开了边路，现在他觉得在球场中路更关键也更舒服，他已经赢得了踢得更多样化、更核心位置的权利。”

“之前我们把他放在边路并没有错，现在我们让他踢得更像一名核心中场也没有错，这是他的进化方式，是他所承担的责任和扮演的角色。我最喜欢安德烈斯的地方就在于他已经成为一个全能中场，一个全能球员。我所说的‘全能’是指一名球员可以防守、组织，到达对方区域，同时也能靠近本方区域，完成最后一传。这类球员的速度看起来并不快，但他总能比你先拿到球。”

“我总是希望我的球队里有中场球员，越多越好。”博斯克说。你可能会期待瓜迪奥拉也说出类似的话，这两个人看待足球的方式比较类似：一场由中场发起和展开的比赛，拥有视野和天赋的中场球员掌控指挥着比赛。球员的水平和理解能力越强，球队就越好。德尔·博斯克和瓜迪奥拉本身都是中场球员，分别在皇家马德里和巴塞罗那踢球。德尔·博斯克说：“我希望每个人都是一个中场球员，不仅仅是传球接球、带球踢球，也要知道什么时候应该和皮球保持距离，理解在正确的时机传出正确的球。足球不仅仅是彼此靠近，不断控球，球员之间相互转移球，更要知道什么时候应该放弃球权，什么时候应该消耗比赛时间，并寻找机会传出打穿对手的传球。”

“安德烈斯的才智和意识都很不寻常。”德尔·博斯克说，“有时候你会觉得他就像在看台上看着比赛，而不是在球场上踢球。当你坐着看比赛的时候，你会想：‘他现在应该传球……’然后安德烈斯就这样做了。‘要是我，就这么做……’然后安德烈斯做到了。他看不到你在高处看台上所能看到的——在看台上尽收眼底很容易——但无论如何他总能做得对，他能看得到。”

谈到世界杯决赛，德尔·博斯克承认：“我没有完整地看完比赛，尽管如此，我还是看了其中一部分，特别是加时赛。我记得安德烈斯差点被罚下场，尽管事实上他没有做任何事，范博梅尔夸大了两人的冲突。我不喜欢说任何人的坏话，荷兰一直是一个培养优秀足球运动员的国度，但在世界杯上，荷兰不再是荷兰。他们非常在意西班牙队，你可以从他们在比赛中的表现看出来，他们的放铲、Patadas……”Patadas的意思是踢人、犯规，甚至凶狠地踢打。这是一个德尔·博斯克从来没有说出来的词，“那不是真正的荷兰，不是我们所知道的荷兰。”他补充道。

最后，他们击败了荷兰队。“我看到了那个进球，”德尔·博斯克说，“但我没怎么庆祝，泰然自若。为什么？因为我记得比利奇，那个克罗地亚队的教练。还记得2008年欧洲杯四分之一决赛中发生了什么吗？克罗地亚在第119分钟进球，他从教练席上冲出来，与所有人一起庆祝进球。然后土耳其开球，突然皮球飞进了球门顶端，精彩绝伦。我听过比利奇说过很多次，为了庆祝那个进球，他消耗了太多的能量，最终土耳其在点球大战中取胜。因此当安德烈斯进球的时候，我的脑海里就出现了比利奇的形象。比赛还剩4分钟时间。”

终场哨声响起，西班牙在庆祝他们赢得的第一座世界杯，德尔·博斯克终于可以庆祝安德烈斯的进球了。“安德烈斯对国家队一直很重要。”他说，“他得到了所有人的支持、所有人的尊重。每周大约有10万人去诺坎普球场看球，我敢肯定，你很难找到三个不喜欢他的人。也许是因为他没有文身，也因为他从来没有遇到过纠纷。所有的人都欣赏他的为人，而不只是他作为球员的样子。”

德尔·博斯克举了一个近似的例子。“有一些政客，比方说，他们在集会上说了很多，但在面对真理时却一言不发，哑口无言，他们所说的话没有任何实质内容。与此相反，有一个人几乎说不了什么，但他是可信的、冷静的，当事情发生的时候，他总在那里。这就是安德烈斯。”

“过去我们常常和国家队一起观看一段视频，”博斯克透露，“视频非常短，只有二三十秒。是在科尔内拉球场踢的比赛，我记得是巴塞罗那对阵西班牙人，4比1取胜。在安德烈斯离开球场时，西班牙人的球迷，巴塞罗那的德比对手，都从他们的座位上站起来，为他起立鼓掌。这是梦幻般的景象。这说明了许多，说明安德烈斯作为一个人和一个球员，他是怎样的。西班牙人输给了他们最大的对手，而他们在球场上为他鼓掌，科尔内拉球场认可了他。这段录像令人难以置信，精彩绝伦。真的，真的非常惊艳。”

“这种事情不会发生在其他人身上。”

第十五章　达尼

在进球之前的几秒，我就知道要进球了。在你进球之前，我就开始尖叫。

——致安德烈斯，达尼·哈尔克的妻子杰西卡

“我不舍得脱下这件球衣，我认为这是它最好的归宿。我进球了，达尼也会永远记得。”这就是安德烈斯，饱含深情地纪念他过早去世的朋友。他在西班牙人球场的观众面前，用那支著名的签字笔在充满历史感的白色背心上，写下了给达尼的话语，这里曾是前球员达尼·哈尔克的主场。

安德烈斯只进了一个这样的球。但从那以后，每个人都反复观看这个进球，他们觉得就像自己取得了进球。那天晚上，有人知道进球就要

到来了，感觉到了一切即将发生，伊涅斯塔退后几步，确保自己没有越位，然后他收获了进球。

杰西卡，达尼·哈尔克的妻子，从无尽的悲伤中得以暂时缓解（一年前，她的丈夫去世时正跟随西班牙人俱乐部在意大利训练）。她坐在电视机前，观看西班牙队和荷兰队正在约翰内斯堡的足球城球场进行的世界杯决赛。她用了11个月的时间才能再次观看足球赛，这是丈夫去世之后，她观看的第一场比赛，也是和他们的女儿玛蒂娜看的第一场比赛。

“我什么足球节目也不看，甚至就没有打开过电视。我需要保持沉默以使悲伤沉寂。但是那天晚上我决定要看决赛，别问我为什么。我和母亲、玛蒂娜都在家里，玛蒂娜只有10个月大，还没有过过生日。记得当时我刚洗过澡，用毛巾把头发卷了起来，紧张地坐在电视机前，毕竟这是世界杯决赛。”

“这是达尼喜欢的，朋友们环坐在一起观看比赛。也许这就是为什么我会对自己说：‘要看比赛吗？是的，我要看决赛。’我母亲忧心地看着我，不断重复‘你真的要看吗’？她知道这是达尼离世后，我第一次观看比赛，她知道这对我来说很难。”

“第一次在没有他的情况下观看一场比赛，这说明我接受了新的生活，没有了他的生活。‘是的，妈妈，我想看。’我坐在沙发上。的确，我不太懂足球。记得达尼多次跟我说他是如何踢球的。如果他离开家去客场比赛，我会按自己的习惯行事。我需要独处，我会把电视打开，点亮一些蜡烛。我喜欢蜡烛，它们传递着和平与宁静，在那种时候，烛光仿佛成了你的伴侣。我会对他说：‘你很棒，达尼。’然后他说：‘可是今天我全都做错了，一点用也没有。’我也会说：‘哦，我在电视上看到你很多次。’某些时候他问我：‘今天我表现得怎么样？’我说：‘太糟了，达尼，我几乎看不到你！’而他却说：“但我今天表现得很聪明，一切都很顺利！’”

“说实话，我看比赛是因为我可以和他分享，分享他的紧张、他的兴奋、他的毅力，而且在某种程度上，他也是通过每一场比赛分享他童年时代的足球梦。我试着用他的方式传递正能量。正因如此，自从他离世之后，我就再没有看过比赛，再没有人可以与我分享了。然而忽然之间，我发现自己正和玛蒂娜、母亲玛利亚在一起观看世界杯决赛，我们坐在一起，观看一场最重要的足球比赛。”

“在进球前的几秒钟，我就觉得会发生什么。安德烈斯进球之前，我就开始喊叫了。我记得那一刻他接到了传球，当时他正一个人站在球门前面。他进球了，但当时我并没有看，我用手挡住了眼睛。”

杰西卡不再说了，沉默下来，用手蒙住了眼睛。她身在光明之中，但又再次回到了黑暗里，就像在最后时刻，决赛中的皮球到了安德烈斯脚下。

“我看到他射门了，但我用手遮住了眼睛，什么都没有看到。那个进球，以及之后的庆祝。我妈妈大叫：看！看！看哪！但我不敢看，我知道达尼也会在那儿。我不知道具体是什么样的进球，但我就是知道，我知道进球即将来到，我知道安德烈斯会进球，然后我感觉到达尼也会与他同在。安德烈斯可以把这个进球献给他所有亲密的人，献给他的妻子、他的孩子们，献给那么多人，但他把进球献给了达尼。”

杰西卡、玛蒂娜的母亲，挣扎着要说完一段没有中断的完整话语。她说着，然后她哭了，她哭完之后又说了一些。

“为什么他要把这个进球献给达尼？我觉得这表明了许多，关于安德烈斯，也关于达尼，关于他的意义，以及今后他对于别人的意义，这些人曾有机会与达尼一同分享自己的生活。而这也传递给我们达尼的价值观，和他留下的那些难忘的礼物，让我们将生命发挥到极致。”

“当我终于抬起头来的时候，我甚至看不到安德烈斯穿着的球衣了。妈妈一直在对我说：‘看，看哪……’我再次抬起头时，球员们遮住了安德烈斯，什么也看不见。直到后来，我看了重播，看到他写给达尼的话。从那以后，我思考过很多次：那一天为什么是达尼和安德烈斯在一起？为什么我也在跟他们一起看那个进球？我已经远离足球那么长时间了。我们都在不同的地方，但我们的心都在约翰内斯堡，一个进球将天堂和人间连接在一起。”

“你知道吗，达尼没有一件安德烈斯的球衣。过去他们一起踢球的时候曾经交换过球衣，但之后就都不见了，家里一件也没有。我想他会有多件达尼的球衣，这才正常，因为达尼的球衣不那么容易分送出去。”

“安德烈斯的巴萨球衣总是很抢手。朋友来我们家做客，如果他们要一件安德烈斯的球衣或一件巴萨球衣，达尼就会给他们一件。他很慷慨，从来都不太看重物质的东西。对他来说这就是球衣而已，如果把一件安德烈斯的球衣送给别人能让他们快乐，这对达尼意味着更多。他是一个不会遇到情感困扰的人。这些球衣属于安德烈斯，但它们只是球衣而已。相比之下，达尼对安德烈斯的感情和钦佩之情不会随球衣的离去而散淡，这种情感并不依存于物质载体。”

杰西卡不时露出感染人的微笑，但她说话的时候还是哭了。他们都说时间可以治愈一切。但这不是真的，什么都没有痊愈。

“安德烈斯是这样的人，总是向人们传达着亲切而令人感佩的品质。有时候，我和玛蒂娜一起散步，她会提醒我注意安德烈斯新的宣传影像：‘妈妈，看，安德烈斯！’她的脸上带着满满的微笑。我不在乎别人是怎么样，他们所传递的东西更加重要。安德烈斯能将自己在生活中的快乐传递给你，让你感到快乐，而快乐是他应得的。从情感上来说，他很聪明，是一个好人，他和达尼有许多共通之处。在这个冷漠的、物质的世界上，他卓尔不群，因为他只是个简单而谦卑的人。”

“我不希望书中关于我的这一部分让他感到难过。拜托，这是我最后的愿望。我们所经历的一切使我们成为今天的自己。生活中的艰难困苦都在提醒着我们，我们可以继续生存下去，我们可以保持快乐。他在约翰内斯堡，我在卡斯特尔德费尔斯，但我知道他将会进球，我就是知道。有些事情是无法解释的，就像当你全心全意爱着一个人，就会存在一种比物理联系更深的连接。我不知道这是什么，但总是有一些更多的东西。”

突然之间，多亏了那场决赛，杰西卡重新找回了足球，在她再度回到悲伤与孤寂之前。她在家里哭了，安德烈斯在球场上哭了。他们之间是相互连接的，存在着一种联系。

比赛结束的时候，泪水在恣意流淌。球员们紧握双拳，平躺在足球城球场的草皮上，他的朋友维克托·巴尔德斯给了安德烈斯一个拥抱。

对阵切尔西的欧冠半决赛，伊涅斯塔在最后时刻进球，之后巴尔德斯跳到了队员们叠罗汉的最上面。“当他在斯坦福桥球场射门的时候，我也在心里射门。”他说。在南非，坐在替补席上的他是第一个跑过去庆祝的。“我扑倒在草坪上，看着自己的眼泪滴落下来，我在他身边哭了起来。”前巴塞罗那门将巴尔德斯说，他把安德烈斯当作自己的小弟弟。

“我不知道怎么表达我有多么幸福，”安德烈斯说，“一种无限快乐的感觉，就像你一直念念在心的东西，总是遥不可及，突然之间，它就在你的掌握之中了。那个赛季我经历了许多的挫折，但最终，足球回报了一切。如果你努力工作并怀抱信念，如果你感受到了这项运动，为它而生，它就会回报你。”

2009年那个可怕的夏天，足球牵着他的手一同走过。达尼离开了，但足球把他和他的朋友再度拉到了一起。“我欠他的，我从来没有机会向他表示敬意，这是他应得的。我想和他分享快乐，这种快乐是我和他，还有他心爱的东西在一起时所感受到的。正因为如此，比赛开始前我穿上了那件背心。”

为此安德烈斯去找了雨果，让他写了献言，他坚信这座被众多传奇球星亲吻过的世界杯奖杯很快就会依偎在他的怀中。也许他没有指望能取得一个进球，尽管他曾对卡尔斯·普约尔说过。如今这个进球成为西班牙国家队历史上第二重要的进球。这个进球意味着他可以优雅地、慢慢地脱掉他的蓝色西班牙球衣，露出这样的字样：“达尼·哈尔克，永远和我们同在。

这场比赛是他欠达尼的，他的“小鹦鹉朋友”（西班牙人的昵称是小鹦鹉）。就如同他与朋友的直接对话：“我很遗憾，我们没能保证更多的见面、更多的聊天，但我从未想到，生活竟然如此不公，让我失去了达尼这样的朋友。”

他们住在同一个城市，但他们又非常不同。一个是西班牙人队的象征和队长，另一个是巴萨的队长。他们在西班牙国青队相遇，在U15和U17时同在一个更衣室，他们一起为U19国青队赢得了欧青赛奖杯，又在U21并肩作战。

达尼的心脏阻碍他进入更高层次的球队，但他见证了最重要的进球。

在通向他们职业生涯顶峰的道路上，达尼和安德烈斯成了密友，在球场之外也是一样。国际比赛日期间，他们在巴塞罗那机场回来的路上，总会分享彼此旅程中的故事。“他比我大一岁，我们相处得一直很好，乃至于他成了我的‘的哥’。他有一辆车，我没有。”安德烈斯回忆道。足球把他们连在了一起，2002年7月在奥斯陆的一场比赛——他们当时并不知道——对他们的未来产生了影响。

这是U19欧青赛的决赛。伊纳基·塞斯的西班牙队对阵前皇马球员乌利·斯蒂利克执教的德国队。比赛以1比0结束，费尔南多·托雷斯打入一球；同样的结果，同样的比分，同样的进球球员，6年之后的2008年西班牙国家队在奥地利捧起了欧洲杯。“我真的很喜欢看伊涅斯塔踢球，他控球控得太棒了。”U19决赛前几小时，德国队教练说道。这是达尼和安德烈斯共同经历的最灿烂的时刻之一。在前往挪威的旅途中，他们都是在一起。正是托雷斯的进球，帮助他们赢得了冠军。

赛前，斯蒂利克提到安德烈斯无疑是有先见之明。第54分钟安德烈斯在自己的半场接到球，离德国队的球门相距约60米。哈斯把守德国队的大门，他是个有前途的门将，但还没能在德甲联赛证明自己。经过两次精妙的触球，安德烈斯带球推进到半场，第三次触球堪称完美，他送给托雷斯一个美妙的传球，而托雷斯已经全速启动找到了德国防守球员身后的空当。这种传球正是斯蒂利克在赛前担心的，此时托雷斯跑到了两个德国球员之间，他俩都觉得局势已在自己的掌控之下，他们认为托雷斯无法完成标准的“圣婴”式射门，但他右脚的这一射足以为球队赢得比赛。

安德烈斯与8号球衣有点缘分，3个月后他在布鲁日完成一线队首秀的时候，也穿着同样的号码；14号托雷斯，他们合作无间，就像之后的

2008年欧洲杯决赛；另一个8号哈维·埃尔南德兹助攻9号球员，还是托雷斯，帮助西班牙国家队赢得了3座非凡的奖杯中的第一座。毫无疑问，2010年世界杯是最令人刻骨铭心的，特别是安德烈斯，那是开天辟地的时刻，但其实早在几年前就有所预兆。

西班牙U19教练伊纳基·塞斯回忆道："我第一次看到安德烈斯是在1995/1996赛季。"他当时是阿尔巴塞特的教练，球队正笼罩在降级的阴影中，最终也未能避免这一命运。他新任命的助教吉恩斯·梅伦德斯对他说："伊纳基，我们去看一个孩子吧，瞧瞧你对他有什么看法。"

塞斯回忆起他的第一印象："他很矮小、袖珍，真的很瘦小。可你知道吗？他一次也没丢过球，他让比赛按照他想要的方式进行，他一直都知道谁在他前面，谁在他后面。我对吉恩斯说：'他是一个天才。'"

而后几年，塞斯没能继续关注安德烈斯。他说："通过吉恩斯，我发现了他，当然巴塞罗那已经签下他了。后来我在西班牙国青队看到过他，直到我自己成了他在奥斯陆的教练。我记得一切都很好，虽然很多人建议我不要接受那份工作，因为我已经得到了一线队的邀请。但我对那些孩子很有信心，我相信费尔南多和安德烈斯，相信哈尔克，还有门将莫亚。我对自己说：'我要带他们去挪威，不管会发生什么。'然后我们在决赛中遇到了德国队，正如事实上的那样，他们是最强大的对手。这是一次真正的考验，但我们有神奇的一面，很完美。"塞斯还知道一些有关这支青年军的事，他还执教了U20国青队，1999年他们在尼日利亚赢得了青年世界杯冠军，伊戈尔·卡西利亚斯和哈维成为新的天才。

当时安德烈斯不知道——但是塞斯知道——这群球员将开启西班牙新的一代。他们将改变世界足坛的面貌，一开始是路易斯·阿拉贡内斯的领导，他是第一个相信“小个子”可以踢中场的人，继之是充满智慧的文森特·德尔·博斯克。

“他们有一个很好的门将，几个不错的中后卫，显而易见，安德烈斯在中场，费尔南多进球，他们拥有了一切。”塞斯说，“制胜球有点奇怪，有点混乱，但它进了，这才是最重要的。进球的功劳一半要算在安德烈斯的传球上。”塞斯回想起“那个冷静的中卫，他解决了所有的问题，不慌不忙，一直在帮助他的队友。达尼是个了不起的孩子，西班牙人队的孩子总是非常好”。

这场胜利只是费尔南多·托雷斯和安德烈斯·伊涅斯塔两个西班牙无名男孩的起步，他们一个来自富恩拉夫拉达，一个来自丰特阿尔维利亚。这本该也成为达尼·哈尔克的起点。但他也在南非，因为安德烈斯把进球献给了他。

“我5岁的时候，就在为第一支球队84公园效力了。”托雷斯回忆道，“我在富恩拉夫拉达体育中心参加了一场有组织的足球马拉松比赛。比赛很疯狂，有15—20个男孩参加，所有的人都在追着球跑。”如今的托雷斯在马德里的“马拉松足球”中追着球跑，伊涅斯塔也在西班牙的另一个角落做着同样的事情，在家庭吧台的桌椅间带球过人。托雷斯刚开始是一名门将，最终却成了一个进球手，他每天都在家门附近磨炼球技，每年夏天去加利西亚度假练球。而对伊涅斯塔来说，夏天就代表着足球，更多地踢足球，从学校的操场到自家附近的街道。

来自马德里的这个男孩出生于1984年3月，而来自拉曼恰的男孩，出生在两个月之后的1984年5月，他们一起在2001年的英格兰U16欧青赛中开启了国家队生涯，不过这对两人来说都很艰难。

青年联赛开始前，托雷斯在那年4月的一场友谊赛中伤了膝盖。他以为自己会错过U16欧青赛的第一场比赛，这可是他的第一次国际大赛，但他最终还是赶上了。而伊涅斯塔则在拉玛西亚止住了想家的眼泪，4个月之前，时任巴萨教练的塞拉·费雷尔邀请他与一线队一起训练。他在这里只待了4年，而U16欧青赛决赛则是他进步神速的又一项奖赏。

费尔南多和安德烈斯一起抵达了英格兰北部的杜伦，准备共同开启一个新的世界。一个瘦长脸上长着雀斑的前锋和一个瘦小的中场精灵，无论从哪个角度看，安德烈斯身上的西班牙球衣都太大了。

在这项赛事中，安德烈斯与另一位西班牙人的后卫交了朋友，完美无瑕的卡洛斯·加西亚。当他们第一次发生冲撞的时候，安德烈斯给他留下了非常深刻的印象。“我弄伤了他，”加西亚说，“他为巴塞罗那踢球，我为费伦·马托雷利十一世基金会踢球。我从他身后挑战他，抓住他，他扭伤了膝盖。我们当时13岁或14岁，我尴尬得要命。一周后打了个照面，当时我正走在巴塞罗那勒科尔茨区特拉维塞拉大街上，我看到了他。我们分别在路的两侧，我们都很害羞，仅仅打了个照面。”

此后，他们更多地在德比战中看到彼此站在对手球队中，他们开始有了联系，安德烈斯甚至会在卡洛斯的屋里过夜。他们成了朋友，距第一次见面已经过去了太长时间，都快忘了。现在他们是国青队的队友，一起享受第一次欧锦赛之旅。

这支胡安·桑蒂斯特万执教的球队，以3比0击败罗马尼亚，5比0击败比利时，开启了这项赛事。之后他们对阵德国，数年之后伊涅斯塔和加西亚击败的也是德国队，先是青少年队，然后是青年队。德国人准备以合理对抗甚或犯规来阻挡安德烈斯。在他们与安德烈斯不相上下时，就使用合理冲撞、夹抢对付他，而更多的则是采取了犯规。在比赛还剩

10分钟的时候，伊涅斯塔终于被凶狠铲倒，随即因伤离场。

“他们打算伤害他，”加西亚说，“我们可以听到德国替补席上的声音，他们明确说出想要如何阻止安德烈斯：‘踢他，踢他！’最后他们重重地踢了他，把他踢出了球场。这是一个很大的打击，因为安德烈斯对我们很重要，不仅在足球层面，还有我们的士气。”

“安德烈斯是很受队友喜爱的人。球队中有一个明显高于周围人水平的球员，而他并没有在言行举止中表现出来，这会让他很受欢迎。”加西亚承认。

西班牙被0比2击败了，但他们凭借净胜球优势进入了四强。问题是在这个进程中，他们失去了伊涅斯塔。他无法再在欧青赛中出场了，留下托雷斯一个人，还有加西亚。

伊涅斯塔闷闷不乐地回到了巴塞罗那，他的腿严重扭伤，右膝肿胀。他为西班牙球队感到沮丧、感到担忧，西班牙队还因伤退失去了戈尔卡·拉雷亚，而他们将在四强中对阵意大利。不过球队中还有才华横溢的迭戈·莱昂，他们仍然进入了决赛，并凭借托雷斯的点球赢得了冠军。伊涅斯塔很想到现场去支持队友，成为比赛的一分子——他们将这场胜利献给了他——但巴萨没有准许他前往。

“拉雷亚去了圣塞巴斯蒂安，安德烈斯去了巴塞罗那。足协希望他们都能回来，这样他们就能在决赛中和我们在一起了。皇家社会同意让拉雷亚来，但巴萨说不。”加西亚回忆道。

巴塞罗那当时就像一座正在喷发的火山，胡安·加斯帕特是俱乐部主席，雷克萨奇取代塞拉·费雷尔成为球队主教练，佩普·瓜迪奥拉宣布离开诺坎普。人们更关注阿根廷球员里克尔梅的签约，而不是安德烈斯的未来。

“你不能去，医生不会让你去的。”俱乐部的回应有些冷淡，安德烈斯很伤心。“我觉得无助，这让我百感交集，我想成为欧洲冠军，我想和我的队友们在一起。”他的队友们尽了最大的努力，让他感觉自己也是决赛的一分子。打进点球之后，费尔南多·托雷斯掀起他的西班牙球衣，展示了一些非常特别的话。

“费尔南多为安德烈斯和拉雷亚写了几句话，与安德烈斯在2010年世界杯上为达尼做的相似。”加西亚透露，他想起两名球员无法参加决赛的痛苦。拉雷亚在看台上，安德烈斯在家里。

“英格兰举行的决赛结束时，球队代表保留了安德烈斯的奖牌。大家都知道该怎么做，但没有人透露一个字。”

抵达巴塞罗那机场后，加西亚完成了他的最后一项任务，把欧青赛的奖牌送给伊涅斯塔。“这是你的。”他把奖牌挂在安德烈斯的脖子上，就好像他们还站在冠军领奖台上。

“每个人都知道我非常钦佩卡洛斯·加西亚。”巴塞罗那中场伊涅斯塔这样说起他那位西班牙人队的老伙伴，“我们是非常要好的朋友，这不需要隐瞒，尽管我们之间隔着同城德比。”

这就像安德烈斯和佩里科的伙伴达尼·哈尔克的友谊一样。他在2010年7月的那个晚上，向全世界展示了他们之间的友谊。“达尼是个性情平和易于相处的人，他的性格和我非常像。在球场之外他会开玩笑，而在球场上他总是在做正确的事情，不会惊慌失措。他是西班牙国家队未来的中卫，可是……”

他无法说完这句话，但他们的足球友情一直延续到了约翰内斯堡，在那里安德烈斯踢中场，达尼踢中卫，他们在决赛中一同出场踢球。而杰西卡噙着泪看着他们。

第十六章　8号

"够了，你们现在可以停下了。我们死了，你们赢了。"

——曼联球员对埃里克·阿比达尔说，2011年欧冠决赛

离温布利球场的欧冠决赛还有一段距离。在一个人的后花园里，皮球在草地上轻松地穿梭。安德烈斯传给哈维、哈维传给梅西、布斯克茨拿着球，一遍又一遍、一圈又一圈，这就是巴塞罗那最宝贵的财富。亚历克斯·弗格森，这位在足球领域成就了一切的人，找不到一种方法来阻止他们。并不是他缺少努力，2009年在罗马他没能做到，从那以后他始终没有办法，两年后，曼联又在伦敦陨落，巴塞罗那将再次成为欧洲冠军。

“我印象最深的是最后半小时，”巴萨的埃里克·阿比达尔说，“英格兰一方的球员非常气愤、嫉妒、暴怒，因为我们把温布利变成了一个巨大的回旋舞台，他们对此无能为力。他们不停地咒骂，在太阳底下大喊大叫。难以置信，我的一些队友无法理解他们，但我能理解。‘够了，你们可以停下了。我们死了。还有25分钟时间！’哈维、伊涅斯塔、梅西、布斯克茨、阿尔维斯，这一天阿尔维斯几乎是个中场，他们继续前进：开火、开火、开火。”

阿比达尔并没有多谈这场比赛，而是对它进行了评论。就像那一时刻，那些影像烙进了他的脑海里。毕竟，这是他代表巴萨所踢的最好的比赛之一。“几乎是一场完美的比赛，”他回忆道，“不是因为温布利球场的气氛，也不是因为普约尔和哈维做了最美妙的事情，而是因为我有幸举起奖杯。不！当然，所有这些影像都将永远留在我的记忆中，但我记得最重要的事情是足球本身。”

“第一个进球，安德烈斯把球传给哈维。哈维朝看台看了看，用外脚背把球传到了佩德罗的跑位线路上。佩德罗射门，范德萨移动得太早了，他向右移动，皮球从他的左侧飞进球门。巴萨的第二个进球是一样的，在鲁尼扳平之后，安德烈斯、哈维、梅西这三位矮个子球员再度让我们保持领先。我不太记得梅西的进球了，但我记得他踢了麦克风。”

说到安德烈斯，阿比达尔感觉到一种特殊的情感：“他就在我面前踢球，他总能让我摆脱麻烦。你给他一记可能是最糟糕的传球，一记‘英国式传球’，但你知道他还是可以控制住球，没法解释他是怎么把球控制住的，然后他带球过掉对方球员，一个、两个、三个、四个、五个，好像根本没什么问题。他似乎能够让皮球做任何他想做的事情——我总是感到非常惊讶——他能看到球场上发生的一切。他总是向前看，然后看透了一切，观察到周围的每一个细节。”

2011年的温布利，安德烈斯达到了职业生涯的巅峰。他通常都很果断，但那天他表现得无懈可击。这是他第一次完全没有疼痛感、没有压力、没有顾虑，也没有不适，这是一场他可以真正享受的比赛，仿佛回到了丰特阿尔维利亚的训练场。这次他能上场踢球了。2006年在巴黎里杰卡尔德把他放在了替补席上；3年后的罗马，他因为伤病只能用一条腿踢球；而在2011年的伦敦，他的状态很好。“安德烈斯从来没有在球场上说过什么，”阿比达尔解释道，“他只是踢足球。他的竞技水平替他发声。他从不抱怨，即使他比任何人都有更多的理由抱怨。他们越是踢他，越是试图阻止他，他踢得就越好，为了他和他的球队。”

曼联的球员根本没有机会阻截伊涅斯塔、哈维或梅西，皮球转移得太快了，他们被红蓝军团击败了。当巴塞罗那处于最佳状态时，他们的比赛可以用一秒、一厘米来精确衡量，达到这样的精度和速度，没有人能像他们那样掌控空间和时间，尤其是伊涅斯塔。曼联在90分钟内只有16次犯规，即使他们想犯规得更多，也做不到了。当大卫·比利亚的射门取得进球——第69分钟皮球从球门上方弧线钻入——曼联的命运就注定了。弗格森的球员一直在追逐影子，却总是到得太迟，永远也无法赶上。他们没有拿出太多的表现，而是跟着对方的表现走。他们任由巴塞罗那摆布，全场巴萨只有5次犯规，有16次射门12次射正，3个进球。而这一切发生在欧冠决赛上。

巴塞罗那以3比1的比分结束了比赛。约翰·克鲁伊夫的足球哲学无法诠释得比这更好了，他永远改变了巴萨。“如果我有球，我的对手就没有。”克鲁伊夫说，温布利完美地记录了下来。据说英国人发明了足球，但在他们的国家体育场里，英格兰最大的俱乐部只有三脚射门，其中两脚没有射正。“开火、开火、开火……永远不会停止。”阿比达尔说。

没有人预料到那天晚上阿比达尔会首发。两个月前，巴塞罗那的一份声明显示，他已经诊断出患了癌症，医生在他的肝脏里发现了一个肿瘤。当时是2011年3月15日，第二天阿比达尔到更衣室去见他的队友们，他鼓励他们，而不是他们鼓励他。他是一个积极的人、一个乐观的人。“我是个幸运的家伙，”他告诉他们，“他们及时发现了肿瘤。”两天后走进手术室时，他对一个队友开玩笑说：“嘿，把你的肝脏给我，我可以用。”后来的5月28日他在温布利球场踢球，好像什么都没发生过。

“我从没想过自己会在决赛中上场，”阿比达尔说，“即使是在最疯狂的梦里也没有，我对主教练说的唯一一件事是：‘如果你需要我，我随时都可以。’但我不认为自己会出现在替补席上。事实上，我很高兴能有机会去温布利球场，在看台上支持我的队友。”但在温布利的最后一次更衣室谈话中，瓜迪奥拉改变了一切。“比赛开始前的一小时，他告诉我，我要首发上场。”阿比达尔回忆道，“他在告诉我的同时也告诉了所有的人，我无法相信。一个大惊喜！我本来希望他早点告诉我，但这种惊喜是我喜欢的。每当回想起那一刻到比赛开始之前，我所经历的一切，到最后一刻才知道也许是件好事。”

“我唯一的想法是：该死的，不要让队友们失望。要真是那样，他们会杀了我的。想象一下，10个处在巅峰状态的球员，而只有你不是。我不能让这种事发生。”这并没有发生。“我很幸运，我们有这么一支伟大的球队。”他说，“非常幸运。”

“阿比达尔是对的，”哈维回忆道，“比赛结束前鲁尼朝我走过来，是在80分钟左右，差不多是这个时间。他对我说：‘够了。你们赢了。你们现在可以停止来回踢球了。’”

就在那时，普约尔替补出场，准备在温布利捧起欧冠奖杯，就像1992年何塞·拉蒙·阿莱桑科所做的那样。这是瓜迪奥拉的决定，但他没有如愿，因为普约尔自己做出了决定。普约尔把队长袖标交给了阿比达尔，他刚从肝癌中恢复，让他举起巴塞罗那历史上第四座欧冠奖杯。

曼联球员们站在一旁，羡慕地看着，穿着白色的球衣。除了一个人，保罗·斯科尔斯穿着一件红蓝相间的球衣，背后印着8号。这位对手比任何人都更仰慕他所亲眼看到的巴塞罗那的球员们，他非常迷恋这位能在温布利球场上“飘浮”的伊涅斯塔。他向伊涅斯塔走来，索要他身上的球衣。

“是的，当然！”阿比达尔说，“他怎么可能不想要安德烈斯的球衣呢？这不足为奇，对我来说这是地球上最正常的事，我也有一件安德烈斯的球衣。30年后的某一天，我会打开我的衣橱，看看这件球衣，然后想，我曾与安德烈斯·伊涅斯塔一起踢球。有些球衣你是不会拿出来炫耀的，但这件……

“我相信，如果你去问曼联球员，知不知道2009年伊涅斯塔受伤了，他们中的任何人都无法想象。如果安德烈斯处在百分之百的状态中，他会表现得更好。但是安德烈斯所拥有的视野、技术、经验和天赋，即使是百分之六十或百分之七十也足够了。”

“有时候有一点痛苦是好事，因为它会告诉你，自己的极限在哪里。当一切都很完美的时候，砰！事情发生了。我不知道是为什么，但是伤病、肌肉撕裂，总是在你状态最好的时候发生，在你最不希望的时候。”

在罗马的时候，安德烈斯经历了痛苦，但两年后，当他来到伦敦的足球殿堂时，他赢得了欧洲冠军奖杯，还有保罗·斯科尔斯的赞赏。在他的丰特阿尔维利亚的家中，酒窖的墙上挂着一件装裱起来的保罗·斯科尔斯球衣，就是那天晚上在温布利交换的。

第十七章　12码

“先生，我想罚点球。”

——安德烈斯对博斯克说，2012年欧洲杯半决赛

大多数主教练在足球杯赛中经历加时赛的时候，都是在受苦。从边线上发号施令并不容易，而且球场上发生的事情，无论是好是坏，你都无能为力。时间很快就耗尽了，随后传过来一张纸，上面写着可能的点球主罚者名单，然后准备点球大战。

把他们的名字写下来很容易，但问题来了，终场哨声响起的时候，主教练凑不齐名单上的5个人。一些人拒绝主罚，其他不该主罚的人主动提出要罚，没有人真会告诉他们不该去罚，或者等到下一轮点球再说，如果双方罚完5个点球后仍是平局的话；在这种情况下保持冷静是不容易

的，除非你是文森特·德尔·博斯克。

当时正是2012年欧洲杯半决赛，西班牙与葡萄牙打平。主教练已成竹在胸，知道将安排谁主罚点球，这时他发现伊涅斯塔站在那里。“先生，我想罚点球……”德尔·博斯克简直不敢相信。无论是他，还是球员，或者其他任何人，都不记得什么时候看到安德烈斯站在点球点上。点球通常留给那些踢球特别有力的球员，或是那些头脑冷静从不紧张的球员。他们有狙击手般的冷血个性，而不是一个天使般的人物，就像安德烈斯：安静、害羞，很少在定位球战术中看到的球员，也不指望他站出来说：我来罚一个点球。没有哪个夜晚像乌克兰顿涅茨克的那个晚上，那样紧张和冒险。

“我对主教练说的话并不是最糟的，”伊涅斯塔回忆道，“更糟糕的是，我身后是塞尔吉奥·拉莫斯，他说了一样的话，‘先生，我想罚点球’。”

博斯克愣住了，他知道拉莫斯罚点球的情况有点不同。他的上一个点球是在几周之前，皇家马德里对阵拜仁慕尼黑的欧冠半决赛，他把球踢到了横梁上。西班牙能否成为欧洲冠军命系于点球大战，而安德烈斯和塞尔吉奥，两个德尔·博斯克没有预料到的球员主动站出来，都要求主罚点球。

“好吧，罚一个。”他说。

“事实上，对每一个主罚点球的人都是这样的，因为他主动提出了要求。”博斯克说。对一个做好了准备，站起来要在困难时刻为球队主罚点球的球员说“不”，是没有太大意义的，他们感觉很自信。而像伊涅斯塔这样认真、无私的球员站出来的情况更少见，他不是为了一个疯狂的时刻，也不是为了竞争成为主角。没人记得他曾为西班牙队或巴塞罗那主罚过点球。

“我记得安德烈斯主罚的最后一个点球是在青少年时期，大约17岁。”伊涅斯塔在拉玛西亚的前队友霍尔迪·梅塞莱斯开玩笑地说。当他看着伊涅斯塔走上顿涅茨克球场点球点的时候，梅塞莱斯的感觉是从震惊到恐惧。他在那里做什么？他有多久没罚过点球了？和其他人一样，有些事情他也忘记了，而这些事让伊涅斯塔走上球场去主罚点球会显得有点怪：他在巴塞罗那的首秀中主罚了点球，那时他18岁，然后在加泰罗尼亚杯对阵特拉萨的比赛中，他罚丢了点球。

好吧，不是完全罚丢了。2002年5月的那个雨夜，特拉萨的门将何塞·莫拉莱斯扑出了那个点球。那支巴塞罗那——胡安·加斯帕特成为主席之后正在重建的巴塞罗那俱乐部，在点球大战中输掉了决赛。伊涅斯塔是12码点球大战中没能进球的球员之一。

哈维，一个经验丰富的球员、一个领袖，随时准备着在糟糕的时刻出手。他安慰道：“别烦恼，安德烈斯。任何人都可能罚丢点球，除了那些不准备罚点球的人。”伊涅斯塔几乎没听见哈维的话，也没听见教练查利·雷克萨奇的话。他太想把足球踢进球门，释放压力，他决心杀死比赛。但结果相反，他回了家，独自哭泣。他的父亲何塞·安东尼奥没法安慰他，母亲玛丽也一样。他到现在还记得那件事，还记得他是如何走过那个时刻的。

10年后，2012年，伊涅斯塔有足够的信心走向德尔·博斯克，要求教练让他主罚点球。梅塞莱斯在巴塞罗那的家中看电视，双手抱着头。“看，爸爸，”他说，“看谁要罚点球了。”他们都不敢相信。

安德烈斯的母亲玛丽、他的妹妹玛丽贝尔及其男朋友胡安米也在顿涅茨克。但欧洲杯半决赛对阵C罗的葡萄牙时，直到加时赛比分仍是0比0，玛丽和玛丽贝尔离开了球场，她们再也受不了这么紧张的气氛了。那句话怎么说的？眼不见心不烦，眼睛看不到，心就感觉不到了。现在有机会测试一下这句话是不是真的。

胡安米也很紧张，但他没有离开座位。“我忍受了很多，即使我们输了，我也不能不看。”他说，“我是受虐狂。”因此他留下来观看了点球大战。“你们要去哪里？我要留下来。”他对玛丽和玛丽贝尔说。他告诉自己：“我们这辈子可能都不会看到这样的点球大战了。”

那么何塞·安东尼奥呢？伊涅斯塔的父亲讨厌乘飞机。他通常不飞去看比赛。乌克兰对他来说太遥远了，所以他决定留在丰特阿尔维利亚，独自感受，他喜欢这样。这样一来，除了他自己，没有人知道他到底经受了什么。但他也承受不了压力。随着加时赛的结束，点球大战不可避免，何塞·安东尼奥关掉电视，离开房子，锁上门，在镇上四处走动。他当然没带手机，他要与一切隔绝。他不知道欧洲的另一边发生了什么。西班牙球迷的希望、期待和恐惧压倒了他，不管在球场里，还是独自一人在丰特阿尔维利亚，都是一样紧张。

安德烈斯第二个主罚点球。第一个是哈维·阿隆索，一位点球专家。第一个和最后一个往往是球队里最好的点球手，当你最需要的时候，他们是进球的保证。安德烈斯在球场中间看着阿隆索，和队友们一起，相互搂着对方的肩膀。赫苏斯·纳瓦斯在他右边，塞尔吉奥·布斯克茨在他左边。阿隆索踢出点球，而鲁伊·帕特里西奥扑中了。最好的点球手也会罚丢点球。

葡萄牙的第一个点球手穆蒂尼奥也没有罚进。卡西利亚斯向右扑救，一如既往地矫捷。

然后是安德烈斯的时刻。脸上的胡茬让他看起来神情严肃而专注，他所有的心思都在点球上。在走向点球点的路上，与穆蒂尼奥擦肩而过，但他甚至没有看到穆蒂尼奥，就好像他是透明的。球在离场地15米左右的地方，他把球捡起来，轻轻地举起，然后右手拿着球走到点球点上。6秒钟，或进或失。

卡西利亚斯低下了头，他不敢看。在看台上，胡安米也是一样。“这是我看到安德烈斯主罚的第一个点球，我想：‘我的天啊，责任重大！如果他罚丢了……’”

回到丰特阿尔维利亚。何塞·安东尼奥甚至不知道他的儿子会去主罚点球，这对他的健康是一件好事。玛丽不知道，玛丽贝尔也一样。伊涅斯塔的大家庭里没有人有半点这样的想法，只有胡安米知道。安德烈斯的妹妹和母亲离开了座位，陷入了紧张，等待着玛丽贝尔的朋友发来消息。阿里安告诉她们安德烈斯将会主罚点球：“是的，真的，一个点球。”

梅塞莱斯在电视上看到，惊讶不已。没有一个解说员能做出解释，没人记得他曾经主罚过点球。

安德烈斯慢慢地、小心地、温柔地把球放在地上，没有任何情绪，例行公事一般。他抬起头，望着鲁伊·帕特里西奥，后退了几步。他后退得太多了，以至于他开始助跑的时候都出了那个区域，仿佛要让自己和这一切保持距离。两秒半的时间里，他仿佛穿越回了童年。

“是的，这是真的，我用的方法跟我在布鲁内特的时候是一样的，不是吗？”伊涅斯塔说，“我没有意识到，我没想过。”

完全相同：相同的动作、相同的手势、相同的奔跑，仿佛没有经过16年。唯一一点不同：在简朴的布鲁内特洛萨尔科斯体育场人造草坪上，安德烈斯穿着白色的5号球衣，背上的名字是安德烈斯；而在顿涅茨克宽敞的顿巴斯竞技球场的完美草皮上，他穿着一件西班牙红色球衣，背上写着6号，球衣的胸前有颗星，代表着世界冠军。除此之外，都是一样的。冷静、专注、精准的射门，攻向门将左侧。离门柱不太近，但离门将比较远，甚至庆祝动作也很相似。在布鲁内特，巨大的球衣吞没了一个小小的身体，他在队友们面前举起左臂，队友们扑到他的身上，然后他就不见了。在乌克兰，他反复握紧左拳。鲁伊·帕特里西奥扑向了另一边，西班牙1比0领先。

胡安米说："当安德烈斯进球的时候，我转过身朝着葡萄牙球迷庆祝进球，但我也想，小心，还没有结束。还有3个点球，如果他们赢了，他们会把你吃掉的。"

尽管情绪激荡，但胡安米忍住冲动，没有欢呼。"我并不害怕，也没有退缩。我独自一人看完了所有的点球，我没有遮住眼睛。"

胡安米看到了何塞·安东尼奥没有看到的进球，玛丽和玛丽贝尔也错过了。萨拉·卡波内罗也没有看到，萨拉是电视5台的现场记者，这个频道正在为西班牙转播比赛。她也是伊戈尔·卡西利亚斯的女友。

"你从来没有想过自己要不要主罚点球？还是由主教练来决定？今晚是你想要罚一个吗？"比赛结束后，西班牙晋级决赛，她问安德烈斯。西班牙国家队已经连续第三次进入决赛了，也是他们的第二次欧洲杯决赛，两次决赛分别在维也纳和基辅举行，中间还有约翰内斯堡的世界杯。安德烈斯像往常一样耐心地看着萨拉，不大明白的样子。他害羞地低下头，回答说："是的。我确实主罚了第二个点球。比赛常规时间的时候，我们决定谁来主罚点球，幸运的是一切都很顺利。"

这种温和的回答并没有使问题变得不让人惊讶。萨拉意识到了发生的一切，她也知道接下来会发生些什么。"谢谢，安德烈斯！"她说。

“安德烈斯的点球”明天将在推特上到处疯传。“我太紧张了，根本不知道自己在想什么。”

她很紧张，但安德烈斯没有。无论之前，比赛期间，还是之后。只有他知道自己会主罚点球，他可能觉得他的爸爸、妈妈和妹妹都没有看到过这一幕。他甚至会有点淘气地这样想：当梅塞莱斯和其他小伙伴看到他站在点球点上的时候，一定会感到非常惊讶。

“在你的生活中，有一些时刻，你必须承担起责任，我喜欢这样做，比以往任何时候都更喜欢。”安德烈斯说，他很高兴自己让鲁伊·帕特里西奥吃惊了，还有那些最了解他的人们。没有人预料到安德烈斯会主罚点球，或者打进点球。

从那天晚上起，他再也没有主罚过点球。

第十八章　路易斯·恩里克

我有个不好的消息，安德烈斯。

——路易斯·恩里克

“教练，再说一遍？”

——安德烈斯

路易斯·恩里克是他在巴塞罗那现在的主教练，但回溯至2001年2月，他与安德烈斯之间曾有过一次巧遇，当时安德烈斯还在拉玛西亚。

“还记得吗？不，我一点印象都没有了，”路易斯·恩里克说，“我不记得当年是我带安德烈斯穿越诺坎普屏障的。那时他只有16岁。几年之后是他自己告诉我的。当时有几个从拉玛西亚上来的男孩，他们不被允许越过大门。是球场入口处的保安安东尼奥·卡尔德隆问我，能不能用我的车搭他们一程。但当时搭车的那个幸运儿不是安德烈斯，是我把安德烈斯带到诺坎普更衣室的。”那个冬天的早晨，安德烈斯的临时司机路易斯·恩里克说。

他先是成了安德烈斯的队友，然后是他的教练。“孩子们从青训营升上来的时候，我们想做的唯一一件事就是让他们生活得轻松一点，”恩里克说，“如果你看到一个像安德烈斯·伊涅斯塔这样的孩子，你只会想着如何帮助他。你会设身处地为他想，甚至不需要去瞧瞧看他有没有被吓得手足无措。这很正常，成为一线队更衣室的一员是一件大事。你看着他，然后说：‘放松，我们会照顾你的。’我们会设身处地，只做希望别人为我们做的事。”恩里克记得很清楚，“可爱的”一线队球员们并没有给予他们特别待遇，这在许多俱乐部都是常事。

他不知道谁是安德烈斯。“我知道我的有些队友认识他。他们告诉我安德烈斯是青训系统中最出色的球员之一。但我对他一无所知。”恩里克承认，他模糊的记忆开始变得渐渐清晰。“刚开始他们都在一起训练：哈维、普约尔、加布里、安德烈斯。让我们印象最深刻的是他们那么瘦小，”巴萨教练说，“之前克鲁伊夫梦之队里最矮小的球员是查皮（费雷尔）、塞尔吉和胡安·卡洛斯，但他们都是边后卫。”

突然之间，小个子球员开始在巴萨各处出现。虽然身材矮小，但他们将如灯塔般在俱乐部闪耀。“或许他们曾经很瘦小，但他们是最伟大的球员。虽然这让他们要经过一段时间才能得到机会，在一线队的常规首发阵容中展现自我。2004年，在我34岁离开俱乐部的时候，哈维正遭遇猛烈批评。他们打算弃用他。现在所有人都不会再批评他了，提起他只会说好话，譬如他是巴萨的灵魂，但当时他们都在朝他开枪，直到2008

年。”恩里克说，他回忆起那一年，哈维帮助路易斯·阿拉贡内斯率领的西班牙队赢得了欧洲杯。

“他们并不是一直都能辨认出像哈维这样的超凡球员，他拥有无与伦比的天赋。现在他们转换了腔调，变成了哈维的终身球迷。同样的事情也发生在安德烈斯·伊涅斯塔身上。”他说。他回忆起伊涅斯塔曾经经历的那些困难时光。

“安德烈斯与哈维有着同样的持球能力，但他还有带球过人的能力。能带球过人，能改变速率。哈维会在一个点回旋，让其他人在他身边踢球，他有着非常好的视野；更有甚者，哈维可以进入点球区域，他是一位非常出色的球员。安德烈斯跟哈维一样，再加上带球过人的能力。他或许可以打入更多的球，可以更多地射门，但你回想一下他打入的重要进球，它们都非常不可思议。安德烈斯使的是纯魔法，我们可以叫他哈利·波特。他在球场上施展法术。我从没见过别人这样做。”

忽然之间，路易斯·恩里克想阐明他的特别评判标准。“好吧，我曾经见过一个球员也做了与安德烈斯一样的事。毫无疑问，里奥内尔·梅西。不过安德烈斯灵活的控制方式看起来极具美感。训练的时候我就看到了。他踢球的方式是我此前从未见过的，我也不觉得有其他人能做到。有时候他甚至不需要看就能控制住球。砰！只需匆匆一瞥，他就能杀死比赛。他处在另一个竞技水平上，毋庸置疑。没有人像他一样，以后也不会有。现在我是一名教练，我每天都会见到他。我的妈呀！我的亲妈啊！这可是一种特权，能有这样的经历真是幸运。”他说。

“如果你从专业层面考虑，这是异乎寻常的，当你想到因为他是伊涅斯塔，他可能是世界上最难指教的球员，他的个人特质就能完成所有的事。”

想一想，有人说安德烈斯如丝般流畅顺滑的技术，可能会让路易斯·恩里克球队的打法缺乏足球的动态攻击性。“说这话的人不怀好意，他们不了解我。”巴萨教练说，他的足球哲学比表面上更靠近瓜迪奥拉和德尔·博斯克。“所有的教练都喜欢拥有这样特质的球员。对我来说，能训练安德烈斯无疑是一种荣幸。此外我还想强调他在球队中的重要性，无论是他的表现还是赢得的冠军。我记得在法国欧洲杯的其中一场比赛结束后，我给他发了一条短信：‘安德烈斯，他们赞美的是你每天都在巴塞罗那做的事。难以置信。你在比赛中和训练中做着同样的事，他们没有看到你在巴塞罗那训练的样子。过去的两个赛季中，你在巴萨就已经做完了所有你现在正在做的事。’”

“安德烈斯非常聪慧，这是真的，也是我想感谢他的地方，我需要特别强调。我知道安德烈斯想要踢所有的比赛，但他也是一个需要被照顾的球员，因此每当关键比赛到来时，他总是正在状态。一个球员想上场踢球是很正常的。有时候我告诉他：‘我有个不好的消息，安德烈斯。’他回应道：‘教练，再说一遍？’然后我就告诉他说：‘好的，好的！你应该踢关键比赛和那些我们真正需要你的比赛。’这是根据统计数据做出的，多亏了每次训练中都穿GPS背心，我们有数据指导训练。‘我不会让安德烈斯·伊涅斯塔去冒险。’主教练对队长说。伊涅斯塔，正如德尔·博斯克所言，在最近的几年中已经改造了他自己。”

“在一些比赛中，我最先想到的就是让他上场踢球，这是真的，”恩里克说，“让他上场！但之后我再一想：‘不，我要照顾他！即使要冒很大的风险，不让他上场我们可能会输掉比赛。’但我不想让安德烈斯冒险。他能理解，也能接受。他让我的工作更容易了。最终，他的状态比之前显得更加锐不可当。毫无疑问，他对我们非常重要，包括进球，在任何方面他都扮演着关键角色。我说的是任何方面。我的意思是，他努力去做、夺回球权，为一位伟大球员应该是什么样的树立了榜样。”

正因如此，路易斯·恩里克对待他就像对待一颗稀有钻石。“未来有一天，他的大脑会告诉他一切都结束了。但在那个时候到来之前，我们仍要竭尽所能延长他的职业生涯。如果拿其他运动做比较，罗杰·费德勒在60岁时也可以像现在一样打网球，因为他不费太多力气参加这些比赛，他既不用满场跑，也不需挥汗如雨。这有点像安德烈斯·伊涅斯塔。足球场比网球场更大，你不得不大幅度奔跑。如果你看看安德烈斯的跑动数据，非常惊人。”

“在我看来，能定义安德烈斯的时刻并不是进球的时候。欧冠在诺坎普对阵巴黎圣日耳曼的时候，其他人连想也不敢想的事，他却可以做到（全速带球，在点球点附近将近180度转弯），就好像这是世界上最自然的事。他的动作就像通过遥控电视机切换频道。一切都是他的第二天性。这就是安德烈斯·伊涅斯塔。我还记得在伯纳乌球场，我们3比0取胜，当时我们不在最佳状态，没有梅西。因此安德烈斯放弃拓展本方球场的边路空间，而是站在了右侧教练席所在的技术区域的前面。球过来的时候，他背对着来球方向，用脚后跟轻轻一碰弹开球。当时我说：‘现在我目睹了一切，一切，难以置信！’但还是一样，最令人印象深刻的是他自然而然就做了所有的事，让足球处于最纯粹的状态。”

“他尽可能走得更远，这让我非常高兴，他也是孩子们的好榜样。我们必须照顾好他，我们必须享受看他踢球，我们必须让他的职业生涯尽量长寿，直到他说自己再也踢不了了。他还有很多时间。他还会踢球，还会继续担任巴萨的队长，未来还有很多年。”

第十九章　守护天使

“离决赛还有两天，我对路易斯·恩里克说：‘这家伙根本不需要训练。放松点，路易斯，他在柏林会没事的。’”

——哈维，2015年欧冠决赛之前

“我们不能输掉决赛。拜托了，绝对不能。欧冠决赛失利不能成为我在巴塞罗那的告别战。我感觉球星们正在调整，我们在诺坎普赢得了联赛冠军，又在诺坎普赢得了西班牙国王杯，现在我们要去柏林了。我们不可能输掉这场比赛。”

哈维·埃尔南德兹代表巴塞罗那的出场次数超越了历史上所有的人，他终于走到了巴萨生涯的尽头，在最后3场比赛中赢得了3座冠军奖杯。

他是世界上最好的俱乐部和最好的国家队的建筑者，但在35岁这年，他在巴萨的最后一个赛季有所不同，他的角色减弱了。他曾经是球场上决定性的人物，现在他毅然决然地离开了球场。他很清楚，如今他踢球的机会少了，他很难适应“替补”——路易斯·恩里克给他的——这个新角色。恩里克曾经是他的朋友、队友，现在则是他的主教练。但即使坐在替补席上，哈维仍是领袖。甚至在那里，他都能看到别人看不到的东西，他比任何人都了解比赛。

他理解比赛，还很了解他的队友。“快到欧冠决赛的时候，安德烈斯的表现很糟糕。”哈维回忆道，“这次情况和他在罗马受伤的时候不一样，他一直在挑剔，感觉很不舒服，不知道如何调整过来。”哈维挺身而出支持安德烈斯，鼓励着他。哈维还把队长袖标交到伊涅斯塔手里，不断地跟他说话，直到决赛临近。

他不说空话。“别忘了，”哈维说，“如果安德烈斯不适合在决赛中出场，我就会上场。这是我的最后一个赛季，路易斯·恩里克让我出任安德烈斯的替补，踢三中场的左侧，而右路他想让伊万·拉基蒂奇出场，给梅西和达尼·阿尔维斯提供掩护。”

哈维在拉玛西亚踢的是核心中场，多亏了弗兰克·里杰卡尔德，他发现哈维天生就应该是踢三中场的右路。在路易斯·阿拉贡内斯手下，他踢的是全能中场。西班牙老帅阿拉贡内斯率领国家队赢得了2008年欧洲杯冠军，哈维被评为这届赛事的最佳球员。而在他巴萨生涯的最后一个赛季中，他发现自己坐在替补席上，担任伊涅斯塔的替补。

“离决赛还有两天，我和安德烈斯整天都在一起，恩里克过来找我们。‘安德烈斯怎么样？’主教练问他。在训练课上，安德烈斯的跑动速度不超过每小时3.2公里，这让恩里克对接下来的事情感到担忧。我对恩里克说：‘这家伙根本不需要训练，他必须踢决赛，仅此而已。’我看着安德烈斯说：‘不要着急，放松，你会做到的。’他的脑袋里一团糨糊，任何球员在欧冠决赛之前都可能会遇到这种情况，但安德烈斯更容易受到影响，他的脑袋乱成一锅粥。‘别担心，安德烈斯，你甚至可以不用训练……还有路易斯，让安德烈斯好好待着，他会没事的，等着看吧，决赛中他会处在最佳状态。’”

如果说在巴塞罗那的训练场上他的跑动速度只有每小时3.2公里，当他抵达柏林，伊涅斯塔的速度就像在飞一样。“看看他的第一次跑动，我的天啊！”哈维说，他回忆起伊涅斯塔越过尤文图斯——那支坚强的、经验丰富的、天赋异禀的、防守强悍的球队——帮助拉基蒂奇取得了开场进球，正是拉基蒂奇取代了哈维在球队中的位置。

4分钟后1比0领先，伊涅斯塔留下了他的印记。内马尔精确的传球找到了伊涅斯塔，他又把球传给了拉基蒂奇。两次快速的触球，就这样撬开了对手的大门，但哈维不明白安德烈斯为什么没有射门。事实上，所有的人都觉得奇怪，甚至包括尤文图斯的球员。他就站在小禁区边缘，很靠近布冯把守的球门。但在最后一刻，他轻轻一晃脚踝，就把他们都骗了。拉基蒂奇进球了。

“他们扳平比分之后，来自意大利的尤文图斯的表现有所提高，”哈维承认，“半场的时候我们本应该以更大比分领先，他们进球后，我们有些紧张。他们有特维斯、皮尔洛、马尔基西奥，莫拉塔在前场，跑位很好。但我仍然确信我们会赢。如果你在11月的时候问我，我会说：‘我们什么也赢不了。’但如果你在2月或3月问我，情况就不一样了，那个时候，我想我会说：‘我们正在翱翔。’以这样的方式结束我在巴萨的职业生涯，令人难以置信，我的最后一场联赛是在诺坎普赢得联赛冠军，一周之后，我们又在那里对阵毕尔巴鄂竞技，赢得了西班牙国王杯。我想和安德烈斯分享这一时刻。”

“跟我来！”

“去哪里？”

“去那儿，去领奖杯。我想让你和我一起举起奖杯。”

“你在说什么呀？”

“来吧，咱俩一起。”

“最后他过来了。这种方式是我所希望的，这是他应得的。”

他们一起，安德烈斯和哈维。事实证明他们一起合作得非常好，很多人都说他们不可能做到。球迷、记者、评论员……很多人都说哈维和伊涅斯塔不能在一起踢球，好像他们的个人天赋会以某种方式互相抵消，好像他们是不相容的。

“我们不能一起踢球……”哈维笑着说，“如果你现在再回顾当时的争论，你肯定会想：‘哦，我的天哪！’那种情况对安德烈斯来说肯定不容易，但我之前就已经听过了。在我第一次进入球队的时候，他们也是这样说我和瓜迪奥拉的。然后安德烈斯来了，又说我和他不能兼容，说我们之间只能容得下一个：他或者我，都没问题，但不能一起。他们说我们不会防守，不适合同时出场踢中场，诸如此类……而我们所做的就是让自己迅速成长起来，变得更加强大，比人们所想象的更强大。”

“我们证明了他们是错的。最终的结果是，如果你能聚集更多的天才球员，你才会变得更好。后来人们甚至还说，布斯克茨无法融入中场，说他不会防守，有些人还不想让他参加世界杯。然而，安德烈斯、梅西和布斯克茨是我职业生涯共事过的最出色的球员。我喜欢和他们一起踢球，超过其他人。”

曾经有一个时刻，哈维即将离开巴塞罗那。事实上，不是某个时刻，而是有好几个。每一次，哈维的母亲玛丽亚·梅尔塞·克雷乌斯都会介入。安德烈斯也曾有可能离开，但他也留下来了。

因此，哈维和安德烈斯一起踢球，就像一个整体。“我们甚至什么也不用说。”哈维坚持道，“大多数时候，我可能会说‘安德烈斯，过来一点’，或类似的话，不会更多了。安德烈斯也不是那种喜欢把整场比赛的时间都花在交流上的球员，我们完全了解对方，几乎只需要一个眼神。他总能给你指出一条路，总能给你机会做出选择，带球还是传球。他很有性格，虽然看起来不像。他看起来很瘦小、虚弱，但其实不是……不，不，不，完全不是。在球场上，他是一个天生的领袖，虽然他是一个安静的人。他从不隐身，他知道自己每时每刻应该做什么：什么时候加速、什么时候减速、什么时候跑动、什么时候传球。他利用空间，想把皮球从他身上拐走简直是不可能的，对手想按自己的意愿占据空当也是做不到的。”

“他会径直朝你冲过来，然后就在那一刻，唰！突然转到了右边或左边。你还没反应过来，他就离开了。你被击溃了、被打败了。安德烈斯并没有过多地在你身边带球，也不跟你纠缠。节奏的改变打破了球场上既定的路数，打乱了对手的踢球方式，令他们恐慌，让他们害怕……然后他发现机会送出最后一传，别人都看不出来，而他比任何人都清楚，正确的传球应该是在内部还是外部。我们这些在巴塞罗那踢球的人，都在这里学习过，学习以一种非常特殊的方式阅读比赛，但对安德烈斯来说这是天生的，是一种直觉。现在，他和布斯克茨代表了巴塞罗那的足球基因。然后是梅西，他的情况又不一样。安德烈斯和布斯克茨担负起了巴塞罗那和西班牙国家队的重担。”

哈维一旦开始说话，就没法让他停下来。他是对足球世界拥有独特远见的热忱捍卫者，他称之为“浪漫主义”，但从某种意义上说，它其实是最务实的，哈维相信这是取得胜利的一种途径。巴塞罗那和西班牙国家队从来没有像现在这样成功过。这是安德烈斯的方式。这种理念不容商榷。

“这种风格不容易捍卫，也不容易获得冠军。”他说道，“你必须赢得教练、球迷、媒体，所有人的支持。这对我们，对安德烈斯和我来说并不简单。”

哈维的话语中透着不容置疑：“他是自然之力，是现象级人物。没有另一个伊涅斯塔，也不会再有了。有什么球员的足球风格和他一样吗，或者有一点相似？没有人能像他那样踢球，也没有人能和他相比较。而作为个人，他是一个完美的榜样：高尚、诚实、慷慨、无私。”

哈维离开了，但他留下了伊涅斯塔。有一天，伊涅斯塔也会离开，但他会留下布斯克茨。这不仅仅是一代人的变更，这是足球哲学的传承，这一理念改变了巴塞罗那俱乐部和西班牙国家队。

“安德烈斯仍然充满竞争力，他将继续在巴塞罗那赢得冠军，他将打破所有纪录。当你离开诺坎普球场的时候，你会意识到你所完成的有多么重要，也才会明白自己在诺坎普所做的一切到底有着什么意义。他们对你的爱，你会心怀感激。无论我走到哪里，人们都会跟我谈起安德烈斯。无论在哪里，‘伊涅斯塔，哇！……’人们对我说：‘你和伊涅斯塔所组成的中场。我的天啊，那是怎样的中场组合啊！’我感到很骄傲，所有人都把我和他联系在一起。我喜欢人们总是对我说‘哈维—伊涅斯塔，哈维—伊涅斯塔，哈维—伊涅斯塔’。有一期电视节目做了一个关于我们的报道，说我们是一个整体。事实上，我们的确是一体的，我为此感到自豪。从前人们说我们不能一起踢球，而现在我们成了一个整体。有时候人们甚至会把我俩搞混，‘呃，伊涅斯塔……’而我说：‘不，伊涅斯塔是另一个人，另一个能带球，能改变节奏的人。’他们把我们看成一个组合，两个人是一个整体。”

“有时候，我觉得安德烈斯没有意识到他自己有多重要。有一天，当他退役的时候，他会明白他所做的一切有多么重要。我还记得我离队后2016年对阵塞维利亚的国王杯决赛，我给他发了一条短信，祝贺他，因为他的表现非常精彩。还有本赛季早些时候，在伯纳乌4比0战胜皇家马德里的那场比赛，我的天啊，真是无法言喻。‘你到底是怎么做到的？’短信里这样说。他就像一台机器，当我看到他的表现时，几乎感到嫉妒，因为我不在场。多么精彩的表现啊！多么惊艳的踢球方式啊！我多么希望能和他一起，一起踢球，这是我能回忆起的安德烈斯和巴塞罗那表现最好的比赛之一。其实我并没有真的看过瓜迪奥拉在巴塞罗那踢球的样子，因为当时我就在那里，也在球场上，看起来不太一样，4比0的比赛是最棒的。比赛本有可能是7比0。我简直嫉妒到不行。”

他们一起经历了许多，甚至包括世界杯决赛的那个制胜球。“有时我坐在家里，独自一个人，突然那个进球浮现在我的脑海中。我们欠安德烈斯那么多，应该每天都对他说声谢谢。如果比赛进入点球大战，谁知道会发生什么？你知道在点球大战中输掉世界杯是什么滋味吗？讲真的，在加时赛中，这些想法开始在我的脑海中闪现：‘我应该把点球放在哪里？那个斯特克伦博格，他有多高？！他肯定有2米高。我能做些什么？往右踢，往左踢，还是中间？’有这些想法的时候比赛还在继续，我们还在努力踢比赛，还在挣扎，但是你无法让自己不去想点球大战的事。我不断提醒自己，在巴塞罗那我们还没有在决赛中经历过点球大战，我们通常在点球之前就赢下了比赛，除了在国王杯决赛中我们输给了皇家马德里。所以，我觉得自己真不知道正在等待的是什么，应该做些什么。‘我的妈呀，’我想，‘我们赢下了所有的决赛……’那正是安德烈斯进球的时候，我永远不会忘记那一刻，我一直在想着安德烈斯的进球。”

“对于这个进球，我现在还会激起鸡皮疙瘩。我还记得足球城球场周围的隔离带，如果你重看一下庆祝回放，会发现我们都在角球区一带，就在隔离带旁边。我差点就跑进场去了，我在大声喊叫，不知所措，我无法描述当时所感受到的那种幸福感。当时我正在球场的中间，进球的时候，就好像我正好坐在前排座位上一样。我知道安德烈斯之前说过，但我也有同样的感觉，这种感觉就像球在前面运转，时间停滞了。一切都凝固了。球飞起来了……向下坠落……控球并不容易，虽然皮球朝他那个方向倾斜落下的时候很奇怪，但是安德烈斯做到了。他的控球很好，即使球看起来很糟。当皮球下坠然后再起飞的时候，我正在想：‘对的，对的，对的……安德烈斯……对的，对的……就是这样，进球了！’的确如此，进球，那个该死的进球。安德烈斯在斯坦福桥、在欧冠决赛、在世界杯决赛都起到了决定性的作用，难以置信的作用。

“安德烈斯得到了一份礼物。他有一位守护天使，一位天使，”哈维说，“有些人有这样的守护天使，他在关键时刻出现。伊戈尔·卡西利亚斯有一个，安德烈斯也有。当需要他的时候，他就会出现。至于我？能和安德烈斯联系在一起让我感到很自豪，还有一个不该被忘记的就是布斯克茨，人们把那个中场搭档称为‘哈维—伊涅斯塔—布斯克茨’。这个中场搭档将会是永恒的、永远被铭记的，以这样的踢球方式，以及它所赢得的荣誉。”

下半时：从边线开始

第二十章　另一个伊涅斯塔

当我看他踢球的时候，就好像我看着自己还在踢球一样。

——米歇尔·劳德鲁普评价安德烈斯

“如果要你从这支巴塞罗那队中选一名球员，你会选谁？”2013年3月，胡安·里克尔梅接受《奥莱报》采访时曾被这样问道。

里克尔梅经过长时间思考，回答说：“就选一个很困难，如果你只让我选一个，我可能会选梅西。不过如果我能多选一个，我会选梅西和伊涅斯塔。”

“伊涅斯塔是西班牙球员中最‘里克尔梅’的，还是说你是阿根廷球员里最‘伊涅斯塔’的？”

“不，伊涅斯塔很特别，我和他一起度过了很多时光，我经常跟他聊天。有件让我十分困扰的事，我没能去参加他的婚礼。那天晚上，我正同科林蒂安踢南美解放者杯决赛。感谢上帝，有他在球队里，就能确保梅西踢得放松些。90分钟里，梅西不停地在对方球门前制造威胁，因为伊涅斯塔的任务就是把球传给他。他是梅西最完美的队友，他让梅西知道，即使有10—15分钟他得不到球权，球也总会来到脚边的。”

“他（伊涅斯塔）是负责调度整支球队比赛的人。看伊涅斯塔的踢球方式，没有人能把球从他那里拿走。最后梅西得到了球，找到了攻破对方防守的方式。如果梅西在阿根廷队有10分钟不触球，他们就会说他不想为国家队效力，这是因为我们没有伊涅斯塔。在巴塞罗那，如果梅西10分钟没有拿到球，伊涅斯塔就会在这段时间里让每个人都满意。”

里克尔梅是一名出色的球员，尽管他在巴塞罗那效力的时间很短暂，但他已经展现出了自己的足球品位，如今他折服于伊涅斯塔。“他仍然是最好的。”里克尔梅在接受德波电视台的一次采访时重复道，“他向我们展示了应该如何踢球。对其他人来说，C罗和梅西是与众不同的球员，因为他们的动作太快了。但伊涅斯塔能在密集的动作中观察比赛，就好像他是站在看台上从高处往下看一样。他完美地做到了一切。每次他踢球的时候，我都觉得有必要看看他。当他没有出场踢球的时候，巴塞罗那也难有上好表现。”

接受ESPN采访时，里克尔梅为伊涅斯塔的魔术提供了更生动的注解：“就像你在高速公路上开车一样，如果前面有车祸，你会怎么做？你会继续向前开，还是会找另一条路？你会调头，是不是？你不会挤进拥堵之中。伊涅斯塔也是这样做的。如果这里有很多人，他就会去另外一边，而唯一会挤进拥堵人群里的球员是梅西。他从这一头进去，然后带着球从另一头出来，再把球踢进门，甚至连他自己都不知道是怎么进球的。他回到家，在电视上看这个进球，找出一个更好的进球方式。”

巴塞罗那的前10号球员阐释了他的观点：“从我第一次踢球，我就没法接不合适的传球。我看事物的方式很简单，如果我不能很好地控制球，我会很烦躁。足球就是控球和传球，控球和传球，球就是一切。伊涅斯塔教会我们如何用球，你可以在他踢球的时候看到这些。如果他看到4号球员无人盯防，就会把球传给他。他让事情变得简单了。”

大卫·席尔瓦曾提到伊涅斯塔：“我们是类似的。”这位曼城的西班牙队友补充道：“我们都很内向，都不喜欢说得太多，也许这就是我们相处得这么融洽的缘故。”

像里克尔梅一样，席尔瓦也喜欢看伊涅斯塔的比赛：“当我看他训练的时候，我对自己说：‘这是不一样的，他是在另一个层面上的。’能在球场上近距离观察他，真是太棒了，他做的一些动作，让你简直不敢相信。”

“他从来不会失去冷静，这是最让我震惊的。不管是训练还是比赛，都不影响，他在世界杯决赛中进球并不是偶然的。这个进球完全反映了西班牙足球的精髓。我很不走运，没能在决赛中上场，但那个时刻，我在替补席上感受到了巨大的安慰。我从未想过我们能赢得世界杯，但我们做到了，还有两座欧洲杯冠军。”

“安德烈斯所拥有的平静，我从来没有在别人身上看到过。我想他天生就这么放松，这是他的本性，我从来没有见过他失去冷静。也许只有一次，在世界杯决赛中，他被范博梅尔从身后踢了两三次。但我们很幸运，他还能留在球场上。”

席尔瓦承认他喜欢和伊涅斯塔谈论足球："结束训练之后，我们会停留一段时间，谈论生活和足球。我总能学到一些东西。"

在球场上，他们有非常特殊的理解。"无论比赛状况如何，即使球队确实表现得很挣扎，你也可以把球传给安德烈斯，然后你就不再焦虑了，你知道这样做是安全的。这就是为什么我和哈维、桑蒂·卡索拉之间这么有认同感，我们就像喜欢带球玩耍的小孩子。"

席尔瓦最喜欢伊涅斯塔的一点，"就是他转身的方式，我想这就是他的独到之处。简直令人难以置信，他在不超过两三米的空间内转身，然后就摆脱了。后卫们想要阻止他但是阻止不了，他转身的方式真是太不可思议了。他知道如何阅读比赛的每一个阶段，他可以用自己的智慧理解每一种情况，做得很完美"。

"他已经克服了很多障碍，人们应该意识到这一点，特别是那些童年时代也有类似经历的人。我非常熟悉安德烈斯和他的踢球方式。"

桑蒂·卡索拉对他的西班牙国家队队友伊涅斯塔也有着敬佩与尊重之感。"他一直是我所尊敬的球员，我们曾在布鲁内特见面，那时他正为阿尔巴塞特效力，我为奥维多踢球。然后我们一起在西班牙U21踢球，2008年欧青赛上，我们真的已经很了解对方。"

"在进入一线队之前，我一场比赛没踢就直接进入了U23国青队。路易斯·阿拉贡内斯挑选了一些球员，比如我、德拉雷德、塞尔吉奥·加西亚和费尔南多·纳瓦罗。安德烈斯总是帮助我，总会在你身边，尽管有时你并没有意识到。在你受伤的时候，他会关心你，问候你。他是一个球员，但也是一个人。我认为他和哈维一样，是西班牙历史上最伟大的球员。我崇拜球员伊涅斯塔，更崇拜作为一个人的安德烈斯，因为他只是一个单纯而谦逊的人。"

"就像瓜迪奥拉说的，'他没有文身，也没有什么特别的表情'，他是一个完美的球员，但他不觉得自己是足球界或社会的偶像。事实上他就是。他没有意识到他的足球的重要性，也不了解他对于西班牙和年轻人的意义。"

卡索拉补充道："如果你坐在替补席上看他，你会想：'这家伙从来都不会紧张。'有时他踢球的速度就像走路一样，在他身上从来感受不到压力。'什么压力？'他在更衣室对我们说，他对任何事情都不担心，完完全全放松。"

"他看到了我们其他人看不到的东西。看上去无法摆脱的困境，他最终总能找到出路。他的踢球方式、他的进球、他带给巴塞罗那和西班牙国家队的东西，都是必须珍视的。我们享受和他在一起的每一刻。即使梅西也知道，他是世界上最好的球员，因为有安德烈斯在他身边。"

卡索拉最后总结道："总而言之，安德烈斯是我的朋友，他是一个单纯的人，一个从未陶醉在成功里的人。他是年轻人最好的榜样，我常对我的儿子说：'你看看安德烈斯。看他是怎样的一个人，看他如何对待名气，看他有多么谦卑。'和他一起度过的时光总是很愉快，我很感激他一直在我身边，无论顺境还是逆境。他是一位真正的朋友。"

那么安德烈斯呢？是谁激励了他？毫无疑问，在他成长过程中，丹麦大师米歇尔·劳德鲁普是对他影响最大的球员之一。

"我被问过很多次，'米歇尔，如果我说安德烈斯是新劳德鲁普，你会不会觉得困扰？'我的回答是：'正相反，如果说到新一代，那就意味着有一位做得很好的老一代。我不能说谁像我一样，每个人都有他们自己的样子。'但我想说，有时候你看着一位球员和他的处理方式，在他踢球的时候你会看到你自己的影子，伊涅斯塔就是一个例子。”

“事实上，当我看他踢球的时候，就好像我看着自己还在踢球一样。我这么说是因为他那种移动的方式、那种带球的方式、把球从一只脚转移到另一只脚，从而甩开对手。我做的这种动作被称为‘油炸丸子’，这些小事勾起了我自己踢球时的记忆。起初我对他不太了解，人们告诉我，有个孩子踢球的方式很像当年在巴萨的我，他甚至在效法我为巴萨效力时的某些作为。但直到看到他的比赛，我才真正明白他们的意思。”

劳德鲁普强调的“油炸丸子”，足球运动员里能做得好的很少。“我记得一起在巴塞罗那踢了一段时间的奥尼斯莫经常会做这个动作，但他做得有点不一样。正如安德烈斯所说，‘油炸丸子’是一种技巧，并不是因为它看起来很炫目，而是它能让你为下一次传球做好准备。”

“这是让皮球从一只脚转移到另一只脚的动作。举个例子，你是用右脚拿球，然后把它踢到你的左脚上，就像转移给了一堵墙再弹回来，然后你就可以继续传球。只要轻轻一碰，你就可以准备好下一次传球、带球，或者其他任何你想做的动作。这并不困难，至少看起来不难。困难之处在于你必须快速完成，周围都是对方球员。可能会有人从前面给你造成压迫，另一个从后面上来，第三个球员也在旁边。如果没有时间限制，任何人都可以完成‘油炸丸子’，但是当你被对方球员包围的时候，要想快速完成是很困难的。而如果你不用低头就能看清球在哪里，就更困难了。没有多少球员在使用‘油炸丸子’，这让我很惊讶，因为这个动作很有效。安德烈斯说过很多类似的话，他这么做是因为这个动作有用。”

在伊涅斯塔身上，劳德鲁普最欣赏的能力是他的球商。劳德鲁普以一种非常直观的方式做出了解释。“球员如何看待传球？一个球员可以给出所有人都能看出来的传球，就连看台上的观众也看得出来，不管这个球能不能成功地传出来，球员都知道是咋回事。另外有一种球员，他能送出令人意想不到的传球，所有人都认为球会在这个方向上，而他却把球传到了另一个方向。最后还有第三种传球，也是最困难的一种：一种可以穿过几乎不存在的缝隙的传球，或者传到了一个没有人看到的空当。安德烈斯可以做出以上三种类型的传球。”

“很多球员都有能力完成第一种和第二种传球，但很少有人能完成第三种，这是最困难的。这不仅仅是你自己的问题，也跟队友有关。在这个层面我们会进入另一个世界，在这个世界里一个球员看到的不仅仅是传球，还有那个将会接到球的球员。如果另一个球员也像那个传球的人一样有球商，那么一切都很容易。在我那个时代，我遇到了特西基·贝吉里斯坦。他是球商最高的球员之一，一旦他接到传球，他就会在最适当的时机带出空当，然后为何塞·马里·巴克罗提供传中。我们用这种方式打入了太多的进球，所以最后我们说：‘我们完成了超过40个相同类型的进球，却从来没被发现。’”

“现在这样的事也在安德烈斯和他的队友身上发生了，无论是梅西、内马尔、苏亚雷斯，还是以前的比利亚和埃托奥。他们在一起踢球的时间太长了，因而他们之间产生了联系纽带。因此，在这些天才的举动中，需要至少两名球员：传球者和接球者，一个人可以看到传球并送出传球，而另一个人可以接到球并完成转移。”

“这两个人必须说同一种语言。一个聪明的球员自己无法完成，他还需要一个聪明的队友。如果你问他们是怎么做到的，他们不知道该如何回答。有很多事情可以教——事实上几乎每件事都能教——但这一件，你要么会，要么不会。还有一点：有些足球运动员在生活中显得很聪明，但在球场上却并非如此，甚至相反。这种足球智力与生活智力无关。”

伊涅斯塔和劳德鲁普曾经多次谈到天才和直觉，劳德鲁普回忆道：“安德烈斯说过，‘我想得越多，就越有可能做出错误的决定’。我理解他，因为这也曾发生在我的身上。在阿尔巴塞特的一场比赛中，我拿到球，传球穿过3名后卫送到了罗马里奥脚下，但他没能完成射门。”

“一位阿尔巴塞特的球员朝我走过来，说：‘你真的是有意这么做的吗？跟我说实话吧。’我站在那里只是看着他，真的不知道该如何回答。有趣的是，随着比赛的进行，他不停地问同样的问题，直到最后我回答了他：‘当然，我想让球到那儿，你想让我说什么？如果必须解释我是怎么做到的，我无法解释。’对安德烈斯和所有这些拥有这种特殊天赋的球员来说，都是一样的。”

“我们谈论的是伊涅斯塔，他赢得了所有的一切，但他10岁的时候就已经这样踢球了。现在他踢得更像一个核心中场，踢球方式不同了，但仍然保持着一些相同的特质，也有了一些不同。在我看来，像他这样的球员从第一天走到现在，已经走得很远，这非常值得骄傲。

“当我看到他把球从一只脚踢到另一只脚时，我就想起了我自己。正如你所看到的，这个动作并不多见。还有一个更常见的动作：朝一个方向看，然后朝另一个方向传球。记得我第一次这样做的时候，人们问我在做什么，我说欺骗我的对手。这个小诡计在足球和生活中都能发挥作用——即兴发挥，没有说明书。当传球者朝一个方向看时，没有任何方法可以预测球员传球会往哪个方向。就像约翰·克鲁伊夫常说的：‘简单的事才是最复杂的。第一次传球是最容易的，但要以最快的速度完成，这才是最困难的。’”

“安德烈斯的比赛让我想起了克鲁伊夫，他说要用头脑踢球。我们也需要有勇气和用腿踢球的球员，但是在比赛中，走得最远的是那些会思考的人。体格很重要，但不如触球重要。放在40年前，伊涅斯塔、梅西、瓜迪奥拉、阿莫尔和米拉都会因为身材而遇到问题，但是今天不同了。教练会告诉你，如果一个球员能够拿到40次球权，却又有41次丢球，那会怎样呢？”

“我记得世界杯决赛的那天，我们正在瑞典的马洛卡岛进行季前训练。大巴行驶的时速不到90公里，球员们在电脑和平板上观看比赛。我问司机是否可以加点速度，他说不行。我们在中场休息的时候抵达酒店，这样我们就能更好地看下半场比赛了，我们都看到了进球。安德烈斯在接到球之前，后退了一步。任何其他球员的本能反应都是占领空当，以免迟到一步或让对手把球抢走，特别是当时门将正在朝着他的方向移动，后卫也准备上来填补空当了。但他朝着球门退后了一步。”

“看起来球不会在防守球员到位之前抵达，更重要的是，门将已经往他的方向来了。正常的做法是怀着强烈的欲望占领空当，确保第一个抵达，不能再等了。但安德烈斯一直等着球。”

“那一刻，皮球似乎悬在空中了，世界杯决赛的结果将取决于他的决定。最好的选择就是即兴发挥，如果有时间思考才可能出问题。举个例子，罗本带着球向卡西利亚斯奔跑的时候，有太多的时间思考。他的大脑里有两三个念头：‘向右射门’、‘向左射门’或是‘往正中间射门’。这种情况可就没救了，有了太多的选择。然而，伊涅斯塔仍然能做出正确的决定。大多数人会占领空当，因为这是世界杯决赛，再也不会有这样的机会了，空中盘旋的那个球就代表着胜利。”

第二十一章　红蓝军团

靠近点，我想让你在我身边。

——里奥内尔·梅西

他语速慢，不着急。如果要他谈论他的朋友伊涅斯塔，他有的是时间。训练结束了，梅西看起来很放松。“从我来到巴塞罗那的那一刻起，我就听到人们在谈论安德烈斯。我在拉玛西亚时没有见过他，我会去那里吃饭，但我们很少有交集，因为那时我正在为高中毕业考试做准备。我们这样度过了3年。之后我更多的是在训练课上看到他，而不是在比赛中。他一直都是一样的，无论是为人还是作为一个球员。”他说。

梅西很欣赏安德烈斯，有一种永恒不变的感觉。“在我的印象中，他脚上总是带着球。这就是我习惯见到的安德烈斯，他什么事都做得很好。有时候看起来他什么都没做，实际上他做了一切。对安德烈斯来说，一切都变得不同了。在足球里最难的就是让一切看起来很简单，看似毫不费力，这就是安德烈斯所做的。”

“他的触球比我多，他是那种一开始跑动，就能有所结果的人。我知道他所做的有多难。他的踢球方式与众不同，从他很小的时候就是这样，不过他在不同的教练执教下和不同的时间点都取得了明显的进步。也许你可以这样说，我俩的踢球方式都带着某种街头足球的成分。”

“如果你是一个在大街上踢球的孩子，你就会承认，随着你慢慢长大，街头足球是很有用的。你习惯了跟年纪更大的球员一起踢球，正因为如此，你不会改变，你以自己的方式踢球。安德烈斯和我的相似之处在于我们都经常利用自己的身体，过掉对手。但他总能让我感到惊讶：总有那么一刻，当你觉得你就要抓到他了，觉得自己就要把球从他身边抢走了，但你就是不能。他不是那种速度特别快的球员，但他总有能力以他的技术摆脱你。”

“我们更相似的一点是，我们都很少说话。他坐在一个角落，我坐在另一个角落。但我们的生活有相交，我们有联系，只要彼此看一眼，我们就能明白对方的意思，无须更多。在球场上，我喜欢他在我附近，特别是在比赛朝着更糟一面发展的时候，当事情变得困难时，我就会对他说：‘靠近点，我想让你在我身边。’他能控制住，而且他能负起责任，他能领导球队。在决赛中，安德烈斯、哈维、布斯克茨和我喜欢聚在一起，这让我们形成了人数优势，从而控制球和比赛。我们一起经历了非常快乐的时刻，我尤其记得他在伯纳乌的进球之后，我们激情拥抱。这是他做出的一个可爱的举动。”

梅西所提到的是2015/2016赛季上半程巴塞罗那对阵皇家马德里的比

赛，第54分钟伊涅斯塔打入了第三个进球，帮助巴塞罗那3比0领先。当球飞进球网的时候，他转身朝着替补席跑去，拥抱梅西。由于受伤，梅西在那场比赛中担任替补。当时他们是俱乐部的正副队长。“这么多年我们共同成长，这真是太好了。”梅西说，“我们彼此很了解，我们不需要大喊大叫，我们都知道。安德烈斯说话的时候，经常是开个玩笑，或者在某个特定的时刻说些非常具体的话，你听就是了。我们相互之间非常信任，从过往之中收获了信心，我们比从前更加畅所欲言，更加放松了。他令人钦佩，非常谦逊，虽然他是一位能够创造奇迹的球员。他所做的每一件事都是不可思议的，而且看起来他似乎什么都没有做。一切对他来说都是自然而然的。”

慢动作。

——内马尔

“我从小就想加入巴塞罗那，和梅西、哈维、伊涅斯塔一起踢球。”内马尔说，“我看着他们踢球，心想有朝一日我要出去和他们一起。”

内马尔喜欢谈论伊涅斯塔。“当然！”他说，“他是现象级的，是一个天才，就像我们巴西人说的一个奇才。他是一位超级巨星。足球运动应该为此感到很高兴，能拥有像他那样的球员，我们很幸运。”内马尔曾经是一名沙滩足球运动员，而梅西和伊涅斯塔更多受到童年时期街头足球和操场足球的影响，然后才是拉玛西亚。然而，有些东西是一样的。“跟球一起玩耍，即兴打进一个球，我就很高兴，就是这样，”他说，“我不需要更多了。”

“当皮球来到伊涅斯塔脚下，我感到很放松。我想我们都有这种感觉，那种安全感。有时巴西的朋友给我打来电话说：‘这家伙的血管里一定有冰！他从来不会紧张。内马尔，你拿一个注射器，抽出他的血看看。’他似乎从来没有感到过压力或者超载，他总有正确的解决方法。他的技术足够好，可以保证当球来到他脚下的时候，所有的一切都很合适。”

“他总是指导我，告诉我要做些什么，他帮助我在持球的时候做出正确的决定。他为球队和我寻求正确的选择。”内马尔说。

巴西人说的和梅西一样：“当比赛变得困难的时候，我会对他说:‘安德烈斯，请你离我近一点，再过来点，再过来点，再近一点，你能靠多近就多近。’他踢球的方式，他所传达出的那种快乐，他的比赛表现力，他的天赋，让他看起来像一个巴西球员、一个老派的球员，就像以前经常见到的那种，最好的那种。”

“你看他踢球，看起来很轻松。他带球的方式就像慢动作一样。看起来很慢，但其实速度很快。很快，但是很慢。明白了吗？慢动作足球，但速度快，这就是安德烈斯。他喜欢在球队中发挥作用，有些球员发现自己没有空间的时候会很紧张，然后他们就会着急，就会犯错误。安德烈斯不是这样。他跑出球场，球即将出界，然后他又兴高采烈地出现了，轻松自然地带球，让你惊讶得合不拢嘴。”

安德烈斯是一位让人印象深刻的球员，他的为人也是这样，所以他现在是球队队长。“当你需要他的时候，你可以感觉到他的存在。他不需要做什么别的事情来引起别人的注意。让我和自己所仰慕的球员在同一个更衣室里并不容易。当我和他们同在一个更衣室的时候，就如同身处电脑游戏中。但自从我加盟这里，安德烈斯给了我很多帮助。我崇拜他，无论是作为球员还是作为一个男人。”

有一天他对我说：“怎么回事？你没有接到我的任何一个传球。”

——路易斯·苏亚雷斯

苏亚雷斯想为巴萨效力，就像内马尔一样。当他知道路易斯·恩里克对他感兴趣的时候，他就要求他的经纪人瓜迪奥拉停止和其他俱乐部的对话，只和巴萨谈判。佩雷·瓜迪奥拉的Mediabase公司也是安德烈斯的经纪公司，这让他们成了一体，即使他们分别效力于利物浦和巴塞罗那这两家如此不同的俱乐部。他们彼此分享了很多，尽管他们实际上并没有见过面。

“我仍然记得，当我庆祝伊涅斯塔在世界杯决赛中打入制胜球的时候，我的（乌拉圭）国家队队友们有多么惊讶。”苏亚雷斯说，“我大喊大叫着，他们问我为什么。我告诉他们，我女儿将在西班牙出生。”当时苏亚雷斯的妻子索菲亚已经怀孕8个月了，她住在巴塞罗那郊外卡斯特尔德费尔斯的父母家里。

苏亚雷斯联系了约尔——Mediabase公司的球员代表——询问安德烈斯的电话号码，这样他可以给安德烈斯发短信祝贺。“我们互发短信，我们从未见过面，但通过这些短信，我们彼此建立了信赖。连妻子都问过我，没见过面，我是怎么密切关注他的。直到在卡塔尔的西班牙与乌拉圭的比赛，我们才真正见面。从那时起，我们就更亲密了，直到我最终加入了巴塞罗那。”

安德烈斯是苏亚雷斯抵达巴塞罗那后，第一个与他交谈的人。“他让我使用他旁边的那个储物柜，他是第一个联系我的人，是第一个让我放松的人。他在很多方面都和我一样，我们都是注重家庭的人，因为很相似，我们很快就打成了一片。当我在利物浦被指控种族歧视的时候，我永远不会忘记他发给我的支持短信。令我惊讶的是，他居然会花时间来发短信。足球史上最重要的人物之一联系了我；那则短信对我意义重大，甚至比我进球后收到的赞美更加重要。”

苏亚雷斯在巴塞罗那参加第一次训练的时候，两支训练队正在进行中场练习。安德烈斯问他想加入哪一支训练队，西班牙人队还是外国人队，或者换个说法，有趣的一队还是另一队。“于是我就和他一起加入了有趣的一队，他张开双臂向我表示欢迎。整个训练期间他都在照顾我，他与利物浦的史蒂文·杰拉德有许多相似之处：他们都承担着榜样的角色，是比赛中的重要人物，他们对足球和生活有着特殊的理解，人们可以向他们学习。安德烈斯令人钦佩，他是一个我将永远感激的人。”

时间让他们聚在了一起。苏亚雷斯发现在严肃的外表下，安德烈斯内心里是个爱开玩笑的人。“你必须了解他，他也必须了解你。像他这样的短传中场和像我这样的前锋，要想在球场上保持同步是很不容易的，我总在前场盯着身后球，争取更大地扩展比赛空间。在传跑配合上我们需要时间。有一天他问我：‘怎么回事？你没有接到我的任何一个传球，我没法为你做得更多了！你想让我怎么做？’我凝固了，不知道说什么好。然后他突然说：‘我在开玩笑！’我没想到他有着自己的幽默感，平淡的、他自己的，这样可以稍微调节一下气氛。但有时你意识不到他是在开玩笑。”

“我记得有一次我给他发了一条开玩笑的短信，结果我有点担心，因为他没有回复。我想也许我让他难过了，直到后来他还是回复了。有时候，大家正坐在一起吃午饭，安德烈斯突然对大家说了一个笑话，然后又继续吃，好像他什么也没说。在训练中也是一样的，有时他踢给你一个无法控制的糟糕传球——不经常这样——他也不会看你，相反，他表现得好像都是你的错，跟他毫无关系。”

对苏亚雷斯来说，在球场上辨认伊涅斯塔比在球场外更容易。“他用球来表达自我，你以为你可以把球从他身上抢下来，但你从未成功过。在最后一秒，你眼睁睁地看着他又把球从你身边带走了。不管你是在他侧面还是后面都一样，你可以悄悄靠近他，想着把球从他脚下抢走，但他总能躲开。突然间，他朝另一个方向去了，跟你预期的方向正相反，把你留在了阴影之中。当他拿到球的时候，我就让他继续带球。我远离那个区域。”

“他毫不费力地做到了，这是很自然的。跟里奥和安德烈斯一起踢球是一种荣幸，他们有共通之处。对我来说这就像是梦想成真了，我非常享受。”

“某种程度上说，我在安德烈斯身上看到了一些自己的影子，尤其是努力的程度。对我们两人来说，做到这一点并不容易。我们必须坚持，我们都不得不依靠我们的家庭。他也是个好父亲。在球场之外，我比人们所想象的更安静。我有时看起来像个疯子，但离开赛场我就成了完全不同的一个人，安静多了。安德烈斯对我很好，我真的很感激。”

安德烈斯和我都知道，我们不会让彼此失望，这是我们之间的暗号。

——塞尔吉奥·布斯克茨

他性格严肃、热爱家庭生活，是一位长期受苦的母亲的儿子，是巴塞罗那的队长。伊涅斯塔和塞尔吉奥·布斯克茨有许多共同之处。“我们有过相似的经历，”布斯克茨说，“在我们的职业生涯中，父母所扮演的角色也有一定的相似之处。作为足球运动员，我们都不会在球场上或球场外感到不知所措或压力，我们都不想出名，不会背弃我们的家庭，也不会放弃我们的生活。我们彼此欣赏，只要交换个眼神就能彼此了解。我们不爱说话，不爱大喊大叫，几乎不开口，只是静静地观察。也许这就是巴塞罗那的风格——有些安静，有点保守，甚至害羞。我们对大吵大闹不感兴趣，我们宁愿继续沉默下去。安德烈斯和我都知道，我们不会让彼此失望，这是我们之间的暗号。要达到这种程度的默契是很不容易的，取决于你踢球的方式，也取决于你的个性。”

“你需要知道应该如何奋斗，如何等待，如何保持强壮的体魄投入工作，保持耐心以到达巅峰，然后留在巅峰。你需要集中精神，集中注意力，避免分心，永远把集体目标放在个人目标之前，不要制造问题。有一次，我们随西班牙国家队在亚美尼亚的时候，在餐厅里偶然碰见了。教练给我们放了一天假，但我俩都决定留在酒店。我们认为恢复体力、吃好、尽量多休息会更好些，我们没有去度假。我们只有几小时的时间来忘记自己是个球员，如果没有踢球，我就午睡，试着让自己休息。”布斯克茨说，“你需要保持精神强大，你必须成为一个完美主义者，改进任何做得不好的事。当然，在一个感觉像家一样的俱乐部里，要完成这些比在一家单纯的俱乐部里难度会加倍，因为你更有可能把问题带回家里。安德烈斯和我总是努力保持积极的心态。”

“举个例子。上赛季（2015年2月在阿提哈德球场）我们2比1击败曼城的时候，我们回到更衣室，大家对梅西在比赛最后时刻错失点球感到失望，这可能会导致一场平局。大家的情绪都很低落，就像我们已经输掉了比赛。但是我们必须转变这种局面，改变球队中的态度和气氛，这也是一支胜利之师所应有的一部分。”

安德烈斯和布斯克茨谈论的不仅仅是巴塞罗那，其他球队也在他们的话题讨论中。事实上还有其他运动，更重要的是远离体育的生活。“当在俱乐部之外遇见彼此的时候，我们从来不谈论足球。‘上班’的时候，我们真的不需要谈论足球，我们知道什么是必需的。”

安德烈斯身处困境的时候，布斯克茨也感同身受。“在他受伤的时候，像变成了另外一个人。他不能帮助球队，表现得很挣扎，那是一段很糟的时光，也是你与他靠得最近的时候。”

他是一个沉默的杀手。

——达尼·阿尔维斯

达尼·阿尔维斯和伊涅斯塔几乎没有什么相同点，但这正是这个外向的巴西人所喜欢的。“我们就像白天和黑夜，处在不同的世界，但是对于任何一支球队来说，我们都是一对很棒、很重要的组合。你需要有一支阵容平衡的球队，你也需要一个疯子。巴塞罗那这样教育他们的球员。我不是个绅士，我是个竞争者。”达尼说。

“说安德烈斯的坏话是不可能的。他每天都以谦卑的态度教化你。我非常尊敬他。也许因为他在球队里待了太长时间，我们一直追随着他，人们没有意识到他的重要性。到了他退役的那一天，人们会发现他是最伟大的球员之一。我们本该庆祝他的表现，但却没有，因为我们知道下一场比赛他也会表现得同样出色。”

阿尔维斯最喜欢在训练中对阵安德烈斯，因为他认为这是准备比赛的最好方式。“他会迫使你非常努力地工作：停下、启动、转身，时刻保持警惕。如果你在训练中与他对抗，你就能为比赛做好充足的准备。”他说。

“安德烈斯是最难对付的球员之一。如果是面对一名速度很快的边锋，需要的话，我可以拼速度，但安德烈斯可以带球过掉速度最快的后卫。他很有技巧、灵活，并且可以迅速转换方向。他就像有一个后视镜，总是知道你要给他施加的压力，知道如何避开压迫。就算你在他身后踮了一下脚尖，他也会知道。在你发现之前他就已经察觉，朝另一个方向去了。”

“他的一些移动，让我想起了亨利。当亨利看到我放松了，他就会看着我，发起进攻，安德烈斯也是一样。他们转身避开你，把球带到另一边，他们突然间的转换加速是非常惊人的。”

在阿尔维斯看来，伊涅斯塔就是巴塞罗那的标志性人物。“仅仅擅长踢足球是不够的，要有天赋，还要了解比赛。这就是为什么安德烈斯与众不同，为什么巴塞罗那与众不同。你知道的，如果你遇到了问题，你可以把球传给安德烈斯，他总会找到解决办法，梅西也是如此。安德烈斯的角色是一个内部协调者，而不仅仅是一个为边后卫补位而大量跑动的地道的中场球员，他可以踢球场上的任何位置，除了门将。他是一个沉默的杀手，当他射门时，你就知道球进了。当他在边线或底线带球的时候，看起来就像是不可能完成的任务。看上去他偏离了球场，事实上他已经过掉了他的对手。这就是魔术师安德烈斯。”

“安德烈斯也是一位伟大的队长，他不需要对任何人大喊大叫以期赢得他们的尊敬。我对那些大喊大叫的人总是充耳不闻，而他恰恰相反。

他很安静，但这并不代表他只会被动接受。他明白一切，他以自己的方式处理足球和生活，一切都在他身边有序流转。即使他生气了，他也很安静，虽然你可以感觉到，他说话的速度会加快，声音也会有轻微的共鸣。”

> 他有能力在最狭窄的空间里移动……就像在一块瓷砖上踢球。
>
> ——哈维尔·马斯切拉诺

“我还记得在U20世界杯上对阵安德烈斯，当时他在前锋身后踢球，而我正在踢防守中场，在那天的比赛中我们有过许多次交手。那时候我们还很小，但安德烈斯已经脱颖而出了，他是能够改变比赛的球员。”

“伊涅斯塔与其他球员不同，他是一名攻击型中场，他能在比赛中参与进攻，突破防守，让比赛保持平衡，并且协同防守。很难找到像他这样的球员，有很多球员和他踢的是同一个位置，但他们都和他不一样。”

马斯切拉诺认为伊涅斯塔天赋异禀。“在我加盟巴塞罗那的第一个赛季，我和瓜迪奥拉谈过很多，我跟他说安德烈斯有能力用他的身体欺骗你。他能把球带到一边，冷静地抬头，你不知道接下来会发生什么。他不是真的要带球过掉你，他是用身体做出了这样的动作。他可以一直在直线上移动，但他会让你离开他的运动线路，甚至不需要改变球的方向。这是很特别的。”

“他做的每件事都令人赏心悦目，富有美感，点亮了比赛。每一件事情、每一个技术细节看起来都很好。很少有这样的球员，当你看着他们踢球的时候，你会感觉到快乐。也许齐达内是一个，但他的优雅是另一种风格。几天前，我听到哈维说：‘我曾试图改变安德烈斯的踢球节奏，一次又一次。当我持球的时候，我可以把球带开，同时不丢球，但当安德烈斯加速的时候，他简直能杀了你。’安德烈斯催眠了你，他把你带了进去，用脚下的球吸引你，然后，当你靠近时，他突然就甩开你。作为一名后卫，我很纠结。他看起来很慢，实际上却不是；他看起来很虚弱，实际上也不是。阿根廷有一名球员里卡多·博奇尼，和他很相似。当然他们处在不同的层次上，但风格相似。从身体条件上看，他看上去很瘦弱，但你就是不能把球从他脚下抢走。安德烈斯好像把球粘在了他的脚上，他和球之间的距离从来不会超过10厘米，球也从来没有被抢走过。他就像梅西一样，好像球是他们身体的一部分，附着在他们身上。”

球员们往往不由自主地会与身边熟悉的队友放在同样的水准上。“安德烈斯在中场位置踢球，那里没有多少空间，但有很多对手。”马斯切拉诺说，“而最重要的是，当他带球到边线的时候，他需要多次移动，对手们在边线附近不会让他得到什么空间，但不知为什么，安德烈斯总能找到一条路。我不知道他是怎么做到的，但他做到了。他有能力在最狭窄的空间里移动，在一个20厘米见方的地方做到这一切，就像在一块瓷砖上踢球，像我们这里提到的那样。当你看到他这样做了，就会想：‘他是怎么离开那个位置的？’”

“每天看到安德烈斯踢球，所产生的问题就是你会习以为常，开始把这一切当成理所当然的，你对他的评价就不会那么高了。当你与他时刻都在一起时，你就无法意识到他是什么样的人了。这就如同生活，你会对好事习以为常。但之后当你看到其他球员的时候，你就会想：‘请用安德烈斯的方式把球传给我。’他们不一样，这就是在巴塞罗那跟这些球员一起踢球带来的问题。而当我加盟另一家俱乐部的时候，我知道我显然得挣扎了，因为这是不一样的，我永远也不能得到巴塞罗那这样好的传球。当我把球传给别人时，他们无法像我的巴萨队友一样控制球或利用球，然后总能把皮球以正确的速度在正确的时间传到你的位置。再往前一点，或者再往后一点，就会有很大的差别；这就是让其他一切得以存在的条件。也许普通的球迷不会注意到，但我们会。如果球员的传球很好，就能帮助到你，反之就会给你带来麻烦，我们可以意识到。这很重要，尤其是在顶级水平上。”

“我是那种很容易敞开心扉的人，从一开始就是。安德烈斯是个狂热的足球迷，他热爱比赛，像我一样。当你分享足球爱好的时候，如果也在其他人身上看到同样的特质，彼此就会变得容易相处。我们谈论足球，不仅如此，我们年龄相当，经历相似，遇到过同样的困难才走到今天。人们记得过去七八年安德烈斯的职业生涯，但他必须靠艰苦的努力才能获得成功。而我自己也是，在我来到巴塞罗那之前，也在战斗。这是一段漫长的旅程，他的经历也是如此，尽管他一直在拉玛西亚。如果不继续努力或放弃足球，事情会更容易，但他天生就是踢足球的料，他有一些特别的潜质。不仅仅是天赋，不仅仅是技术和战术，还有气质。这不仅关乎头脑，也关乎脚下技术。要在巴塞罗那这样的俱乐部待这么久，你必须在精神上非常强大，比人们意识到的要强大得多。”

“抛开这些冠军头衔，他还为自己的国家队打进了足球历史上最重要的一球。除此之外，安德烈斯总是脚踏实地，这是人们对他的定义，他从未改变。如果你能做好所有的事情，而且做得很自然，你就能成为一个伟大的人。而其他一些球员，可能无法把握住这些事情，或者被它们冲昏了头脑，因为我们都是虚荣和软弱的人，都有弱点。但是他设法避免了这些情况，一如既往。在困难的时候和最好的时候，他都是一样的安德烈斯。这是值得称赞的，他是一个值得效仿的榜样，我们应该向他这样的人学习。”

马斯切拉诺和伊涅斯塔就像过去的老式球员。“是的，我们是这样，”他表示同意，“我们都没有文身，没有耳环，没有那样一些东西。我并不是说那样就不好。我应该通过穿着打扮告诉人们我是谁吗？但从这个意义上来说，这的确会让人们感觉我和安德烈斯来自同一个时代。我们热爱足球，热爱我们所做的一切，我们想避过所有随着足球而来的附加事物，只是踢球。也许就是这样。每次我们谈论足球，伊涅斯塔和我似乎都能发现我们之间存在更多的共同点。”

“真正的领导力不是来自语言，而是来自足球。你在球场上拿到了球，你的队友们因此尊敬你。如果你在球场上什么都做不到，无论你说了多少、做了多少努力、打了多少手势，你都不会赢得尊重。安德烈斯是一位领袖，他就像梅西，他们赢得了尊重。”

“在球场上，我们彼此交流得比人们想象的要多。”马斯切拉诺坚持说，“他是我在球场上说话最多的球员之一，我们彼此依靠，彼此传球。他在我前面，对话就这样发生了。当我持球的时候，我需要把球传出去，需要有人带球，而安德烈斯总是给我帮助。”

马斯切拉诺并不像伊涅斯塔一样来自拉玛西亚，但他已经成为巴塞罗那足球信念、足球哲学的坚定捍卫者，一切始于他与瓜迪奥拉的那次长谈。“安德烈斯是佩普的生怕有失的软肋之一，是他喜欢的球员。他曾经对我说，不仅仅是因为天赋，他喜欢那些带着激情踢球、真心热爱足球的球员。他不喜欢那些从职业中捞好处的球员，而喜欢那些奉献一切的人。瓜迪奥拉是个足球浪漫主义者。他喜欢足球比赛中的业余元素，那种原始精神，而不是现代足球比赛所设置的方式。他对安德烈斯的评价很高，因为他准备好了去做足球比赛所要求的一切。他不是为了炫耀、出风头、摆姿势，或者自我推销，他就是来踢球的。出于这个原因，佩普以往总拿哈维和伊涅斯塔举例子。”

他知道他在更衣室里很重要，这给了你力量。

——杰拉德·皮克

“安德烈斯跟其他所有人都不一样，”皮克说，“如果你用金元足球的逻辑来评价他，没人会签下他，因为他没有打进许多球，也没能为进攻球员提供许多助攻。但是你能想象没有他的巴塞罗那吗？”

“球队踢球方式的变化很大程度上取决于他是否踢了比赛，我们踢球的方式，把球从后场传给前锋的方式，是非常不同的。当他在球场上时，一切都在流畅运行；当你看到这一切，你会意识到他是不可替代的。更重要的是，如果没有他，巴塞罗那无法发挥得更好。统计数据是冷漠的、客观的、缺乏同理心或理解力的，它们并不能反映安德烈斯对我们的意义。这与数字无关，他投射出了无法量化的感觉。他踢球的时候，那才是比赛，才是足球，安德烈斯总能给你这样的感觉。”

“我们一直相处得很好。显然，我们是完全不同的人，但是我们彼此完全兼容。普约尔也是个内向的人，就像安德烈斯一样，我们是兄弟。在巴塞罗那，我们找到了相处的平衡点。我们有一支出色的球队，彼此相处得很好，我觉得我们在球场上把这些展现了出来。安德烈斯总能和我们产生化学反应。他成为队长之后，我们的关系始终如初。他一直都是一个对球队有很大影响的球员，而且他很自然地处理问题，一如既往。他并不试图施加更多的压力。如果说他是在球员投票中被选为队长的，那是因为我们在他身上看到了我们喜欢、我们想要的东西，我们希望他继续保持下去。有一件事是真的：在与媒体沟通方面他已经进步了，现在他表现得更自如，可以说得更多了。”

如果伊涅斯塔不成为足球运动员会怎么样？“他会寂寂无闻，”皮克说，“也许他会成为一个报刊经销商，或者在一家面包店工作。他非常谦逊，像个来自小镇的人，但不像加泰罗尼亚人，加泰罗尼亚人就像普约尔这样，性格坚定而粗犷，会冲着你喊‘去死吧’的人。不，安德烈斯不是这样的，这是他的一大美德，他很愿意和他的妻子孩子在一起。如果他不是个足球运动员，你不会注意到他的。随着时间的推移，我想他已经认识到了自己是谁、代表了什么，我觉得他现在可能不像刚加入一线队时那么天真了。他知道他在更衣室里很重要，这给了你力量。问题在于如何使用这种力量，安德烈斯总是把这种力量用在了好的方面。”

“让我感觉最特别的就是他踢球的方式、他启动的方式、他拿球之后做的第一个动作，他的加速几乎是从原地开始的，好像齿轮突然间改变了速度。”皮克说，“最开始的10米简直令人难以置信。当他移动的时候，后卫的动作显得很慢，他并没有很快，但看起来好像很快。这么多年来，我看到他飞速闪过后卫，没有一个人能迅速做出反应阻挡住他的突然加速。他突然启动的方式很神奇，我想我从来没见过像他这样踢球的。前一秒钟他还站在那里，或者正在慢慢地跑着，然后，嗖！他不见了。而其他的球员，像一些最好的边锋，他们会玩一些小花样，会跑上四步，但实际上哪儿也没去，他们没有离开原先的位置。安德烈斯则相反，只要一次触球，或者根本没有触球，他就跑开了，留你傻傻地待在那里。如此简单，如此不可阻挡。”

“我在电视上多次回看过安德烈斯在南非的进球，我几乎忘记了那时候在体育场里享受当下的切实感受，就好像我在看一个不同的动作。我们害怕比赛拖入点球大战。我们必须充分利用对方被罚下一人的优势，我们不希望浪费这个机会，最终上天选中了安德烈斯。这不是运气。这曾经发生在世界杯上，发生在斯坦福桥、伯纳乌。他有这种魅力，有能力去创造关键机会，并在最重要的时刻完成进球。他就是这样的。我敢肯定，要是再有同样的机会，但不是世界杯决赛而是一场不太重要的比赛，他肯定会把球踢上看台。”

“安德烈斯的传球范围是不可思议的。他可以用右脚和左脚改变比赛。当他处在最佳状态的时候，周围的一切都环绕着他。他是一个非常安全的球员，他踢的这个位置，一个球员平均在一场比赛中要丢掉15—20次的球权。但对他来说不一样，他几乎不会丢掉球权。这就是人们看不到的，但是队友们都很欣赏他。他看到了我们其他人都看不到的东西，就像哈维一样，他总是在皮球向他而来的时候转身，环顾四周，以确保自己对各个位置心里有数。当我在萨拉戈萨踢中场时，我试着这样去做，但我从来没有真正做到过。当我转身去看的时候，他们会把球从我脚下带走，而这从来没有发生在安德烈斯身上。在训练中，我尝试了各种各样的方法来困住他，我偷偷靠近他，试着躲在他身边吓唬他，把球断走。但那个家伙总能逃脱，他总是能看见我。我不觉得我限制住他了。”

安德烈斯让一切变得更容易了。

——约尔迪·阿尔巴

对约尔迪·阿尔巴来说，他不是安德烈斯，而是安德鲁。

2011年他们在国家队中相遇，在西班牙队赢得世界杯冠军之后。“在我的西班牙国家队首秀中，他们给了我6号球衣，”阿尔巴回忆说，“那是安德烈斯的号码。那天回来时他受伤了，毫无疑问，我放弃了那个号码。”

“能和安德烈斯并肩作战真是太棒了。要理解他的意图很容易，他给了你很大的信心。安德烈斯让一切变得更容易了。”

“几年前，我遭遇了严重的伤病，那是我职业生涯中的第一次，此前我从来没有受到伤病困扰。安德烈斯是为数不多真正帮助我的人之一，还有哈维。他们每天都来问候我。我去做扫描或者做一些测试的时候，他们会发短信给我，祝我好运。想象一下，在一个刚刚加盟巴塞罗那的新人第一次受伤的时候，这对我来说有多么重要。这也让你知道，他们是一些善良而慷慨的人。他们知道受伤的时候，心理和身体一样重要。”

“在2012年欧洲杯上，安德烈斯和我踢西班牙队的左路，我们合作得非常好。安德烈斯信任我，只要他可以，他就把球传给我，这让我充满了信心。他也明白我的方式，我们的性格完全不同。考虑到这一点，布斯克茨和我们两个都有一点像。我们都有一个共同点，那就是我们不会真正地改变，仍然像从前一样做着相同的事。当我离开巴塞罗那青训营，去了科尔内拉的时候，我真切地感受到了诱惑，意欲抛开一切的诱惑。但是我想继续奋斗。安德烈斯也是如此。”

你仍给他一颗瓜，他也可以把它控制好，正常踢。

——马克·巴特拉

“我17岁的时候见过他，记得是在更衣室里看到他和普约尔在一起。那种感觉就像处在一个不同的世界，他们是不可接近的。但现在我可以自豪地说他是我的朋友。有时他很安静，你要逼他才能得到几句话，一旦相熟，就不一样了，他会让你大吃一惊。在这样的时候，他会很风趣，很有幽默感，让人印象深刻。他的幽默感有那种冷幽默，也有黑色幽默。你甚至不知道他是否在跟你开玩笑，他就是这样戏耍你的。”

“有一次，在巴列卡斯球场对阵巴列卡诺的上半场，时任主教练是塔塔·马蒂诺，我们坐在边裁后面的替补席上，一直看着边裁抱怨。当中场哨声响起，安德烈斯走过去对边裁说：‘别理他们。他们有点过于兴奋了，太紧张了，经常都是这样的。’我简直不敢相信，如果有人抱怨裁判的判罚，那个人就应该是安德烈斯。当我这样对安德烈斯说的时候，他说：‘别担心，我已经搞定他了，你会看到他们下半场的表现有多好。’安德烈斯不蠢，他知道如何利用人们对他的尊重。”

“我还记得刚刚加入一线队的那段时间，”巴特拉继续说，“他保证自己会对我多关照些。渐渐地，我们相互间更加了解了，也更加信任了。这对我来说并不容易，我经历了一段艰难的时光，很少出场。有一天我收到他的短信：‘我是安德烈斯，振作起来，事情一定会有所好转的。你好好训练，继续加油。祝你一切顺利！’我没有他的手机号码，所以我以为是有人在开玩笑，跟我闹着玩。第二天，我问他是不是给我发了WhatsApp消息。‘WhatsApp是什么？’他说。过了几天我才确定，是的，就是他发的。我很感激他给我发了短信，他能设身处地为我着想，虽然他不承认。”

“安德烈斯也有他的小习惯。早上，球队有时会为我们准备水果或者思慕雪，他是唯一一个吃椰子的人。如果你看到一块奇怪的三明治放在那儿，一定是他的。他很安静，但他心中也有火花，你不禁会想他正在默默地规划着什么。”

“我曾经问过他：‘你什么时候成为常规首发的？’他说是23岁或24岁的时候。我告诉他我已经21岁了，我踢过几场比赛，所以我应该感到满意。他说：‘马克，我在你这个年龄也踢过几场，不要让他们蒙蔽了你的双眼，别让自己一直听信这种说法。’这让我想道：‘如果下次再有人告诉我要保持耐心，因为安德烈斯也花了很长时间才能在一线队中出场，我就会告诉他们，他21岁就出场了。’”

“当安德烈斯不在场上的时候，你会想念他，”巴特拉继续说，“你扔给他一颗瓜，一个不可能的传球，他也可以卸下，控制好，然后正常踢。能和他一起踢球让我感到很荣幸，他是很多人的榜样。”

“他也很敏感，12岁就从丰特尔阿尔维利亚来到巴塞罗那，很不容易。我每天乘出租车过来，这是不一样的。每天车程只有一个半小时，我还叫苦连天。有些人希望你沉沦下去，因为他们也正在挣扎，而安德烈斯正相反。他曾经经历过糟糕的日子，因此希望你能得到最好的，因为他知道这有多困难。也许他是这样想的：‘当时有人帮助了我……好吧，现在我要去帮助别人。’这就是安德烈斯。”

他主动给主席打电话……说服他放我离队。

——佩德罗·罗德里格斯

“三叉戟”来了，而佩德罗离开了，他的机会很有限。他曾经进球如麻，打进过许多令人难忘的进球，就像在对阵顿涅茨克矿工和拉普拉塔大学生的比赛中，帮助巴塞罗那在2009年赢下了全部6座冠军奖杯。但是梅西、内马尔和苏亚雷斯的进攻组合使得他的出场时间比以往任何时候都少，他想要另找出路。佩德罗只是想踢球，但问题是巴塞罗那不会让他离开。直到他的好朋友拿起电话，打给俱乐部主席何塞普·玛利亚·巴托梅乌。

“安德烈斯对我非常重要，”佩德罗说，“所有人都知道我想离开，我陷入了挣扎。日子一天天过去，但什么也没有发生，事情陷入了僵局。安德烈斯知道我的感受，知道我正在经历些什么。于是他主动给主席打电话，看看是否能解决问题，说服他放我离队。安德烈斯给了我很大的帮助。”

两天之后，佩德罗成了切尔西的球员。“没有球员像他一样为我去做这样的事。他就是这样的，就像他知道会发生些什么，他很聪明。举个例子，我记得是与国际米兰的比赛，一会儿要让我出场，一会儿又不让了，我在场上的时间没有任何连续性，一直就是个“金牌替补”。而后他走进更衣室，对我说：‘你就是你，你不是任何人的替补，好不好？你去吧，像真正的佩德罗·罗德里格斯一样踢球。那是你的名字，你就是这样踢球的。’我还很年轻，这让我感觉很好，他使我充满信心。像安德烈斯·伊涅斯塔这样的人说了这些话，这对我很重要。”

佩德罗首发了，巴塞罗那2比0取胜，佩德罗进球了。

“我也永远不会忘记在2010年世界杯半决赛中，他对我的帮助。”佩德罗说，“博斯克给出了球队阵容，我首发了。当我听到自己名字的时候，感到很紧张，没人预料到我会首发。‘放松，佩德罗，’他说，‘按你一贯的方式踢球。’他身上有种东西，他知道如何让你的头脑放松。他总是积极而冷静，在球场上也一样：冷静，有耐心，张弛有度。他一直等待合适的时机，再送出传球。他是独一无二的。”

安德烈斯就像人寿保险，他总让你看起来很好。

——卡尔斯·普约尔

安德烈斯来到拉玛西亚的时候，普约尔已经在那里了。当他到了诺坎普时，普约尔也已先来一步了。现在安德烈斯还在这里，普约尔则已离开。太多的伤病摧垮了他的膝盖，他一次又一次地奋力跳起，为了拦截进球，为了巴塞罗那的荣誉而战。

安德烈斯仍然记得，许多年前普约尔离开青训营时留给他的特殊礼物。“拿上我的床垫，在这儿。”那是巴萨后卫传递给他的友情。路易斯·范加尔给了他机会，这位教练后来也给了安德烈斯机会，把他提升到了一线队。安德烈斯一直睡在一个用过的旧床垫上，这是朋友间的一种姿态，普约尔一直在帮助年轻的青训小将们。后来他们成了巴塞罗那梦之队的成员和象征，足球让他们再次团结起来。

普约尔从加泰罗尼亚最偏僻的地方——拉波夫拉德塞古尔——来到拉玛西亚；安德烈斯也来自西班牙最偏僻之地——丰特阿尔维利亚。两个男孩又都是在强势主帅范加尔的执教时期走进了诺坎普。“他有预测比赛走向的强大天赋，他知道应该把球放在哪里，把球放在最不容易看见的位置上。”荷兰教练范加尔说，他给了安德烈斯首秀的出场机会。弗兰克·里杰卡尔德的赞美也如出一辙：“当安德烈斯送出那些传球的时候，他扮演的这些传球角色，就像看到一个人与朋友们一起分享糖果一样。”最后还有佩普·瓜迪奥拉，他曾经和助教蒂托·比拉诺瓦谈到让安德烈斯休息的问题：“下一次要是我不让安德烈斯上场，而他并没有什么问题的话，你就敲我的脑袋直到我恢复正常，哪怕是踢左后卫，也要让他回到球队中。”

普约尔也会被这种神奇的光环所笼罩，训练的时候他会变成一个无所事事的观众，就像里杰卡尔德所说的那样，看着安德烈斯把球传给队友，就好像分享糖果一样。记者们也会产生敬畏感，除了赞美伊涅斯塔的优雅、轻松触球、安静、不过度发挥之外，他还能迅速移动，因为他周围的一切似乎都静止不动了。

“我从来不会一对一去挑战安德烈斯，我不知道原因。只要我有一丁点怀疑，我就不会出脚，因为他可以轻易躲开你，你无法抓住他。”普约尔承认。他是一个诚实的球员，即使是对抗好朋友他也不会退缩。但面对安德烈斯的时候，他总无法摆脱那种想要保护他的冲动。在拉玛西亚的时候，这种感觉经常有规律地出现，就像要离开的那天，他给了安德烈斯一份离别礼物。正是出于同样的本能，他才会去联系西班牙的理疗师劳尔，在2010年世界杯期间，这是对伊涅斯塔至关重要的一个人。

巴塞罗那中卫普约尔一直都很强壮，但他认为安德烈斯的体格可以骗到很多人。“他看起来很虚弱，但其实不是；看起来你可以把他推开，但其实不能；看起来他很容易被挤出去，然而并非如此。安德烈斯就这样欺骗了你。”普约尔说，“对我们后卫来说，我们很幸运，安德烈斯是我们前面的队友，而不是对手。当你遇到困难的时候，只要把球给他，你就能知道安德烈斯就像人寿保险，他总让你看起来很好。”

两人都习惯于保持自己的空间，卡尔斯和安德烈斯建立起了牢不可破的友谊。“他说得不多，所有人都知道；但他说话的时候，人们都在聆听。”普约尔说，他还记得与安德烈斯的四五次深入交谈，谈论足球以外的生活。如果他有问题需要面对，他会消失一段时间，找到解决的办法，然后焕然一新，变得比之前更强大。普约尔透露，没有人比安德烈斯更能让大家聚在一起，保证所有的人都到场，最后还会问：“你想从我们这里得到什么？”

他需要感觉到被爱，但听起来没有任何需要和要求。他像他的父亲一样倔强，像他的母亲一样神秘，他总是很优雅，球员伊涅斯塔之外的安德烈斯就是这样的。

> 他仍然不忘本。
>
> 安德烈斯知道如何保持耐心。
>
> 他不会做得太过火，他会在完美和谐的状态下运转自如。
>
> 他只对比赛感兴趣，他是个纯粹的足球。
>
> 他是一个有荣誉感的人，就像老球员一样。
>
> ——巴萨“大家庭”

在过去的几十年中，安赫尔·穆尔一直是俱乐部的按摩师。他说：“安德烈斯在精英团体中也是出类拔萃的，无论是触球、天赋、球风，他以一种非常具体的方式教导我们如何欣赏足球比赛。教育对人是至关重要的，对球员也是一样。你必须知道如何生活，保持耐心；知道球队正试图实现什么目标；你必须能够阅读比赛。但你也要知道赞美诗的歌词，知道为什么要唱，知道俱乐部意味着什么。对安德烈斯我一直有一种感觉，他是一个会倾听和会吸收的人，他会采纳，会解读，他的职业生涯结束时会真正留下属于他自己的印记。但这一切并非轻易可得，在他还很小的时候，他的生活就完全改变了：新学校、新朋友、新城市。他仍然不忘本，有时候他仍然只是一个来自小镇的男孩，尽管此时他已经成了巴塞罗那的荣誉市民，也是这家俱乐部举世闻名的球风的杰出代表。他知道如何尊重这个组织，就像老一辈球员习以为常的那样，现在这种球员已经不多了。”

卡洛斯·纳瓦尔仍在巴塞罗那俱乐部工作，他回应了这些观点。“就像现在的吉列尔莫·阿莫尔或塞尔吉·罗伯托，安德烈斯知道如何保持耐心。我记得罗伯托的父亲曾经对我说过：‘整个周末，我们都在等待三种可能性中的一种。他没有进入球队阵容；或者他进入大名单，但没有出场踢球；或者他进入了大名单，还将要上场踢球。’球员们需要学习如何成为一名球员，永远处在教练的掌控之中，不让自己在媒体上发表与团队精神相违背的言论。你必须成为团队的一员，安德烈斯总能知道如何做到这一点。”

纳瓦尔是从奥里奥尔·托特口中第一次听说安德烈斯的，托特告诉他，俱乐部新来的那个男孩很特别。他果真没有失望。“伊涅斯塔只在他觉得应该说话的时候才开口，但他什么都能理解，因为他能观察到；他知道如何阅读比赛，如果情势不利，他就不会隐身。当初埃德米尔森说俱乐部里有‘害群之马’的时候，第二天他就在记者会上露面了，他做出了解释。”纳瓦尔补充道，“2010年金球奖颁奖典礼的前一天，俱乐部准备了一份特别的报告，其中涉及三位最终候选者——梅西、伊涅斯塔和哈维——的母亲。我们尽全力不走漏消息，所以他没有听到风声。但就在他母亲过马路的时候，她的电话突然响了，安德烈斯问道：

‘妈妈，你要去哪儿？’”伊涅斯塔没有赢得金球奖，他很难过；但他也很高兴，梅西得到了金球奖。安德烈斯知道里奥对他的评价有多高，因此他非常认可这个结果。最后纳瓦尔说：“他一向很遵守规则，他总是尊重别人。举个例子，每场比赛每位球员都有4张免费球票，如果他需要第五张票，他会很乐意为这张票买单。因为他喜欢一切就绪，他是一个完美主义者，无论是在球场上、健身房里还是在生活中，他喜欢这些日常程序和指南。”

埃米里·里卡特认同纳瓦尔的看法。“他给球队带来了稳定，他决定了比赛的节奏，他让对手感到不安。我坐在替补席上看巴萨比赛的时候，如果伊涅斯塔在场上，我就不会感到紧张。他是球员中的劳斯莱斯，如果他身体状况良好，就什么也无法阻挡他。他的肌肉状态很好，”这位最了解安德烈斯身体的理疗师说，“他知道如何照顾自己。他不会做得太过分，他会在完美和谐的状态下运转自如。他就是足球，纯粹的足球。他能把所有的事都做得很好。他是一位9.95分球员，只有纳迪亚·科马内奇能拿到完美的10分。如果我们给他一个10分，反而会冲昏他的头脑。”里卡特开玩笑道。

“解码伊涅斯塔并不容易，”劳尔·马丁内斯说，“他是个谜，你永远也不知道他在想什么；他是位X先生。他也是学校里坐在你后面的那个男孩，一路走到了最顶峰。他从来不是个领袖人物，你会问自己：‘为什么他能做到，而我不能？’他总能做出正确的选择。在生活中他选择了正确的人，就像在球场上他送出了正确的传球一样。”马丁内斯是安德烈斯最信任的理疗师之一，他接着说道：“更重要的是，他是一个有爱好、有荣誉感的人。他是一个守旧派，既是一个人，又是一个球员。音乐家与他们的乐器之间保持着一种非常特殊的关系，就像安德烈斯和皮球之间的关系。他不只是一个表演者，更是一位艺术家。”

“他是一个很好的人，就像他作为球员一样杰出。”帕克·塞卢尔说道。帕克是巴萨理论部的一名成员，也曾是一线队的体能教练，是俱乐部最受尊敬的人之一。“安德烈斯所做的一切都是有原因的，在球场上他从来不会为了做而做。他不会让对手得到任何好处，总是为了让球队顺利运转。尽管有时在球场上，他似乎不想被别人注意到，但他总能出现在球队需要的地方。”

塞卢尔提到了伊涅斯塔改变速度和持球的能力，当他提到安德烈斯的时候从不掩饰他的偏爱。“他就像我的儿子一样。我记得他在青训营学习的时候，从来没有想过要脱颖而出。有些人说他不喜欢太快乐，因为这可能会让那些感觉不太好的人感到难过。他表现得很自然，不会过多地谈论发型、球鞋品牌、电影一类话题。他只对比赛感兴趣，以及所有与足球相关的东西。就我个人而言，在他身体状态好的时候，他就是最棒的。”

第二十二章　神引之手

安德烈斯非常忠诚。他从不让所爱的人失望。他需要他们，喜欢让他们围着他转。

——乔尔·博拉斯

有4个人在安德烈斯的职业生涯中曾经对他有所照顾：佩雷·瓜迪奥拉、乔尔·博拉斯、拉蒙·索斯特雷斯和达尼·马林。他们的关系不仅仅是职业上的，还有私人方面的。他们的关系很亲密，几乎像一家人。他们之间的信任积累了许多年——他的父亲何塞·安东尼奥也参与其中——如今早已建立起来了。

佩雷·瓜迪奥拉那时在为耐克公司工作，为寻找新的球员，他找到了安德烈斯。“我第一次看到他的时候，他正在为巴塞罗那少年B队踢球。”佩雷·瓜迪奥拉说，“我和拉玛西亚青年队的高层阿尔伯特·贝纳吉斯关系很好，我问他：‘谁是最棒的？’他说有三四个孩子都表现杰出，但安德烈斯是最好的。‘看看安德烈斯吧，佩雷。’虽然我们知道他那时还很小。只有十四五岁，你永远不知道未来会发生什么？不应该揠苗助长，应该让他们找到自己的空间，以自己的方式长大。我们知道我们想要和他签约，我们也知道他已经收到了阿迪达斯的报价，但他同意在耐克杯之前加入我们，这是一项在诺坎普举行的U15杯赛。”

当时佩雷·瓜迪奥拉负责市场营销，他在与安德烈斯的见面过程中还发现了一些别的。“有时候我会去拉玛西亚，请求许可带他去迷你球场附近的餐厅吃饭。他总是点干酪意大利面，我一开始说话，就会一直说。而他几乎没说一句话，只是‘是的，不是，行，好……’差不多就是这样。我们在一起待上45分钟，他也就说点这些话。但我感觉到我们之间好像有些关系了，我觉得我们相处得很好，就好像我和他、和他的父亲何塞·安东尼奥和他的家人，和每个人都关系密切。我们一点一点地认识了彼此。安德烈斯非常惹人喜爱，他是那种让你喜欢的人，让你想要帮助他。你几乎想带他回家，就好像是你的小弟弟一样。不仅仅是我有这种感觉，你问拉玛西亚的人，他们同样都会这么说，他是那种让你喜欢的人。”

耐克杯是安德烈斯第一个真正闪耀的舞台。“巴塞罗那赢得了比赛，我们知道他就是我们要的那个孩子。他踢核心中场位置，给球队带来了安全感。他从来没有丢掉位置，如果比赛进展不顺利，他知道自己应该加强进攻，去解决问题，而他也这样做了。对阵罗萨里奥中央的决赛中，当比分1比1的时候，他打入了制胜金球。”

“这是一个缩影，可以看到他在整个职业生涯中是如何踢球的，或许因为大部分时间里他都在独自前行。他不炫耀、不膨胀，但如果需要，他会加速出击。我不知道他脑子里是怎么想的，但他似乎总能做出正确的决定。他可能不是一个经常进球的球员，也不是一个高高跳起头槌破门的球员，但他总会成为关键时刻的核心球员，他的传球会帮助球队赢得比赛。”

那时，佩雷已经把伊涅斯塔的事告诉了他的弟弟佩普。“有一个孩子，他是整个青训营最优秀的。很容易认出他——最瘦的、个头最小的，也是面色最苍白的。他的姓氏是伊涅斯塔。”

“佩普当教练的第一年对安德烈斯来说非常重要。”佩雷说，“我相信他会想：‘我的偶像来了，我的老师、教练，他会让我们变得更好。他会支持我、提拔我，让我变得更重要。’我说他会‘想’，因为他从来没有这样说过，他很少告诉你他在想些什么。我确信他会对自己说：‘我必须向他证明，我是最棒的，我必须竭尽所能回报他给予我的一切。’”

那个时候，很多事情一起向安德烈斯涌来：新教练带来的兴奋和压力，以及伤病和训练强度。在情感方面，这是一种怎样的经历、怎样的诉求、怎样非凡的成功！然后就是达尼·哈尔克的悲伤离世。佩普的第一个赛季以三冠王结束，但在过去的一年里事情已经暗暗埋下伏笔。安德烈斯迎来了最困难的时期、最黑暗的日子，他感觉一切都在消逝，一切都失去了控制。

“他睡不好，不断地受伤，这让他很伤心，很沮丧。”佩雷说，“我记得他的父亲告诉我，他们去了一个很远的地方，在西班牙南部看到了某种神秘的东西，那里的人剪掉了他的头发，告诉他说他身上带着诅咒，在某个地方有某人非常爱他，或者某人对他恨之入骨，这让他无法自由地生活，这正是造成这场危机的原因所在。他无法解脱。安德烈斯说他的胃不舒服，他无法训练，什么也不能做，他不明白自己身上发生了什么。佩普给了他空间，因为他知道安德烈斯需要时间，他需要一天24小时专注于自己的感受。这很沉重，很困难。最后，他走了出来，也变得更加强大了，但这并不容易。”

“没有人给过安德烈斯任何东西，他一直努力工作直到有今天的地位，”佩雷说，“他完全是靠自己做到的。要这样说很容易：‘这个孩子是最好的’，但这个孩子必须证明自己，这不是很多人都能做到的。刚开始他一直是替补，或者是第一个被替换下场的人，但他从不抱怨。他必须填补别人不能胜任的位置，在许多不同位置踢球，一次又一次拿出好的表现。直到最后，人们看到了真相：一支球队必须有安德烈斯和其他10个球员。”

“即使是现在，所有的事情都发生了，所有的一切都改变了，你仍然可以看到两个安德烈斯。一个是你在球场外看到的害羞的安德烈斯，另一个是你在球场上看到的真正的安德烈斯，这个安德烈斯让他自己尽情发挥，这个安德烈斯是鲜活的。球场是他处之泰然的自然环境，草坪和足球就是他的栖息地。我认为他是独一无二的。是的，他的足球与巴塞罗那的风格相契合，而他是如此优秀，不管把他放在哪里、不管用什么战术，他都会不断进步。假如他是在一家英超俱乐部踢球，现在的球场大门旁边就会立着他的雕像。”

“安德烈斯一生都是个赢家，但他从来没有这样说过，从来没有。只有当球队需要他的时候，他才会走向前。在球队处于低谷的时候，他说：‘我在这里。’他为足球而活，他是我们所有人的榜样。”

“我想把他与斯科尔斯或哈维这种属于一家俱乐部的球员相提并论，

他们从不在球场上隐身，总能展现自我，这些球员总是想要球，他们拥有特殊的天赋，能让自己身边的球员们有所提升。对任何教练而言，拥有安德烈斯都是一种福气，正因为如此他总能上场，不是因为有人赐予他什么，而是因为他是最棒的。他是最容易相处的人，他从不抱怨，从不责怪，总是在第二天精神抖擞地训练。如果有一天他们把他放在右后卫位置，他也会踢得很好。他在任何位置都可以踢得很好，他的教练知道，他的队友也知道。”

“有一天他父亲来看我，”拉蒙·索斯特雷斯说，“我还记得他走进来的情景，他想询问一个困扰许久的税务问题。一家律师事务所在安德烈斯的返税申报单上出了错，这种问题我们能够很容易地解决。从那一刻起，我们就相处得很好了。”

“何塞·安东尼奥不喜欢文书工作，他有太多事情要处理，但他很精明、很有条理。他清楚地知道发生了什么，什么是对安德烈斯最好的，他是个诚实、乐观、容易相处的人。记得第一次在我们为安德烈斯把事情处理好之后，他说：‘我如何回报你？’我说：‘没什么，就打了几个电话，给税务人员写了一封信。别放在心上。’从那一刻起，信任就建立起来了。他开始向我解释一些事，以求各种问题的建议，不仅仅是税务。他希望我们能帮助安德烈斯处理合同、赞助商、肖像权，尤其是安德烈斯与耐克的合作——他在耐克有自己代言的球鞋。后来还有安德烈斯和巴塞罗那的工作关系，最终他要求我们成为安德烈斯的代表。这对我们来说是一种责任，也是一种挑战。最终我们为安德烈斯处理各种各样的问题：法律、税务、足球、金融、商业、职业和个人。当事情关系到伊涅斯塔家族的财务时，安德烈斯的父亲是核心人物，是个关键。

何塞·安东尼奥经营着‘伊涅斯塔酒庄’，他们生产的葡萄酒品牌——他真正的财富——以及所有的家族生意和事务。当然，他把安德烈斯置于所有事务的中心，但何塞·安东尼奥是负责运营的人。这样做的目的是不让安德烈斯为这些事情操心，让他的头脑保持清醒，专注于他的足球，这才是最重要的。”

“想要找人帮忙的时候，他会找他所信任的人，何塞·安东尼奥向很多足球人士寻求建议。但我不认为他会在没有咨询安德烈斯的情况下做出任何决定。我相信安德烈斯自己也会很小心地关注事件的进展。安德烈斯不会过问很多，但当他提问的时候，他的问题总是恰到好处：他会直接切入重点。安德烈斯要确保自己理解了关键部分，然后再开始日常工作。如果你改变了什么事情，或者打破了他的日常规划，他就会觉得不舒服，他不换车或房子，也是因为如此。事实上，我认为他甚至还在开自己的第一辆车，就像很多球员一样，第一辆车是一种象征，象征着他在这里付出了多大的努力，以及已经走了多远。”

“他不任性，不会骄纵自己，也不会冲动行事。恰恰相反，他很稳重。他坚持同样的行程：在以前吃过的、觉得很好的餐厅吃饭，那里甚至存有他的葡萄酒！或者到他和家人、朋友感到舒适的地方度假，去同样的地方，做同样的事情。还有丰特阿尔维利亚，他重返那里的频率比人们想象的还要高。说到规划他的生活，安德烈斯很直接；说到克服问题，也是一样的。他并不总在安乐窝里待着，他对待事物的态度很务实，就像他踢球一样：直面问题，径直走向问题，然后解决问题。”

索斯特雷斯说，安德烈斯的态度和行为没有改变，无论他面前的问题有多么复杂、多么重要。“安德烈斯谨慎而理性，总是泰然处之。”他说，“他只是想确保自己知道发生了什么事。‘一切顺利吗，拉蒙？’

他会问。差不多就是这样，他要对所得到的一切都有简要而清晰的概括。他在心里权衡利弊，然后与他的父亲沟通。何塞·安东尼奥通常不会出席会议，尽管偶尔也需要到场。安德烈斯不是那种对所能得到的东西或新合同非常痴迷的球员，他不是那种踢球踢得好，就想以此交换一份新合约的人。事实正相反，他不喜欢这样的想法：在球场上表现得更好或更糟是建立在追求更高薪水的欲望上的。从任何一方面来说，他都很感激他所拥有的一切，这不仅仅关于他的合同，还有他周围的一切。”

“他很温和、很被动。实际上，‘耐心’是个更适合的词。他知道事情终将发生，理性会占上风。这就像他在控制时间，而不是赶时间，其实这有点像他踢球的方式。我不记得什么时候他受到过合同谈判或任何场外问题的影响，即使有些时候情况复杂，暗藏潜在的问题。无论如何，总会有解决的办法，而且通常是迅速的解决方法。”

安德烈斯在巴塞罗那的未来从来没有真正受到质疑，虽然有时候也不那么安全。有些时候他的未来令人生疑，尽管他的朋友和顾问们都知道，要他去别的地方踢球很困难。“有时候他也会生气，像其他人一样，”索斯特雷斯说，“他更愿意把事情写下来，愿意通过短信跟你交流，他确实很少打电话。当然，我们可以见面，比赛之后，在他家里、办公室、俱乐部里。一旦有他的电话打来，我总会想到发生了什么事。对他来说，打电话是件很重要的事情。如果他打来电话，最好要接起来，他很可能正在担心什么。”

“在巴黎的欧冠决赛当天他给我打电话，”索斯特雷斯回忆道，“我正和他的家人在大巴上。他很生气，非常生气，因为他没有首发。他并没有说自己想离开巴塞罗那，但他的确对我说：‘拉蒙，我想我配得上出场。’那不是一个美好的时刻。”

代表安德烈斯进行谈判并不总是那么简单，尤其是在制订战略的时候，比如2006年与体育主管特西基·贝吉里斯坦的合同谈判，看起来似乎陷入了僵局。“我告诉安德烈斯发生了什么，以及我认为将会发生什么。”索斯特雷斯说，“他的回答是‘做你想做的，拉蒙，但我不会离开，好吗’？嗯，好的。但我告诉他不要说你不想离开，要是你这么说了，特西基的工作就做完了。”

安德烈斯踢的每一场比赛，索斯特雷斯都有一份电子表格，记录了他在球场上的每一分钟。这些细节在谈判中扮演了关键角色，影响到未来合约中的奖金或时间期限。“那一年我和特西基进行了一场战斗，安德烈斯比其他球员出场更多，但出场时间没有更多。”他解释道，“几乎每一场比赛他都是在第60分钟左右替换下久利出场的，除了最后一场联赛对阵塞维利亚，还有在巴黎的欧冠决赛。他正好处在临界点上，如果他没有在决赛中上场，或者错过了塞维利亚的比赛，他就无法拿到应得的奖金，这是合约的关键部分，这会让他损失很多钱。我给特西基打了个电话，告诉他在与塞维利亚的比赛中‘轮休’安德烈斯是不公平的，因为欧冠决赛即将到来。俱乐部同意了，因此我可以告诉安德烈斯，不用担心出场问题。”

“安德烈斯是个好人，他和他的家人都非常懂得感恩，他们不会忘记那些帮助过他们的人。如果有人对他好，无论是一位球迷、一位队友、一位理疗师、一位记者或是一位经纪人，他都不会忘记。他的记忆力很好。自他成为一名球员以来，已经有许多人从他的职业道路上经过。球员身上会发生许多事情，他会记住别人，甚至是匿名的人，而不只是那些大人物，这可以让人了解到他的一些侧面。当人们和他打招呼问好的时候，他们不认为他会记得他们，但他的确记得，这真的会让他们非常高兴。当他回到丰特阿尔维利亚的时候，他记得他们所有的人，他能说出从前每个教练的名字。”

“安德烈斯在巴塞罗那和丰特阿尔维利亚都很开心，这都是他的家。你可以看出球场外的幸福会带来怎样的影响，家庭生活是他成功的一个重要原因。他的妻子安娜是最喜欢传播快乐的人之一，而当不幸的时刻来临时，她也是第一个来到他身边的人。她非常积极、非常快乐，是个乐观、坚强而伟大的母亲。当他们失去孩子陷入无法抑制的悲伤时，她展现出了这一面，那原本是他们的第二个儿子。”

乔尔·博拉斯第一次遇见他是在巴塞罗那附近的马塔罗，同一天晚上安德烈斯也在一家名叫“剧院”的酒吧里遇见了安娜。安德烈斯和乔尔分享了“数以千计的秘密”。很少有人注意到乔尔，但他总是在那里，观察着每一处细节。“安德烈斯肯定给我写了有1000封电子邮件，他喜欢写。”乔尔说，“有一天我去他父母家的时候，我才真的了解了他。他对游戏机不感兴趣，也不喜欢晚上出去玩。他就是坐在一边，阅读他的新网站上人们的留言，回复他们。他喜欢匿名与人交谈，他是个完美主义者。我记得有一天我们去帮他搬家，我、Mediabase公司的同事吉尔·佩雷斯，还有另外3个朋友。那天结束的时候，他送给我们几双运动鞋和几盒葡萄酒表示感谢。没有多少球员会做这样的事情，这说明了他是什么样的人：慷慨、懂得感恩，这就是安德烈斯。我生病的时候，他每天都来医院看我。他的要求很多，但也给予了很多。”

“有一天我犯了一个‘错误’，告诉他在他的网站里有多少电子邮件是以球迷或慈善机构的名义跟他要球衣、照片、视频、签名等。他坚持要回复所有人，并让我把他们要的所有东西都寄出去。到了这个时候，我必须把一周收到的每封邮件都给他打印出来，即使收到了上百封邮件，他都想读一遍。我不知道他是怎么抽出时间读这些邮件的，但是到了星期一他就会联系我。‘乔尔，你能去训练场上找一件我的球衣，然后寄到这个地址吗？’‘乔尔，别忘了那些照片。’‘他们要一段视频，我要去录下来，然后发给你，好吗？你能发送过去吗？’‘嗯，你能拿一件球衣给加利西亚的学校抽奖用吗？他们正在筹集资金……’从第一天起，他就是这样的，我从来没有见过他说不。有一天，他让我带一些玩具给巴塞罗那的拉瓦尔社区。他的女儿瓦莱丽娅不玩这些玩具了，但他不想扔掉。‘它们还是新的，乔尔。’他对我说。”

安德烈斯承认，乔尔是这个世界上他交谈得最多的人。“我不知道我们是否说了很多，或者其实我们很少说话。”乔尔开玩笑说，“我们真正做的是彼此分享，分享了许多。如果他想要什么，他可以整天都在你身边。我每天都在这里帮助他，日复一日，无论他需要什么。可能是整理他的日记、安排一个活动，或者帮他找到他需要的东西。我和他一同醒来，和他一同睡去，早上我通常会收到他的留言，晚上的最后一件事也是收到安德烈斯的电子邮件。我不知道我是不是跟他说话说得最多的，但我肯定是收到他写的东西最多的人。”

“他喜欢坐在屏幕前，花时间慢慢看，仔细阅读，思考他将要写的内容：无论是关于足球、政治还是生活。有时我想，一定是这些东西让他放松下来的。奇怪的是，我们对很多事情有着不同的看法，有过很多的争论，也许我们很难面对面地进行这样的辩论，用文字交流让人更有勇气，更方便。安德烈斯喜欢阅读和写作，喜欢发短信。‘你好吗’‘一切都好吗’，这是很常见的，而电话，几乎没有，也许一年有三四个吧。”

“安德烈斯是个有规律、有条理、守时的人，完全与我相反，我是混乱而没有规划的。但我们的关系随着时间的推移而不断深化，曾经是非常职业化的，现在却远胜于此。举个例子，上次假期我们是一起度过的。他所做的每一件事都涉及了你，他要你在他身边。现在对我来说，就差和他一起跑上球场了！”

“随着他的孩子瓦莱丽娅和保罗·安德里亚的降生，他有所改变。现在他是一个父亲了。但在大多数情况下，他仍然和从前一样，还是从前那个安德烈斯：慷慨、安静、不想引人注目，只喜欢和他身边的人在一起。安德烈斯会给你留下深刻印象，因为他就是他，毫不虚伪。他身上所发生的一切都是顺理成章的，和安德烈斯在一起，你所看到的就是他本来的模样。”

“我认识他有些晚了，2011年我加入耐克的时候才与他相识，”拥有一只“金左脚”的前加泰罗尼亚球员达尼·马林说，从一开始他就和安德烈斯联系在了一起，“我们都踢足球，这是我的优势，我对他的世界了如指掌。”加入马洛卡俱乐部之前，达尼在达姆U19岁青年队踢球，那是他的第一家职业俱乐部。36岁时他结束了职业生涯，此前曾效力于几家西班牙俱乐部。

“安德烈斯总会给你惊喜。看到他做事的样子，你会认为：‘他是一个完美主义者。’他关注每一个细节，总是怀着感恩之心，及时表达他的感激之情。在这项运动中，有些孩子不会对你说什么，他们认为这是理所当然的。你给他们送东西，甚至不知道他们是否收到了。但安德烈斯不是这样，他看到新球鞋时比一个青年队的球员还要激动，就像他依然是个孩子，这是他第一双合适的球鞋。是的，他有点孩子气。但安德烈斯，一个赢得了一切的球员还是这样？热情是永远不会褪去的。”

安德烈斯从来没有忘记，何塞·安东尼奥和玛丽曾经为他的第一双球鞋花了多少钱。他们花了一大笔钱，超出了他们的实际承受能力。因而每当收到新球鞋时，他心中仍有一种感激之情。“安德烈斯喜欢让身边的每个人都开心。”达尼说。他已经习惯了在每个赛季开始时收到一封电子邮件，在信中安德烈斯让达尼给他的孩子们（瓦莱丽娅和保罗·安德里亚）分别寄一件巴塞罗那的新球衣，还有他的妹妹、他的表兄妹、叔叔、婶婶、朋友们，包括整个家族。“他自己总是这样，总是希望全家人都能被照顾好。他惹人喜爱，他想方设法让所有人开心。”

第二十三章　安娜

和他的孩子们在一起，安德烈斯就像在过另一种生活。他们改变了他的一切。

——安娜，安德烈斯的妻子

“那天晚上我们产生了交集。或许是命运，生活中的巧合。我不知道为什么，但是2007年6月23日晚上，这一切发生了。我不知道这一切是怎么发生的，我只知道从那一刻起，我没有寻找，也没有期待，我已找到了我生命中的爱人、我人生旅程中的伴侣、我的知己、我孩子的父亲。一个了不起的父亲、一个准备为他们受苦的人，他的时间都奉献给了瓦莱丽娅和保罗·安德里亚，他会为他们做任何事。他们也给了他某些东西，一种看待生活的不同方式。”

这是安娜，安德烈斯的妻子，她是个室内装饰师和形象顾问，她喜欢水，喜欢感受大海和游泳池的感觉。对一个来自马雷斯梅的年轻女孩来说，这没什么特别的。此刻，她游得很开心，她曾经是马塔罗游泳俱乐部的游泳运动员。她开始游泳的时候还很年少，18岁就选择退役了，她是一名自由泳和仰泳的优秀选手。竞技游泳给她留下了美好的回忆。她的一些最纯真美好的友谊就是在加泰罗尼亚和西班牙比赛中培养起来的。“这是健康和真诚的友谊。”安娜说，因为她们的友谊是在努力和团结的运动中锻造出来的。

“大家都知道竞技游泳的孩子们是什么样的。早早起床，早上5点30分训练，然后去上学，吃东西，回到教室，之后再去游泳池，接着回家做作业、吃晚饭、睡觉，周而复始。这就是日程，几乎没有时间做其他事情，但是回想起来，这是我一生中最美好的时光。这是我们大多数人都经历过的，它塑造了我们的价值观，使我们终身受益。”

“我喜欢回到父母维森斯和佩丽生活的拉瓦内斯，我与家人依然非常亲密，我可以看望我的朋友和其他亲人。那里离安德烈斯和我生活的地方不远，去那里呼吸着海边的新鲜空气，平静、安宁，充满回忆。我会从中感觉到一种令人愉快的忧郁，感觉到他们还是我的家人，这是我出生的地方，我可以见到自己的妹妹玛尔塔，虽然她也不住在那里了，她对我很重要。那里的朋友是我一生的挚友，我们7个女孩一起游泳。她们都在那里，我们的关系仍然非常密切。”

那里，仍然是安娜的世界，那么安德烈斯的世界呢？“他觉得在自己的朋友圈里最自在。如果有人看到安德烈斯和他的朋友们在一起，就会想：‘这不是安德烈斯！’是的，的确是他。这就是我爱上安德烈斯的地方。”安娜说，“他是一个非常有趣、智慧、谜一般的人，和他在一起，你不需要和他交谈太久，就能意识到他是多么了不起。”

安娜的故事仍在继续，她亲手书写着。“他充满深情、恭顺，非常体贴，总在照顾别人。但安德烈斯最好的方面是看不到的，是那些人们看不到的东西，只有跟他亲近的人才知道，这让我们感觉到认识他是一种幸运。他说着笑话出现在我们的圈子里（我喜欢他的幽默感），这让所有人都感到惊讶，因为我们都习惯了他的严肃语气。而当你真正了解他的时候，他就变得很特别。我不知道怎么描述，但它能勾住你。直到我最后对自己说：‘我爱这个人！’从那一刻起，9年过去了。似乎有两个不同版本的安德烈斯，但实际上并不是这样。他只有一个，他是独一无二的。我说不出是为什么，他就是这样。”

“就这样，在人生道路上我们彼此分享，彼此越来越了解，从对方身上学到了很多。这也许就是我们不需要说话就能了解彼此的原因，我只需要看着他，就知道有什么事困扰着他，什么也不用说。‘安德烈斯，你没事吧？’我问他。‘别担心，’他说，‘只不过我今天过得很糟糕。’他不再解释了，我也不再逼他。如果他想说点什么，他知道他可以倾诉。内心深处，我知道他怎么了。他不是那种喜欢喋喋不休说一件事或让别人问他太多的人。如果他想，他会讲述得很有深度。他知道我会给他帮助，给他另一种视角。”

这就是安德烈斯的故事。根据安娜的说法，发生在他身上的事情改变了他看待世界的方式。

“安德烈斯过去习惯把一切埋在心里，直到他终于准备好了才说出来。我想，这一切源于童年时他与别人的关系。这对安德烈斯一直都不容易，他的童年和大多数孩子不同。12岁的时候他就和父母分开了，这是很不容易的，他的个性正处在塑造期。我认为他所经历的一切对他产生了很大的影响，还有其他一些原因使他成了现在的他。我们在这方面有所不同。在我的小圈子里，我们总是在一起分享彼此过去的经历和不确定的未来。我很幸运能和父母妹妹生活在一起，安德烈斯却不行。现在我们在一起，分享彼此的生活，彼此之间一点一点地学会了互相了解，这对谁都不容易。”

“当我们开始交往，突然之间发生了那么多的变化，对我来说不是一件容易的事情。居住的城市改变了，身边不再有家人和朋友，但我选择继续，因为我想和安德烈斯在一起。他是我的坚强后盾，现在仍然是。当我焦虑、当一切都不确定、当我们正在面对许多新事物的时候，他向我证明这一切都是值得的，我们一起创造了彼此生活中最美妙的事物——我们的孩子。”

安娜进入一个新世界的时候，也重新发现了她的旧世界。“我的家人离我只有30公里远，我想念他们，想念我们一起度过的时光。突然，我的生活改变了。在安德烈斯和他家人的帮助下——他们支持我，陪伴我，当然还有我自己的家人——我一点一点地适应了变化。你要是去问他，我想他也会这么说。最后，我们都克服了困难，我们很有耐心，最后一切都有条不紊，一切都非常顺畅。我们之间的关系每天都变得更加密切。仔细想想，这些年来生活中出现了那么多的转折，我们一起度过了很多的时光。生活里出现了很多变化和新经历，我们都学到了很多——关于我们、关于夫妻关系、关于个人。”

“他一再告诉我，我对他的影响比他对我的更大！这是他向我透露的。我影响了他的生活，他也影响了我的生活。我们在一起，都变成了更好的人。这就是爱的真谛，你不觉得吗？一起学习，彼此钦佩，互相尊重。我可以非常坚定地说，这就是我们所拥有的。”

突然，安娜又回到了起点。“当我第一次见到他时，他是什么样子？我只能说，我有一种感觉，我早就认识他了。当时他正在追求我，他很享受自己这么做！就像现在一样，他很善于带给人惊喜。他会在没有任何通知的情况下出现在我的门前，带我去某个意想不到的地方。我仍然保留着他写给我的一些便条，这些细节对我来说很重要。你并不常会遇到这些事，但他总会让每一刻都变得特别。我们是不同的人吗？是的，非常不同！虽然他不这么认为。但从第一天开始，我们就彼此分享一些事，这让我们合为一体。关于他，还有很多东西等待着我去探索。我喜欢这种感觉。我最喜欢的一句话是：最好的还没有到来。这就是我们现在的样子，也是未来会有的样子。”

“我不喜欢足球。我想说的是，我一点也不感兴趣。至少跟我家里人比不算，我的家人大都是巴萨的球迷。我们会观看巴塞罗那的比赛，如果我没有看，也不会觉得困扰，对我来说无所谓。但是现在我不会错过任何一场有安德烈斯的比赛，我喜欢看他踢球，我很享受，他让我感到非常自豪、非常崇拜，也让我感到兴奋和痛苦，事情怎么就变成了这样！当我告诉父亲，我要和安德烈斯在一起的时候，他的反应让我有点吃惊。他是个思想很开明的人，但有一天，他走到我母亲身边——通常她才是牵挂家事的人——对她说：‘啊，佩丽！你觉得安娜和那个巴萨球员怎么样？’那是他作为一个保护人、父亲的时刻，但只是一点意见而已。从那时起，一切都进展得很好了。”

“那段时间，我确实有点担心。”安娜的父亲维森斯说，他和他的妻子、安娜的母亲佩丽仍然记得，女儿从巴塞罗那的仲夏节上回到家里时，告诉他们：“昨天，我遇见了伊涅斯塔。”他们自然会问：“伊涅斯塔？巴萨的那个伊涅斯塔？”她只得向父亲解释说：“是的，就是那个伊涅斯塔，爸爸。”奥里茨家的每个人都有点紧张。

“佩丽，你能想象我们的女儿安娜和巴萨球员在一起吗？”维森斯说。“别担心，我想一切都会好起来的。”佩丽说。“是的，但是……你知道吗？”维森斯仍然很在意她的反应。

“然后我们跟他见了面，我们完全放心了，他是你的安德烈斯。”佩丽说，“人们会问我，让伊涅斯塔做女婿的感觉如何，但我不把他看作伊涅斯塔，他是安德烈斯。事实上，当有人对我说‘伊涅斯塔’的时候，听起来总是挺奇怪。谈到他的时候，我会比较激动。”

“对我们来说，他是安德烈斯。”玛尔塔说。玛尔塔是安娜无忧无虑的小妹妹，是家里的一员，对足球一点都不感兴趣。相比之下，她最好的朋友塞吉非常幸运，塞吉是一个近2米高的男人，他对巴萨非常着迷。但是玛尔塔的男友哈维对这项运动同样没兴趣，玛尔塔和哈维就像生活在安德烈斯世界的外星人一样。“我的男朋友也不是足球迷。但我相信，这让安德烈斯在内心深处感到安心。他对足球如此忠诚，他对自己要求太高了。而我们出现了，我们不知道足球世界会发生些什么。我们谈论很多不同的事情，但几乎不谈论足球。从我第一天见到他到现在，他一直很拘谨。他第一次来我们家的时候，我正在准备学位考试。”玛尔塔说。他们的个性完全相反：一个健谈、有趣、具有感染力和幽默感，而另一个安静、谨慎，甚至有些神秘。“姐夫，你知道我要向你学习什么吗？我向你学习如何保持安静。有时候，你不必对自己的感受说得太多。忽然之间，你只需要问一个问题，随后就会说出所有的一切。”她说。

“我永远不会忘记，在困难的日子里，他为我们所做的事情：在我父亲做手术的时候，或是安娜失去孩子的时候。”玛尔塔说，“安德烈斯为我们所承受的让人难以想象，每小时每分钟每一秒，他都在我们身边；当我身处困境的时候，他也在我的身边。安德烈斯不需要用言语表达他的爱。我知道他是一位非常有名的足球运动员，知道他是一位很受欢迎的好球员，同时他也是一位非常好的人。当他向你敞开心扉时，跟他在一起真是太好了。他太棒了。现在一切正在继续，他完全忠于他的家庭。”

“当然，与安德烈斯分享我的生活，完全改变了一切。”安娜承认，“这是一种完全不同的生活方式。我的日常安排完全改变了，但这并不意味着我变成了另一个人。我为什么要改变？我是安德烈斯的妻子，但我仍然是从前的那个人，跟认识他之前的那个安娜是一样的。我仍然关心同样的事情，仍然喜欢同样的东西，仍然拥有同样的友谊。”

依照安娜的说法，出现的改变越多，保持不变的也就越多。“事实上，安德烈斯和我都和从前一样，这对我们都好，这说明我们的世界仍然是我们自己的，只有我俩。”她说。

“我提到过，安德烈斯喜欢给人惊喜。可能在厨房里会出现一个信封，或者在浴室里，要不就是在卧室，上面会写着‘给妈咪’（现在他是这样叫我的，我们成了父母，当然我叫他‘爸比’），纸条上会谈到一次旅行或一次外出计划。我爱那些便笺！一开始，他对我说：‘安娜，打包行李，我们要去旅行。’我就会说：‘安德烈斯，我想知道我们要去哪里。’现在他对我说：‘这是一个惊喜，安娜，但我了解你想知道我们要去哪里，要做什么，这就是我们的计划。’当然，现在我们需要多计划一点，因为孩子们，和他们在一起我们玩得很开心，我们一直尽力把所有的时间都给他们。安德烈斯喜欢一回到家就和他们一起玩，孩子们喜欢他，孩子们每天都让他知道这一点。”

“小王子和公主的到来，让他体验到了不同的人生。以前，如果他输了一场比赛，他就会带着低气压回家，没人能让他释怀。现在，只要看到孩子们，他的表情就完全不一样了。足球仍然很重要，但孩子是他的生命。从这个意义上来说，他改变了很多。现在如果他输了一场比赛，他会试着去睡觉，至少看起来会比以前睡得好了，当然也会有一些夜晚辗转反侧。但这就是安德烈斯，永远不会改变。”

“如果有一件事我可以肯定，那就是我找到了我的旅行伴侣，而且随着过往我们一起经历的每一次旅行，我越来越确信了，他是，并且永远是，我的另一半。”

这句话安娜是用大写字母写的。在仲夏节庆典之前，她在马塔罗的一家名为“剧院”的酒吧里遇见了她的另一半。一个朋友把安德烈斯带到了那里，他的眼睛再也不能从柜台后面那个正在准备饮料的女孩身上移开。那天晚上他开始追求她，跟她谈了一场轰轰烈烈的恋爱，直到最终结婚，用一场盛大的婚礼庆祝了他们的爱情。在讲述两人亲密关系之前，分享他们的幸福是最好的方式。

“从我第一眼看到她，我就知道安娜会成为我的妻子。”安德烈斯说，他确切地描述了第一个瞬间是如何开始的。“2007年仲夏节之前的几天，我在萨里亚的圣依格纳西学院的同学，一个名叫霍尔迪的小伙子问我想不想参加他在马塔罗组织的派对。我告诉他：‘你知道我不经常参加社交聚会，看看吧，我会告诉你。’派对开始前的几天，我试着叫我的朋友霍尔迪·梅塞莱斯和我一起去。但问题是我没有记住邀请我参加马塔罗派对的霍尔迪的电话号码，我习惯删除手机里的短信，只留最后几条，我的手机空间不够容纳所有的短信。所以当梅塞莱斯和我来到马塔罗海滩的时候，我们不知道该做什么，打不成电话，也找不到聚会场所。我们找了一阵子没有找到，打算返回巴塞罗那。就在我们准备回去的时候，我的电话响了，而且非常非常令人惊喜，打电话的人就是霍尔迪。这是命中注定。我们去见了霍尔迪，还有一个叫约尔的人。

“有很多时候，尤其是在派对刚刚开始的时候，你真不知道该做些什么，我们又在考虑开车回巴塞罗那。后来有人提到马塔罗新开了一家‘剧院’酒吧，我们决定去那里喝一杯。在‘剧院’酒吧，我注意到吧台后面有一个黑色长发的女孩，她非常惊艳，我的眼睛没法从她身上移开。这就是一见钟情。她就是安娜。她并不在酒吧工作，但是那天晚上，她就站在她的朋友西尔维亚身边，这是命运的另一个安排。”

“一切就是这样发生的。我疯狂地爱上了她，但一开始我不知道怎么才能再见到她。多亏了霍尔迪，那个邀请我参加聚会的人，大约过了一周，他把安娜的电话号码发给了我，之前我差不多每天两三次问他要电话号码。我不明白为什么霍尔迪说他是安娜的朋友，却不能帮我拿到她的电话号码。我给他下了最后通牒：‘给我安娜的电话号码，否则我再也不搭理你了！’”

安德烈斯经常就是这样对待事情，他不接受半途而废：要么霍尔迪有电话号码，就给他；要么他没有，这事儿就结了。他希望人们能直接和他站在一起，作为回报，他会对他们忠诚。霍尔迪把号码传过来了，安娜的电话号码终于到了安德烈斯手里。

“我给她写短信，”他说，“第一条短信我没有写任何特别的话，只是跟她打了个招呼，仅此而已。我原以为这能奏效，但却没有产生效果。”当时安德烈斯不知道安娜对足球和为巴塞罗那踢球的那些人并不感兴趣。“我不得不改变策略。我和她最好的朋友西尔维亚交上了朋友，女孩就在那天晚上遇见安娜的‘剧院’酒吧上班。我编了一些故事，说我需要完成一些大学课程的作业，我每天都不停地向西尔维亚打听安娜。这样持续了一段时间，一直到我们正式成为情侣前的几个月。似乎经历了永恒的等待，我们终于可以说是一对儿了。应该要记住，我是金牛座，非常典型，很固执、很任性！”

“我们一旦成了一对，进展就很神速，一切都很简单。我们有很多共通之处，有同样的思考方式和行为方式。有几次我说：‘我们是一样的个性，仅仅男女有别而已。’安娜带我找回了自己的生活。当时我正处在一段艰难的时期，她帮助我找回了生活的激情。我无法用语言描述她对我的意义。”

“我相信，在一个人的职业生涯和个人生活中，必须经历好时光和坏时光，才能成长和进步，这就是我和安娜一起经历的。作为夫妻，我们一起成长了很多，彼此了解，彼此尊重。她在适当的时候出现，让我继续走在正确的道路上。我确信，如果没有安娜，我不会像现在这样快乐，也不会得到那么多的乐趣。一切并不容易，但她一直在我身边。”

“我始终认为足球和生活是一体的，它们彼此依存，需要把两者都处理好，让自己感觉愉快。但随着时间的流逝，我明白了，个人生活才是最重要的。现在，如果我在家里感到不开心，就算球场上一切再顺利也没有意义。同样，即使我作为球员经历了一个糟糕的时刻，无论是失利还是伤病，我仍然能在生活中感到快乐。瓦莱丽娅，我的女儿，在很大程度上改变了我的想法，还有保罗·安德里亚，我的儿子。当我在比赛结束后回到家的时候，我足以明白这些。只要我看到他们，所有来自比赛的愤怒都消失了，我忘记了足球。在那些时刻，你会意识到生命中真正重要的是什么。如果有人生病了或经历了一段糟糕的时光，我怎么能让自己被一场失败的比赛所击倒呢？我怎么能因为没有出场踢球而感到愤怒？当我在球场上倾注了一切，谁还能故意与我作对呢？首先是安娜，然后是瓦莱丽娅，现在还有保罗·安德里亚，他们让我的生活有了不同的角度。”

安德烈斯总结说：“很多次我都在想，如果霍尔迪的电话打来之前，我们已经在开车返回巴塞罗那的路上，会发生什么。冥冥之中我注定了要和安娜在一起，这是命运的安排。她甚至都不在那个酒吧工作，我也不住在马塔罗，但是……”

有一点不是巧合，他们婚礼之前的派对在“剧院”酒吧举行。现在这家酒吧正在翻新，将会换一个不同的名字。还有一点也不是巧合，安德烈斯和安娜要求酒吧布置成那天晚上的样子，当时他们第一次在彼此眼中看到了自己。“我们设想了很多次。”他俩都这样说。

然而，安德烈斯还有一个惊喜留给安娜。

8年，将近9年之后，我们一起经历了这么多，我发现很难用几句话描述我对你——安娜——的情感，还有你所唤醒的我的个人情感。我想让你知道，有很多事情我还没有提到，作为朋友、伴侣、妻子和母亲，我要说的就只有对你的骄傲、赞美、尊重和爱。我们一起经历过数不清的特别的事情。我们的第一次相见，彼此相识，结伴出游，婚后度假，孩子诞生，我们的婚礼真是神奇的一天。我们都非常珍爱这些回忆，你也向我展示了你是多么与众不同。在一些不太好的时刻，你是独一无二的，你很勇敢，你有一颗大心脏。在我们共同的生活中，你已经向我展示了这些。当我们得知失去了自己的孩子时，我要感谢你所具有的坚强和力量。我们在经过所有一切之后，最终失去了他，但你非常坚强。不是每个人都能平安度过这些脆弱的时刻，但是安娜，你做到了。我在你的身边，我们都在你的身边。但是你，安娜，是你挺过了这个时刻。这使我们更强大，现在我们有了一个永远陪伴着我们的天使。这种经历让我们成长、进步。如果说有一件事我是确定不移的，那就是要和你在一起……最好的事情总会到来。

你的“爸比”。

第二十四章　妈妈

我看到了世界杯决赛上的进球，但我没有意识到是他进的。他的父亲也没有看到，他把电视机关了。

——玛丽，安德烈斯的母亲

“就在最近，这里的人都知道我是谁了。”玛丽是个谨慎的人。她非常低调，但你一旦见过她，就不会忘记她——一位找回儿子的母亲，他儿子的童年献给了足球。“我们住在巴塞罗那同一所房子里已有16年了，邻居直到最近才知道，”玛丽说，“我们从来不想变得那么显眼。显眼又怎么样呢？重点是什么？我什么都不是，我只是一位母亲，千千万万母亲中的一位。我是安德烈斯的妈妈和玛丽贝尔的妈妈，就是这样。”

玛丽不是为了突然变得有名辩解；她并没有说什么，有点像安德烈斯。有关玛丽的一切都有安德烈斯的影子。有些时候她看起来颇有距离感，难以触及，很难弄懂。其他时候她是可接近的，亲切、温和、迷人。

“全家人搬到巴塞罗那的时候，记得有一天，我去看医生。”玛丽说，“我预约了会面，医生看到我的名字，准备写在处方上时，她说：‘你知道吗，玛丽，我有一个非常有名的病人。’”

“噢，是吗？”

她说：“是的，是的，他非常有名，一个巴塞罗那俱乐部的球员——安德烈斯·伊涅斯塔。他的中间名是卢汉，和你一样。你认识他吗？””

“是的，认识。”我感到有些害羞。

“他不会是你的儿子吧？”她有点惊讶。

“是的，他是我的儿子。”

医生是巴塞罗那俱乐部忠实的球迷，她有些发蒙：“为什么之前不告诉我，你是他的母亲？”

玛丽说：“我想我为什么要说呢？我并不需要四处闲逛，告诉每个人说我是安德烈斯·伊涅斯塔的母亲。我宁可没人知道我是谁。那样对我更好，对他也更好，对每个人都更好。我们只是普通人。他是一个足球运动员，我不是，他父亲不是，他妹妹也不是，只有他是。”

玛丽更喜欢跟她的儿子聊天，而不是跟所有人都认识，现在属于全世界的巴塞罗那和西班牙球员安德烈斯·伊涅斯塔，尽管她将安德烈斯更多地让给了他们。“放弃更多与儿子相处的时间是很难的，”她说，“有时候我感觉自己没有儿子。我知道听起来很辛酸，但这是真的。”

她这样解释一个母亲无法长期在儿子身边的感觉。“我们在小镇里生活得很快乐，与亲朋好友为邻，但他想去巴塞罗那。许多人认为是我们要他去的，但实际情况并不是那样的。安德烈斯决定尽全力追求他的足球事业。我知道一开始挺遭罪，他度过了一段糟糕的岁月，我们也都是。现在他自己也是一位父亲了，我知道，安德烈斯能明白他不在家的时候，我们所经历过的事情。在那段岁月里，他是最受伤的，其次是他爸爸，再然后是我。我们都在挣扎，但我们都能用自己的方式处理好问题。”

“这就是最初我那么坚持，努力要把他送到那里的原因。何塞·安东尼奥曾想把他接回家：‘我要把我的孩子接回家！’我当然理解，内心深处我也这么想。我怎么会不懂呢？我们在拉玛西亚跟他分开的时候，他还那么小。我们把他留在拉玛西亚的那天，本来不是那么想的，我们以为他会在拉力酒店和我们一起过一个晚上，第二天我们可以送他回学校。但拉玛西亚的主管法雷斯先生说，他会留下来。何塞·安东尼奥、我、我的爸爸，我们离开那里，他留下了。我不知道那一晚是怎么过的。本来这么说应该很容易：‘好吧，把车开来，带他回家。’我不知道为什么我们没那么做，事实上，我们知道他付出了很大努力才走到这一步，我们必须放手，至少让他试试。我们不能掉转身走开，就好像什么事情也没发生过。我想这么做，但我办不到。我始终不知道为什么，我猜是母亲的直觉。我了解何塞·安东尼奥，他离开了自己的儿子，他曾经带他去参加各种比赛，总是一直陪着他，跟他一起生活。何塞·安东尼奥失去了一切，所有的一切。”

玛丽几乎没看过安德烈斯踢球。“有的人必须站在他们身后，负责管理酒吧，不是吗？何塞·安东尼奥和我爸爸是看他踢球看得最多的人。

我怎么能跟他外公说不要去看他踢球？我只看了在布鲁内特的杯赛，还是在电视上看的，但何塞·安东尼奥总是陪着他。”

何塞·安东尼奥会告诉每个愿意听他讲述的人，他的儿子是怎么一步一步成长为一个球员的。相比之下，当邻居问起玛丽的时候，她却不知道怎么说。“你知道，小镇就是这样的，”她说，“有些人会用看笑话的眼光看我们，心想‘他们以为自己是谁’或者‘他们是怎么对待自己孩子的，孩子还那么小就让他离开家’，当然也有些人表示支持，不过，那是安德烈斯自己的决定。”

玛丽承受了一切：非议、糟糕的时光、失去儿子的感觉。她思念他，她知道他将不再有丰特阿尔维利亚的孩子们那样的童年生活。但这是他的决定，她知道一旦他做了决定，就不会更改。“我永远不会忘记在他很小的时候发生的一些事。”她说，“他的祖母和外祖母想让他加入小镇的乐队，她们甚至一起去跟他说。每次她们看到我也会说同样的话：‘安德烈斯必须加入丰特阿尔维利亚的乐队。’因此我把他送了过去，也就两三次吧。那时候他已经在为阿尔巴塞特踢球了，我试着跟他说：‘看着吧，安德烈斯，如果你不想在乐队里，你也不能踢球。’但他吓唬我说：‘好的，我不再踢球了……但我也不会加入乐队。’他那时只有10岁还是11岁。”

他去了拉玛西亚之后，事情进展得很快，至少玛丽是这么感觉的。“我们还没来得及充分享受发生的一切，”她说，“甚至现在我也还感觉不到享受。每次巴塞罗那输球，也是我的小男孩输球。”

“安德烈斯就像你看到的，毫不虚伪。”他妹妹玛丽贝尔说，“还有些事你没看到：痛苦。他内心所承受的痛苦，他自己承担了下来，自己咽下了所有的苦楚，所有的。这就是我们家人的生活方式，特别是我们的外祖母。”

玛丽贝尔比安德烈斯小两岁，她哥哥去巴塞罗那的时候，她才在丰特阿尔维利亚庆祝完第一次圣餐仪式。“那时我才10岁，非常小，我哥哥不在家里，对我来说很难接受。大多数情况下我一个月只能见他一次，有时候我们连续5周都不能去巴塞罗那看他。后来我终于搬到那里居住的时候，我们就像两个陌生人一样：一个17岁，一个15岁。我没有让他从我的世界中隐去，没有放下他，一秒钟都没有，我愿意为他做任何事，就像我在努力弥补失去的时间。我眼看着父母和祖父母承受痛苦，我们只能在夏天和圣诞节时团聚。我永远忘不了从巴塞罗那看完他，回到丰特阿尔维利亚的旅程。车子里一片寂静，没有人说话。这段旅程感觉非常漫长，我12岁、13岁、14岁……我们都住在同一个酒店房间、睡在同一张床上，这样我们就可以去巴塞罗那，在拉玛西亚看到他。”

“回到丰特阿尔维利亚，我们的房间彼此相邻，”安德烈斯的妹妹继续说，“每次我走进自己房间的时候，都会经过安德烈斯的房间，想念他。每当爸爸遇到不舒心的事，或者遇到家庭危机，我就更加想念他，他不在的5年间的确发生了不少事。朋友说：‘你哥哥要去巴塞罗那踢球了，多让人激动啊！’我却没有感觉，这不是安慰。那时候还没有手机，晚上他都尽可能在10点的时候打电话，但说不了太久，因为在拉玛西亚有很多孩子在排队等着用电话。”

“他的梦想就是踢球，所以他必须尝试，为了他自己也为了爸爸。”玛丽贝尔继续说道，“我们4个人都很固执。安德烈斯像爸爸，他们都希望一切尽在掌握之中，以便照料好所有的人。他们总能联系得到，总在等着你。”

因为他们很相似，所以玛丽贝尔在看安德烈斯踢球的时候也感觉很煎熬？“是的，我确实非常非常煎熬，”她说，“但不像他们，我会去看比赛，虽然在那里感觉不太好。我不会只是看比赛，我会尝试进入他的大脑，体会他的想法和感觉。当你在看台上的时候，你会听到些什么，会觉得自己无法继续保持安静了，你会很想大喊：‘嘿，你们正在谈论的是我哥哥！我的亲人！’但你必须抛弃这种想法，扔掉它。我的男朋友胡安米是个忠实的巴塞罗那球迷，当然现在就更是了，他会试着做出回应，比我做的更多。我只回应过一次，当时是因为他们一直在说，就好像有人正钻进了我的耳朵。”

那个时刻来临的时候，是胡安米把消息告诉了玛丽贝尔。“玛丽贝尔没看到世界杯决赛上的进球，”胡安米解释说，“虽然我们在约翰内斯堡的体育场里，就在替补席后面低一点的位置，西班牙半场的中间，从某种程度上来说就是对着进球的位置。我看着激烈的场面迭起，伊涅斯塔的射门是其中之一，你知道皮球会飞进球门，你很确定。”

“当时有安娜，安德烈斯的妻子；约尔，他最好的朋友之一；玛丽贝尔和我。那是一个带有标志性的传球，我稍稍站了起来，就好像你知道将会发生什么。皮球越来越接近那个区域，我现在完全站起来了，当球到达安德烈斯脚下的时候，我喊道：‘射门！射门！射门，安德烈斯！’当球进了的时候，我如痴如狂，真的疯了！”

“我真的太生气了，因为玛丽贝尔说：‘冷静点，你会心脏病发作的。你也知道还剩4分钟。’”

“然后我说：‘亲爱的，你知道谁进了球，是不是？’”

“是啊，我很高兴西班牙队进球了，但比赛还没有结束。”

“我简直不敢相信，所以我又问了一遍：‘玛丽贝尔，你知道是谁进球了，对不对？’”

“不知道。”

“你哥哥，玛丽贝尔，你哥哥进的球。”

“然后她就疯狂了，现在是我在说：‘冷静点，比赛还没结束，还有4分钟时间。’”

这是他们生命中最漫长的4分钟。

安德烈斯的母亲玛丽在忍受着，这也是她一直以来的生活状态。她的某些生活经历就像一出戏。“我们都经历过一些不平凡的事情：冠军、成功，但是竞技体育也会有失利。但有时候那种感觉就像你必须赢下每一场比赛，有时候人们会觉得你必须永远胜利，如果没有，就会是一场灾难。有时候你也会这样要求自己。安德烈斯觉得自己很难接受失败。好在他有安娜和孩子们，这是一件好事，要是没有的话……”

玛丽还记得她儿子在塔拉萨错失点球时的表情。“那时他18岁，第一次为巴塞罗那踢决赛，加泰罗尼亚杯。他被击垮了，大哭不止，没法说话，没法吃东西……下场之后的他也跟在场上时一样。他很认真，他全力以赴，尽了最大的努力，他承担了责任，他需要赢得比赛。压力不断累积，直到他最终崩溃。”

玛丽记得他在2010年世界杯前所承受的痛苦。“所有的东西都在他脑子里转来转去，然后发生了一些事，某些事情发生了。他就像我一样。安静？冷静？自控？在外界看来，是的。但在内心深处，我们像一座火山。他不停地想事，甚至无关紧要的事，就好像往脑子里不断装东西，直到快溢出来。”

“我从来不看他的比赛，我只是看他。只要他第一次触球，我就知道他会怎么样。”玛丽说。她承认她很少去看比赛，只去一些主场比赛或者偶尔的决赛，还有一场在马洛卡的比赛，当时何塞·安东尼奥和他兄弟在那里工作，另外一场在阿尔梅里亚，因为她的姐妹住在那里。“我不需要去球场，我可以看电视。我能读懂他，通过他的神态、他的动作、他的移动跑位。我不懂足球，不像何塞·安东尼奥，但我了解我的儿子。”

玛丽最喜欢儿子的踢球方式就是急停，瞬间的停滞，他可以冷静从容地传球。因为她知道在内心深处那是大不一样的。“我不知道他从哪儿学来的，但我知道他就像我和他的外祖母，他心里并不像外表那般冷静。”她说，“当他开心的时候，所有事情都很顺利，好像不需要努力。如果他状态好，他不会不知所措，他控制着局面。他肩上的担子从来没有轻松过，恰恰相反，不只是因为现在他是队长。你看他面对裁判的时候，他把要说的告诉裁判，他以前从来没有这样做过。他曾经寡言少语，现在如果我对他说：‘安德烈斯，他们会把你罚下场的。’他只是笑，什么也不说。”

有几次安德烈斯的妈妈很紧张，但他依然从容不迫，那片刻的停滞就像经历了一辈子。“2012年那天在西班牙对阵乌克兰的比赛中，他罚进了一个点球，我和女儿玛丽贝尔都在场。在踢出点球前的一刻，我们都不由自主离开了座位。我们还待在球场里，但离开了自己的座位，走到了更靠近场地的地方。我们都快不能呼吸了，点球太煎熬了。”她说，“在家里电视上看球的时候也这样，我不敢看，虽然安德烈斯并不经常罚点球。我不敢盯着电视看，但我还能听到，等点球罚完之后我再接着看。但那晚在乌克兰，欧洲杯半决赛，我不能待在那了。‘玛丽贝尔，我们出去吧。’我说。‘好的，我们出去吧，’她说，‘我没办法看下去了。’我们都不知道会发生什么。突然，玛丽贝尔的一个朋友给她发来短信：‘你哥哥要开始罚点球了！’她给我看短信，我想：‘为什么他会去罚点球？那不是真的。’那一幕又回到了我的脑海中，他在塔拉萨罚失点球的一幕。他不会又没进吧？但随后下一条短信来了：‘进球了。’我如释重负。‘感谢上帝！’卡西利亚斯的妈妈情况更糟，她把自己锁在厕所里，那肯定是很糟糕的体验，她比我还严重。安德烈斯只是偶尔罚点球，但伊戈尔却总是要面对，不管是好的时候还是坏的时候。但她有一点比我幸运，他们让她回到了座位上，我和玛丽贝尔却没法回来庆祝了。”

安德烈斯的爸爸更糟糕。“我甚至不知道何塞·安东尼奥去了哪儿，”玛丽说，“他必须走开，走得远远的，远到没人能找到他。他经常这么干：开车出去，把音乐声音调大，使他听不到任何别的。玛丽贝尔也紧张，你没法把注意力从安德烈斯身上转移。总之，你会想，如果他们没有赢，会发生些什么，会是什么样子，以及所有他将要面对的事情。他是你的骨肉，你和他一起承受痛苦。”

玛丽也没有看到儿子在斯坦福桥球场的进球。那一次更难忍受。“我待在起居室里，受了伤。我在俱乐部举办的一次球迷活动上弄伤了腿。安德烈斯走的时候带着一块奖牌，我走的时候却带着膝盖上的绷带。我绊了一跤，跌倒了，我正抱着小侄子，伤了膝盖。当我在电视上看到安德烈斯进球的时候，我跳了起来，使得伤势加重了。神奇的是我没有弄坏什么东西。”

玛丽和何塞·安东尼奥没有一起去2010年世界杯的现场，也没有一起看决赛，一起见证他们儿子最伟大的时刻。“我们就待在小镇上。安德烈斯的妻子安娜和妹妹玛丽贝尔去了，胡安米也去了。我和卢汉酒吧伊涅斯塔支持者俱乐部的人在一起，那地方曾经是我们的，还被我爸爸改造成一个小博物馆，墙上挂满了剪报和照片。当时很多人都在，挤得满满当当。西班牙队进球的时候我很高兴，但我没有意识到是他（安德烈斯）进的球，直到人们开始拥抱我，在我身边跳来跳去。‘怎么？发生了什么？’‘伊涅斯塔进球了，玛丽！’我跑了出去，向安德烈斯的房子跑去，那房子很近，不到100米远。我想尽快找到何塞·安东尼奥，告诉他，我们的儿子进球了。他就在那里，坐在他自己的起居室里，电视是关着的。他不知道发生了什么。”

“何塞·安东尼奥，我们的小男孩进球了！他进球了！安德烈斯！”

“什么？什么时候？比赛还剩多久？”

“我不知道……我就知道安德烈斯进球了！”

“比赛结束后，丰特阿尔维利亚开了一场派对。每个人都来了，走在大街上，邻镇的人都来和我们一起庆祝。我的脑子里还在一遍一遍回放之前的画面，再次体验比赛。我错过了进球，但我看到了其他所有细节，包括范博梅尔没有得到红牌，天知道为什么，范博梅尔……”

母性的直觉，就是总想保护，总在保卫她的孩子，总是害怕不好的事情会发生在孩子身上。这种直觉也是一种恐惧，有时候比其他东西更有力量。在玛丽的意识里，进球已经被抛诸脑后了，但范博梅尔的铲球却久久不能忘记。

“在他还小的时候，我不知道他会成为足球运动员。我只知道他不会在酒吧里做服务员，他不会总在那儿帮这帮那，不像他妹妹，她从一开始就学做比萨、给别人准备酒水。安德烈斯只会和他表哥马努大大咧咧地坐在那里，等着别人给他服务。我现在还能看到他们，还是那样坐着，像两个国王，等着被照顾……等着变成足球运动员。我从来没有梦想过，有一天他会在世界杯决赛上打入制胜球。怎么敢去想？”

“我相信总有一天，我们会明白他所取得的成绩，但目前看来一切就像个梦，所有发生在他身上和我们身上的事。”玛丽说，“我知道学校的操场是他的命，我也知道他只会做自己真正想要做的事。我知道这就是他的全部。这种感觉是真实的，他对巴塞罗那、西班牙国家队、对足球的感觉。所有的人都知道，所以当他进球的时候，大家那么高兴。同时我也问自己，为什么我没有表现得更高兴，我觉得别人也会有同样的疑问。那是我儿子，他在世界杯决赛中打入了制胜球。我的儿子！我很高兴，当然高兴，但我没有哭也没有怎么样，一切都在我心里。看上去我似乎冷得像块冰，但那只是表面。”

“看看安德烈斯，在拉玛西亚的时候他一直躲在角落里哭，对外人掩饰情绪，不告诉任何人。他去训练的时候也没人可以倾诉，他们都不知道他过得有多难。是的，多数人都不知道，其他孩子肯定不知道。但在那之后，一些工作人员——厨师、清洁工——告诉我们，看到他的那个样子让人心碎。他们看到他在心里哭，尽管他竭力隐藏他的情绪。我失去了儿子6年，我们都一样。还好事情进展得很顺利。但如果不顺利呢？然后又会怎样？没有人能保证他可以取得成功，有一天他会在拉玛西亚踢球，成为西班牙队的队长。现在我很想弥补失去的时间。我想和他一起享受生活，欣赏他的才华，因为我的儿子有天赋，有特别的地方。我说的不是足球，他有些特质，其实我也不确定，但是确实有些什么……他是一个好人。”